Reimer Gronemeyer

[Himmel, der]

Reimer Gronemeyer

[Himmel, der]

Sehnsucht nach einem verlorenen Ort

PATTLOCH

Besuchen Sie uns im Internet:
www.pattloch.de

FSC
www.fsc.org
MIX
Papier aus ver-
antwortungsvollen
Quellen
FSC® C019821

© 2012 Pattloch Verlag GmbH & Co. KG, München
Alle Rechte vorbehalten. Das Werk darf – auch teilweise – nur mit
Genehmigung des Verlags wiedergegeben werden.
Umschlaggestaltung: ZERO Werbeagentur, München
Satz: Adobe InDesign im Verlag
Druck und Bindung: C. H. Beck, Nördlingen
Printed in Germany
ISBN 978-3-629-02283-7

2   4   5   3   1

*Meinen Freunden aus Herborn, die seit Jahren
den* Baby Haven *in Windhoek-Katutura finanziell und
praktisch unterstützen*

[Inhalt]

[Prolog]

Der Orion

Mit zwei Freunden war ich zu Fuß unterwegs durch die Kalahari. Zuerst in der heißen Sonne, die Füße blieben immer wieder im Sand stecken, der Rucksack drückte auf den Rücken, die Riemen schnitten in die Schultern ein. Bei Einbruch der Dunkelheit, früh, wie immer in den Tropen, suchten wir einen Platz, an dem wir unsere Zelte aufschlagen konnten. Erst nach einiger Zeit, beim Auspacken, bemerkten wir, wo wir gelandet waren: mitten in den verkohlten Resten eines Buschbrandes. Innerhalb kürzester Zeit war alles, waren wir von Ruß überzogen; wir waren der Farbe der Landesbewohner angepasst, wir waren schwarz. Für jeden hatten wir eine Dose Bier mitgenommen, eine fehlte plötzlich. Wir scherzten und lachten über die Buschgeister, die eine Dose aus dem Rucksack gestohlen haben mussten. Da ohnehin alles verrußt war, da es ohnehin dunkel war, fielen die zivilisatorischen Hemmungen von uns ab, und wir betteten uns – ohne Rücksicht auf Haut und Kleidung – zwischen verkohlten Zweigen und Blättern auf die Erde, den Kopf auf einen schwarz-rußigen Ast gelegt. Auf dem Rücken liegend, sahen wir in die Unendlichkeit des Alls. Die dunklen, blattlosen Arme eines kleinen Baumes ragten in den wolkenlosen Himmel. Und diese scharfe und zugleich zarte Silhouette zerschnitt das Sternbild des Orion, das darüber weißsilbern funkelte. Ja, es funkelte wirklich. Und weil es noch früh war und weil es nichts gab als den verbrannten Busch und darüber den Sternenhimmel, schauten wir lange nach oben. So lange, wie es unser Alltag für gewöhnlich nicht zulässt – weil wir keine Zeit haben, weil es ja auch langweilig ist. Es kommt einfach nicht vor. Haben wir die Wahl zwischen zwei Stunden in den Himmel schauen oder zwei Stunden Hitchcock – wir wissen schon, wer gewinnt. Aber hier, wo es keinen Lichtschalter gab, wo keine Ablenkung drohte: Da begannen wir zu beobachten, wie der Orion über das blauschwarze Firmament wanderte. Die aufragenden Zweige gaben dem Auge Halt, und langsam, langsam schob sich der Gürtel des Himmelshelden Orion an dem filigranen schwarzen Muster, das die Zweige bildeten, vorbei …

[Anfang]

Der Himmel – eine Fata Morgana?

Wir befinden uns in einer merkwürdigen Lage: Wenn wir heute in den Himmel schauen, blicken wir in einen endlosen Raum, in dem sich Sterne, Planeten und Asteroiden über gewaltige Entfernungen verteilen. Eine formlose Unendlichkeit, in der wir fremde Galaxien erahnen können – wir wissen sogar, dass da draußen andere Universen sind. Von Schwarzen Löchern, Pulsaren und Quasaren haben wir gehört – und selbst Raumfähren können wir an unserem nächtlichen Himmel ausmachen. Bilder von den Jupitermonden haben wir schon gesehen und wissen, dass unsere Erde eine weiß-blaue Kugel ist, die in der Weite des Alls ihre Kreise um die Sonne zieht. Über den Kosmos hat der heutige Mensch mehr Informationen als alle Menschen vor ihm. Er schaut als Wissensriese in den Himmel. Aber zugleich ist die Nichtigkeit dieses wissenden Menschen, der sich nicht einmal mehr mit einem Staubkorn im All vergleichen kann, überwältigend.

Wir befinden uns in einer merkwürdigen Lage, in einer Zerreißprobe: Die überwältigende astronomische Erkenntnis hat uns Menschen unsere kosmische Bedeutungslosigkeit vor Augen geführt: verloren in einem Universum, das sich seit dem Urknall wie rasend ausweitet, in dem sich zwar Gesetze ablesen lassen – in dem sich aber kein Sinn mehr erkennen lässt. Beginnen wir darum unsere Himmelsgeschichte mit einem Experiment: Treten wir an einem klaren Sonnentag oder in einer schönen Sternennacht hinaus und betrachten den Himmel mit den Augen der Menschen vor uns und ohne unsere astronomischen Kenntnisse. Schauen wir, als hätten wir noch nicht die Bilder von Spiralnebeln und explodierenden Galaxien im Kopf, die uns so selbstverständlich geworden sind. Wenn wir stattdessen mit den Augen unserer Vorfahren schauen, dann sehen wir etwas anderes: die schöne Ordnung der Welt. Der Blick in den Himmel eröffnet den Blick in ein klares Oben und Unten. Unten, bei uns, da ist die Endlichkeit und Sterblichkeit zu Hause, oben – in immer reineren Sphären – Gott, das reine Licht, das Schöne, das Gute und das Ewige. Ja, so war es: Der Blick in den Himmel machte den Menschen früher erkennbar, was gut und was schön ist. Was Moral und was Humanität ist, das ließ sich aus der Ordnung des Kosmos ableiten. Was das Gute ist, das konnte man sinnlich erfahren, wenn sich der Blick zum Himmel wandte. Das griechische Wort »kosmos« bezeichnet bei Pythagoras die Welt in ihrer vollkommenen Ordnung – im Gegensatz zum Chaos. Weshalb das Wort auch »Schmuck« bedeuten kann, was bei uns im »Kosmetik«-Salon noch einen fernen Nachklang hat. Der Kosmos gilt geradezu als beseelt – manchmal schließt der Begriff die Erde ein, manchmal ist der Kosmos das Gegenüber, das Vis-à-vis. Wer nicht dem Kosmos entsprechend lebt, ist schandbar und steht mit einem Bein schon im formlosen Chaos (»indigesta moles« – ein unverdaulicher Klumpen – heißt das im Lateinischen).

Unseren mittelalterlichen Vorfahren war der Himmel ein festes Gebäude: ein »Firmament« eben – und das heißt ja (übersetzt) »Festung«. Den Himmel über uns sahen sie als eine kristalline Wölbung an, und deshalb hatte das Universum eine klare Grenze und eine erkennbare Harmonie. Der Mond markierte die Scheidelinie: Der Bereich unterhalb des Mondes (sublunar) war der Bereich, in dem Geburt und Tod, Sorge und Wechsel herrschten. Der Aufstieg in die Sphären oberhalb des Mondes (supralunar) brachte den Aufstieg in immer reineres Licht, in immer größere Freude, in Bereiche, wo sich weder Tod noch Unglück oder Wechsel fanden.

Wohl niemand besingt dieses sinnenfreudige Universum schöner als Dante in der *Göttlichen Komödie.* Er schreibt dieses große Epos im 14. Jahrhundert und resümiert noch einmal die Kenntnisse und Spekulationen seiner Epoche – bevor Nikolaus Kopernikus, Galileo Galilei und Johannes Kepler diese Himmelsglocke zertrümmern und das alte Weltbild zum Zusammenbruch bringen. Dante wird zunächst von Vergil, später dann von der engelgleichen Beatrice zuerst durch die Hölle und dann durch das Fegefeuer in immer höhere reinere Sphären geführt. Die Planeten, an denen er vorbeigleitet, sind hier keine rasenden Gesteinsbrocken, sondern Wesen, die die Liebe (Venus) oder den edlen Krieg (Mars), die weise Regierung (Jupiter) oder die Kontemplation (Saturn) vergegenständlichen. Die Sonne, deren Licht der himmelreisende Dante kaum anschauen kann, weist endlich hin auf die göttliche Dreieinigkeit. Und jenseits der Planeten, im Bereich der Sterne, dem göttlichen Licht nahe, begrüßt Dante die Apostel. Von hier, von oben schaut Dante zurück auf die Erde unter ihm: Mein Blick – so sagt er – wandte sich zurück zu den sieben Sphären unter mir, und ich sah darunter die Erde, so klein, so verloren im Raum.

Die Verlorenheit des Menschen im Kosmos also auch hier bei Dante – nicht nur bei uns modernen Menschen. Aber es ist doch eine eingebettete Verlorenheit, die ihre Verlorenheit aus dem Bezug zur Sphäre des höchsten, ewigen Lichtes erfährt.

Jenseits des Mondes kreisen die Planeten auf vollkommenen Bahnen, und alles besteht dort aus einer unwandelbaren Materie – die Aristoteles das fünfte Element nannte (neben Feuer, Luft, Wasser und Erde) – die *Quint*essenz. Unterhalb des Mondes finden sich dann eben die vier uns vertrauten Elemente – ihrer Schwere nach geordnet, als Sphären um die Erde gedacht, ganz oben das Feuer, dann die Luft, das Wasser und schließlich die Erde. Und jedes dieser vier Elemente dachte man sich als aus vier Qualitäten zusammengesetzt: heiß, kalt, nass und trocken. Die Erde kalt und trocken, das Wasser kalt und nass, die Luft heiß und nass, das Feuer heiß und trocken.

Und der menschliche Körper war vorgestellt als ein kleiner Kosmos – ein Mikrokosmos –, in dem sich das große Universum – der Makrokosmos – abbildet. Aus den vier Elementen ist auch der Mensch geformt, und die Zusammensetzung dieser Elemente gibt Auskunft über den Charakter, die Biographie und die Gesundheit eines jeden Menschen. Die Elemente aber korrespondieren natürlich mit den vier Jahreszeiten und den vier Lebensaltern des Menschen. Die Erde, auf der der Mensch geboren wurde, beeinflusst sein Leben ebenso wie der Planet, der im Augenblick seiner Geburt dominiert.[1]

Beenden wir unser Experiment. Vielleicht bleibt ein Staunen zurück über diesen Kosmos der Alten, der so wunderbar alles Sein und alle Sinneserfahrungen aufeinander zu beziehen wusste. Als bedauernswert sah man damals die Menschen an, die nicht wissen, wo sie sind und hingehören. Auf uns, die wir stolz unseren Erkenntnisfortschritt rühmen, hätten sie wohl als bejammernswerte Kreaturen geschaut. Allein in einem leeren unendlichen Raum, haltlos umgetrieben, rastlos zu nichts und nirgendwohin unterwegs.[2]

Die Menschen wussten sich unter der Himmelskuppel wie in einer Höhle geborgen. Für uns heute scheint weit und breit kein schützendes Gewölbe mehr erkennbar, und wir klopfen uns sogar noch begeistert auf die Schultern, dass wir der mittelalterlichen Beschränktheit entkommen sind, und wähnen uns auf dem Weg in eine bessere Zukunft.

Das Himmelsdach ist weg. Unbedeutende Partikel im explodierenden Universum sind wir – schutzlos. Vielleicht neidisch auf die Himmelbehaustheit unserer Vorfahren. Bleibt es dabei? Ist das das letzte Wort, ein Wort, das die Astrophysik über den Himmel gesprochen hat – dass er verschwunden ist?

Draußen im All gibt es heute keine Unterschiede mehr zwischen oben und unten. Nach allem, was die Astronomen uns sagen, wird sich unser Universum bis in alle Ewigkeit abkühlen und ausdehnen. Es wird also immer kälter und leerer. Die Sterne – so sagt der kalifornische Kosmologe Sean Carroll – werden irgendwann alle ausgebrannt sein und dann in Schwarze Löcher stürzen. Die verdampfen ihrerseits, wenn auch ganz, ganz langsam. In 10^{100} Jahren schließlich werden selbst die Schwarzen Löcher verschwunden sein. Dann ist das Universum leer bis in alle Ewigkeit. Aber das ist schon wieder falsch, denn auch die Zeit wird dann nicht mehr sein.[3]

Der die Harmonie bergende Himmel ist – das müssen wir anerkennen – durch den leeren Raum ersetzt. Für die Menschen, die vor uns gelebt haben, war der Himmel bewohnt von überirdischen Mächten – von Göttern und Engeln. Am Ende des Mittelalters zerschlägt die aufkeimende moderne Naturwissenschaft den alten Himmel. Für die einen ist das eine Geschichte des Verlustes, für die anderen die Geschichte einer Befreiung – und für manche ist es beides.

Es ist an der Zeit, die Geschichte des Himmels nachzuerzählen. Sie reicht von den uralten Kosmologien über die wissenschaftliche Entzauberung des Himmels bis zur zeitgenössischen Sehnsucht nach einem symbolischen »Polarstern«, der Orientierung gibt in einer unübersichtlich gewordenen Welt. Es ist die Geschichte einer Beziehung, der Beziehung der Menschen zu *ihrem* Himmel. Heute sieht es fast so aus, als sei diese Beziehung zerbrochen. Der Himmel, der sich wie eine schützende Kuppel über die Menschen wölbte, ist eingestürzt. Die moderne Wissenschaft hat den Blick des Menschen in die unendlichen Weiten des Universums geweitet – aber den Menschen auch heimatlos gemacht.

Ist damit die Geschichte des Himmels (und die Geschichte der Beziehung zwischen Himmel und Mensch) zu Ende? Stehen wir mit leeren Händen da? Ist uns vom Himmel nur die Stratosphäre geblieben, in der sich Raumfahrer und Satelliten tummeln? Und wenn das der Fall ist: Wohin sind dann die alten Sehnsüchte geraten, für die der Himmel stand? Die Sehnsucht nach Sinn? Die Sehnsucht nach einem Leben ohne Leid und Tod? Die Sehnsucht nach einem Ort, an dem die Gerechtigkeit wohnt, nach einem Ort, wo alle Tränen abgewischt werden?

Es sieht so aus, als müssten wir uns die Erfüllung dieser Sehnsüchte abschminken. Wir würden dann sogar Adam und Eva übertreffen: Die wurden – so erzählt ja die alte hebräische Geschichte – aus dem uranfänglichen Paradies vertrieben, aber es blieb ihnen immerhin der Sehnsuchtsort, die Erinnerung an ein himmlisches Zuhause, wo der Baum des Lebens und der Baum der Erkenntnis wachsen. Ist unsere Lage aussichtsloser als die von Adam und Eva? Verschwinden mit dem alten Himmel die Fragen nach einem gelingenden Leben, nach Sinnerfüllung, nach Orientierung? Taugt der Himmel nur noch zur Metapher – und auch das nur noch vorübergehend, weil die Metapher sich verbraucht? Müssen wir uns abfinden mit der Lage, dass wir in einer von der Naturwissenschaft dominierten Welt leben, in der für solche Kindereien kein Platz mehr ist?

Schließlich ist auch zu fragen, wo vielleicht Bruchstücke des alten Himmels wiedergefunden werden könnten …

[Hoffnung und Angst]

Der Himmel als Spiegelbild menschlicher Macht und Ohnmacht

Fakten deuten in alle Richtungen, wie die tausend Zweige eines Baums. Lebendig ist doch nur der ganze Baum, und der weist nach oben – das grüne Blut, das wie eine Fontäne bis zu den Sternen hinaufschießt.

Gilbert Keith Chesterton

Das alte und das neue
Himmelsgefühl

Wenn man den Sternenhimmel betrachtet und wenn man weiß, dass das Licht, welches in der Sekunde einen Weg von 40 000 Meilen macht, von manchen Sternen zu uns her Jahrtausende braucht, wenn man weiß, dass eine Million Erdkugeln in der Sonne Platz hätten oder dass die Erde samt ihrer Mondbahn in der Sonne Raum fände, wenn man weiß, dass unser ganzes Sonnensystem mit seinen entferntesten Planeten in der Höhlung des Sternes Capella unbeirrt wohnen könnte, wenn man weiß, dass der Nebelring der Milchstraße aus lauter Sonnensystemen in ungeheurem Abstande von uns besteht, dass Lichtnebelflecke, die wir sehen, im Fernrohre wieder Sternensammlungen sind, noch ferner und vielleicht noch größer als unsere Milchstraße, wenn man mit dem Fernrohre in den tiefsten Fernen des Himmels wieder neue Lichtnebelflecke entdeckt …[1]

JA, WAS DANN?
Adalbert Stifter fasst die bedrängende Unendlichkeit des Kosmos, die uns längst geläufig ist, in Worte. Hat dies alles eine Grenze, fragt er? Geht der leere Raum immer weiter? Und wenn man sich das alles nicht vorstellen kann, was bedeutet das? Was geschieht dann?
Wir heute, weit mehr als ein Jahrhundert nach Adalbert Stifters unruhiger Frage, sollen uns sogar vorstellen, dass es mehrere solcher Universen gibt. Es wird uns gesagt, dass diese Universen in eine Raumzeit eingeschlossen sind, die »gekrümmt« ist. Eine Raumzeit, die einen Anfang und ein Ende hat. Aber wie sollen wir nachvollziehen, gar fühlen können, dass das Universum, in dem wir hausen, vor etwa vierzehn Milliarden Jahren

aus einem winzigen Punkt heraus explodiert ist? Wo ist denn der das Leben des Menschen beschirmende Himmel geblieben?

Das Wort »Himmel« hat wahrscheinlich eine Urverwandtschaft mit »Heimat«, es bezeichnet jedenfalls das »Dach« und kann Ähnliches bedeuten wie der »Stein« (eine Verbindung, die im »Hammer«, ein dem »Himmel« benachbartes Wort, noch vage nachklingt). Fest und schützend war der Himmel, steinern, kristallin. Heute ist er ins Unendliche verflüssigt, eine flexible Größe geradezu. Und ein Symbol für die entgrenzte Heimatlosigkeit des Menschen im All.

Weil man sich das aber nicht vorstellen kann, so fährt Stifter fort, »so steht eine Schönheit vor uns auf, die uns entzückt und schaudern macht, die uns beseligt und vernichtet«.

Ein Gedankensalto. Die Angst schimmert durch die Worte Stifters hindurch, die Angst vor dem unendlichen Raum. Er rettet sich in das Entzücken, das uns »beseligt und vernichtet«. Der Blick in den Himmel löst heute wohl immer noch dieses Doppelempfinden in uns aus: die Schönheit des Kosmos, der in seiner geahnten Unendlichkeit sichtbar ist und der uns zugleich die eigene Endlichkeit wie in einem Spiegel fühlbar und erkennbar macht.

Bleibt die einzige Antwort auf die unbegreiflichen Mitteilungen der heutigen Astronomie also das Staunen über die Schönheit des Firmaments? Es scheinen ja alle Menschen von diesem Gefühl der Schönheit des Himmels über uns ergreifbar zu sein, »von dem stumpfesten an, der an einem rothen Lappen Freude hat, bis zu dem Weisen, der den Sternenhimmel betrachtet«, sagt Adalbert Stifter. Auf der Spitze eines Berges unter der ungeheuren Himmelsglocke, »wenn in klaren Winternächten die millionenfache und millionenfache Welt über unseren Häuptern brennt, und wir in Betrachtung unter ihr dahin wandeln«, kann – so Stifter – ein Gefühl in unsere Seele kommen, »das alle unsere kleinen Leiden und Bekümmernisse majestätisch überhüllt und verstummen macht, und uns eine Größe und Ruhe gibt, der man sich beugt«.

Begreifbar und sinnlich erfahrbar ist das in der Tat für niemanden mehr, was die zeitgenössische Astrophysik uns über das, was einmal der »Himmel« war, sagt. Das Wort »Himmel« ist eigentlich – wenn wir den Astronomen folgen – so altmodisch wie ein Reifrock. Ist die Ergriffenheit über die Schönheit des Sternenhimmels wirklich noch etwas, was selbst der Narr mit dem »rothen Lappen« erfährt? Oder sind wir dabei, Stümpfe zu werden, die alles über den Kosmos wissen, aber nichts mehr sehen? Kosmisch Erblindete – so wie Faust am Ende seiner forschenden Gier ein Blinder ist?

Ganz abgesehen davon, dass die meisten Menschen keinen Blick mehr in den Himmel werfen können, weil der Smog ihnen einen solchen Blick verwehrt: Drängt sich heutzutage nicht beim Anblick des Firmaments immer schon der Eindruck auf, dass das nur Vordergrund ist, eine glitzernde Fassade, auf der sich die über den Horizont huschenden Raumfähren unverzüglich abzeichnen und das Staunen über den Sternenhimmel sich mit der Bewunderung für das menschliche Können mischt? Ist die Schönheit des Himmels zu einer Illusion geworden? Haben die astrophysikalischen Feststellungen dem Himmel den Garaus gemacht? Nicht mehr Sitz der Götter, nicht mehr eine Kristallkugel, die sich über uns wölbt – und nicht einmal mehr ein ästhetischer Genuss, weil man sich ständig daran erinnern lassen muss, dass unsere Augen uns betrügen. Wir sehen ja nichts von dem, was da sein soll. Der Himmel – nichts als eine Illusion, die aus früheren, nichtwissenden Jahrhunderten zu uns herüberscheint?

Die Schönheit des Sternenhimmels, die zugleich unsere Endlichkeit zurückspiegelt: Ist das eine Wahrnehmung, die die Menschen über die Zeiten und Kulturen hinweg eint? Offenbar nicht unbedingt. Das hat der Philosoph Hegel drastisch und geradezu gehässig ausgesprochen. Das Licht der Sterne sei – so sagt er – nur unverarbeitete Roheit. Die Sterne seien eine Art »Lichtausschlag am Himmel«. Er selbst mache sich mehr aus einer Animalität, die Sekrete hervorbringt, als aus dem Sternenmeer. »Dieser Lichtausschlag ist so wenig bewundernswürdig als einer am Menschen oder als die Menge von Fliegen.«[2] Klingt da ein neues Lebensgefühl an, das die Wahrnehmung der Schönheit überwindet und sie ablöst durch naturwissenschaftliche Nüchternheit?

Und wird das Staunen über den Sternenhimmel infolgedessen allmählich altmodisch, vorwissenschaftlich, unaufgeklärt – ein weltanschaulicher Ladenhüter?

Im Kontrast dazu: Von der unaussprechlichen Schönheit der Gestirne sprach der Kirchenvater Basilius der Große. Er hat im 4. Jahrhundert gelebt und meint, dass die Betrachtung der Himmelskuppel die Voraussetzung dafür ist, die Geheimnisse der Schöpfungsgeschichte zu begreifen:

Wenn du in manch klarer Nacht, hinaufschauend zur unaussprechlichen Schönheit der Gestirne, des Schöpfers des Universums gedachtest und dich fragtest, wie es dennoch geschehen kann, dass in der sichtbaren Welt so oft die Anmut hinter die Notwendigkeit zurücktritt, so bist du, Zuhörer, gut vorbereitet, ... so komm.[3]

Unsere Vorfahren von den chinesischen Kaisern bis zu den aztekischen Fürsten, von den babylonischen Priestern bis zu den ägyptischen Pharaonen haben die Beobachtung des Himmels und der Sterne mit Weltdeutung verwoben. Sie haben seit Jahrtausenden mit Mitteln der Religion, der Philosophie, der Beobachtung den kosmologischen Fragen als Fragen nach dem »Warum« nachzugehen versucht. Sie hätten niemals die Menschen mit einem Produkt vergleichen können, das aus dem »Schimmelüberzug«, der die Erde bedeckt, aufsprießt. Arthur Schopenhauer hat das so gesagt. Aber Schopenhauer, der 1860 in Frankfurt am Main gestorben ist, hatte immerhin noch eine Ahnung davon, dass es eine missliche Lage ist, auf einer von zahllosen Kugeln zu stehen, ohne zu wissen, woher und wohin. Hören wir ihn, den philosophischen Pessimisten, von dem gesagt wird, er habe seinem Pudel Würstchen an den Weihnachtsbaum gehängt (was ihn denn doch etwas freundlicher erscheinen lässt):

Im unendlichen Raum zahllose leuchtende Kugeln, um jede von welchen etwa ein Dutzend kleinerer, beleuchteter sich wälzt, die inwendig heiß, mit erstarrter, kalter Rinde überzogen sind, auf der ein Schimmelüberzug lebende und erkennende Wesen erzeugt hat: – dies ist die empirische Wahrheit, das Reale, die Welt. Jedoch ist es für ein denkendes Wesen eine mißliche Lage, auf einer jener zahllosen im gränzenlosen Raum frei schwebenden Kugeln zu stehen, ohne zu wissen woher noch wohin, und nur Eines zu seyn von unzählbaren ähnlichen Wesen, die sich drängen, treiben, quälen, rastlos und schnell entstehend und vergehend, in anfangs- und endloser Zeit: dabei nichts Beharrliches, als allein die Materie und die Wiederkehr der selben, verschiedenen, organischen Formen, mittelst gewisser Wege und Kanäle, die nun ein Mal da sind.[4]

Der Mensch, der auf dem Schimmelüberzug der Erde wie eine Bakterie vegetiert: Vom Himmel, der sein Dach über uns wölbt, ist da nicht mehr die Rede. Die Nichtigkeit des Menschen tritt in den Vordergrund: Hegels Lichtausschlag da oben, Schopenhauers Schimmelüberzug hier unten: Der alte Himmel hat abgedankt. Wer so schreibt, hat die Hoffnungen, die sich mit dem Himmel verbanden, abgehakt und macht den Menschen so bedeutungslos, dass von Ängsten nicht mehr die Rede sein muss: Wen interessiert schon eine furchtsame Bakterie, die im Schimmelüberzug der Erde ihr Dasein fristet?

Nun darf man sich nicht täuschen: In den alten Kosmologien, ob aus dem Zweistromland, aus der Antike, dem fernen Asien oder aus Afrika, ist von den Ängsten und Hoffnungen viel die Rede: Aber sie sind von aller Harmlosigkeit weit entfernt. Die Entstehung der Welt, die Geburt des Kosmos ist von uranfänglichem Getümmel erfüllt. Allenfalls einen kurzen Augenblick wird von der goldenen Zeit am Anfang, vom Paradies, von anfänglicher Stille und Harmonie gesprochen. Aber kaum haben Adam und Eva das Paradies verlassen, da stürzt sich schon Kain auf Abel, um ihn zu erschlagen. Mord und Eifersucht, Begehren, Neid und Hass sind in die Anfänge verwoben. Die Erfahrungen der Menschen, ihre Ängste und ihre Hoffnungen schlagen sich in den Kosmologien nieder – und machen deutlich, dass unsere Urahnen sehr genau wussten, dass die kosmische Schönheit mit dem universalen Entsetzen verwoben ist.

Erzählungen von der Entstehung des Himmels

ERINNERN WIR UNS an den Zauber des Himmels, den alle Völker und Religionen beschrieben haben. Dass es den Kosmos gibt, das schien ein Wunder. Wer hat ihn erschaffen? Wie ist er entstanden? Wie verlässlich ist er? Und in das Staunen mischt sich von Anfang an die Angst: Größe und Großartigkeit des Himmels führen dem Menschen die eigene Nichtigkeit und Endlichkeit vor Augen – und der Himmel soll ihm eine Antwort auf diese Ängste geben. In den Kosmologien spricht der Mensch nicht nur vom Himmel, sondern immer auch von sich! Die Pelasger, die etwa 3500 vor Christus aus Kleinasien auf die griechische Halbinsel kamen, erzählen die Geburtsgeschichte des Himmels und der Erde so: Am Anfang erhob sich Eurynome, die Göttin aller Dinge, nackt aus dem Chaos. Da sie keinen Untergrund für ihre Füße fand, trennte sie das Meer vom Himmel, das Unten vom Oben. Einsam auf den Wellen Richtung Süden tanzend, wurde sie des ihr nachwehenden Windes gewahr und erkannte ihn als etwas Anderes, von ihr Getrenntes, etwas, womit sich Neues schöpfen ließe. Herumwirbelnd packte sie daraufhin diesen Nordwind, rieb ihn zwischen ihren Händen, und siehe, die große Schlange Ophion war da! Eurynome tanzte weiter, wilder und wilder, bis Ophion, von Lust überwältigt, sich um ihre nackten Schenkel wand und sich mit ihr vereinigte. Eurynome wurde schwanger, nahm die Gestalt einer Taube an und brütete auf den Wellen, nach der dafür bestimmten Zeit, das Weltenei aus, das alle Dinge enthielt, die wir kennen: Sonne, Mond, Planeten, Sterne, die Erde mit ihren Bergen und Flüssen, ihren Bäumen, Kräutern und Tieren.
Am Anfang war also das Chaos, und der erste Schöpfungsakt besteht darin, das Meer vom Himmel, die Materie von der Nicht-Materie zu trennen, um »Boden unter die Füße« zu

bekommen. Gleich darauf tritt Eros auf, der das noch Unbelebte befruchtet und somit das »Weltenei«, den Kosmos, wie wir ihn kennen, entstehen lässt. Durch die Kosmologie der Pelasger zieht sich – wie man sieht – das erotische Begehren, das erst die Welt entstehen lässt. Es fällt nicht schwer zu sehen, dass die Erfahrungen der Menschen – die drängende Lust, das Wunder der Geburt neuen Lebens – in das kosmologische Geschehen projiziert werden.

Solche Schöpfungsmythen, in denen die inneren Erfahrungen der Menschen – ihre Hoffnungen und ihre Ängste – mit der Außenwelt verbunden werden, existieren in unzählbaren Varianten. In der (afrikanischen) Suaheli-Kultur heißt es, dass Gott – als seine Zeit gekommen war – begann, die Welt aus Materie zu schaffen. Er rollte Taghimmel und Nachthimmel aus wie Teppiche mit geheimnisvollen Zeichen. Am Nachthimmel brachte er die Sterne an, an den Taghimmel setzte er die glühende Sonne. Der Himmel wird hier gewissermaßen aus dem Material des Wohnalltags entworfen.

Viele Kosmologien stimmen darin überein, dass der Himmel geschaffen ist. Auch darin, dass etwas vor ihm war. Laotse, der etwa 600 vor Christus gelebt hat, hat dieses Etwas so beschrieben: »Es gibt ein Ding, das ist unterschiedslos vollendet. Bevor der Himmel und die Erde waren, ist es schon da, so still, so einsam.«

Vollendet und unterschiedslos – man kann das »Sinn« oder »Gott« nennen, jedenfalls ist da etwas, in dem sich der Streit, der Kampf, die Unterschiedlichkeit, die Sterblichkeit noch nicht durchgesetzt haben. Der Himmel bringt sich nicht selbst hervor, sondern wird geboren, geschaffen, gezeugt – ganz so, wie alles Natürliche einen Ursprung hat, etwas, das ihm vorangeht.

Die Frage nach der Entstehung von Himmel und Erde beschäftigt die Menschen seit Urzeiten. Und es ist verblüffend, wie viel Ähnlichkeit die alten Schöpfungserzählungen mit dem haben, was wir mittlerweile, aufgeklärt und in selbstgewisser astronomischer Präzision, die »Urknalltheorie« nennen. Tatsächlich wissen wir heute zwar einiges mehr, als die Pelasger sagen konnten. Aber sind unsere Beschreibungen etwa weniger »nebulös« und schlüssiger als die knappe Charakterisierung Laotses? Die Astronomie sagt ja, dass nach dem »Urknall« vor etwa vierzehn Milliarden Jahren das Universum begann, sich immer weiter auszudehnen, bis es im Zuge vielfacher Umgestaltungen und unregelmäßiger Gasansammlungen zu der uns heute bekannten Ordnung fand. Die hierbei für uns Menschen entscheidende Veränderung, der erste Akt der Schöpfung – wenn man es so nennen will –, ereignete sich (aus der Sicht des *homo sapiens astronomiensis*) vor knapp fünf Milliarden Jahren, als in einem Außenbezirk unserer Milchstraße ein gewaltiger Gasnebel, die »Sonnenwolke«, in sich zusammenfiel. Im Zentrum der durch die Implosion immer schneller rotierenden Gasscheibe – die man sich wie ein riesiges Meer vorstellen kann – befand sich eine Masse, die dabei eine so hohe Dichte erreichte, dass es zu einem nuklearen Fusionsprozess kam. Das war die Geburt der Sonne, die also zuerst aus dem Chaos, aus dem Nebel entsteigt und die übrige Materie auf ihre Umlaufbahn zwang, wo sie sich dann (durch die Kraft der Gravitation) nach und nach zu all jenen Planeten zusammenballte, die bis heute unseren Nachthimmel erhellen. Und auch auf unserem Planeten, auf der Erde, war zunächst nichts als Nebel – Wasserstoff und Helium. Es herrschte ein heißes Chaos, und es bedurfte eines weiteren Schöpfungsaktes – wie bei Eurynome? –, um das Unten vom Oben, das Flüssige vom Festen zu trennen und schließlich das Unbelebte zu beleben. Wir wollen nicht behaupten, dass die Erzählung der Pelasger über Eurynome und die Urknalltheorie im Grunde das Gleiche sagen. Aber Parallelen sind unübersehbar. Man kommt offenbar auch ohne das Hubble-Teleskop zu der Erkenntnis, dass der Kosmos einen Anfang hat, dass sich aus dem wirbelnden Chaos das Himmelsgewölbe erst bildet. Der Himmel war vor uns da, er ist die Wiege der Menschheit. Dort oben nahm unsere Existenz ihren Anfang, und dort oben wird auch über unsere Zukunft entschieden. Die einen nennen das Gott, die anderen sprechen von nuklearen Fusionsprozessen. Man wird sehen.

Diese zentrale Bedeutung des Himmels war dem menschlichen Denken jedenfalls von vornherein eingeschrieben – und sie prägt, wenngleich verblasst und häufig nur noch in Metaphern oder sprichwörtliche Redewendungen verkleidet, unser Denken und Handeln bis heute. Der Unterschied zwischen den alten Kosmologien und der neuen Astrophysik besteht indessen darin, dass in die alten Schöpfungsgeschichten die menschlichen Erfahrungen eingeschrieben waren, dass sie von den Ängsten und Hoffnungen der Menschen imprägniert waren. Unsere Astrophysik ist dagegen eine namenlose, menschenfreie Zone, die nichts mehr spiegelt als die absolute Bedeutungslosigkeit des beobachtenden und forschenden Menschen. Man kann sich fragen, ob die astrophysikalische Urknalltheorie, die von allen menschlichen Partikeln gesäubert ist, eigentlich mithalten kann zum Beispiel mit der Zeus-Erzählung der Griechen, die manchmal an ein wüstes Familiendrama erinnert – aber voller Leben ist. Wirken dagegen die astrophysischen Richtigkeiten nicht ein wenig nekrophil, blutleer, langweilig?

Zeus – so erzählt der griechische Mythos – wird der Herrscher des Himmels, aber es ist eine Geschichte von Mord und Totschlag, Kannibalismus, Kastration und Kindermord. Zeus, dem höchsten Gott der Griechen, haften viele Züge eines Wettergottes an. Davon zeugen seine Beinamen: der Regnerische, der Blitzende, der Donnernde. Hesiod erzählt von der Herkunft des Zeus:[5] Am Anfang war nur Chaos (»Abgrund«), aus dem die breitbrüstige Gaia, die Erde, aufstieg. Gaia gebar ein Wesen, das sie ganz bedecken konnte, den gestirnten Uranos (den Himmel). Uranos ist begierig nach Liebe und bringt die Nacht mit sich, die die Erde umhüllt. Die heilige Ehe der beiden bringt eine zweite Göttergeneration hervor, die »Uraniden« – die »Himmlischen« –, die aber eigentlich monströse Wesen sind: Es sind die sechs Titanen, die sechs Titaniden, die drei einäugigen Zyklopen und die drei Hundertarmigen. Uranos hasst seine Kinder »vom ersten Tage an«, und er versteckt sie in Gaias (der Erde) Leib. Sie stachelt nun ihre Titanensöhne zur Rache an, und Kronos (das heißt: die Zeit) entmannt Uranos, seinen Vater, als er begierig in den Leib der Erde einzudringen versucht. Die Geschlechtsteile des Uranos werden in das Meer geworfen, und aus dem Schaum, der dabei entsteht, entsprießt Aphrodite.

Die Verstümmelung des Schöpfergottes durch seinen Sohn – das ist ein verbreitetes Motiv in orientalischen Kulturen, von dort hat Hesiod – der diesen Götterkampf beschrieben – vielleicht Motive in seine Schilderung aufgenommen. Kronos jedenfalls tritt als Herrscher an die Stelle des Uranos und vermählt sich mit Rhea, seiner Schwester. Ihm wird prophezeit, dass er durch die Hand eines Sohnes fallen wird, und deshalb verschlingt Kronos seine Kinder, wenn sie zur Welt kommen. An dem Tag, da sie Zeus gebären soll, begibt sich Rhea nach Kreta und verbirgt das Kind in einer Grotte. Sie hüllt aber einen großen Stein in Windeln und reicht ihn Kronos, der ihn verschlingt, in der Annahme, es sei sein Sohn. Schließlich besiegt Zeus Kronos und die Titanen und verbannt sie in die Unterwelt. Nun wird der Kosmos aufgeteilt: Poseidon wird Herrscher des Meeres, Hades König der Unterwelt, und Zeus erhält den Himmel.

Zeus ist in dieser griechischen Himmelsgeschichte weder Schöpfer der Welt noch des Lebens oder gar des Menschen: Aber er wird das unbestrittene Oberhaupt der Götter und der Herrscher der Welt. In einer berühmten Szene aus Homers Ilias (8,17 ff.) schleudert Zeus den Göttern eine Herausforderung entgegen, die ihn als den Herrn aller Herren zeigt:

»Hängt ein goldenes Seil an den Himmel, hängt euch alle daran, Götter und Göttinnen: Nicht könntet ihr vom Himmel auf die Erde Zeus, den Höchsten Herrn, hinabziehen, auch wenn ihr euch viel plagtet; aber wenn ich entschlossen ziehen wollte, würde ich euch samt Erde und Meer emporziehen. Ich wickelte um den Gipfel des hohen Olympos das Seil sodann und sähe schweben das Meer und die Erd' und die Götter. So viel mächtiger bin ich als alle Götter und Menschen.«[6]

Man sieht: Die Kosmologie – hier am Beispiel der Griechen – ist eigentlich immer auch schon Entzauberung des Himmels, Schöpfungskritik. Unser naturwissenschaftlich geprägtes Welt- und Himmelsbild tendiert ja dazu, die Vorfahren zu etwas naiven Gläubig-Empfangenden zu machen. Tatsächlich zeugt ja, wie wir gesehen haben, die Geschichte des Zeus von Desillusionierung, von einem erschreckenden Realismus. Die Griechen haben – wie Hans Blumenberg sagt – den Kosmos *und* die Tragödie erfunden. Der Mythos – auch der über die Entstehung des Himmels – muss wohl als der Versuch angesehen werden, die Schrecknisse der gesichtslosen Übermächte zu menschengestaltigen Göttern zu transformieren. Mit der Vergöttlichung der kosmischen Gewalten haben diese zwar nun einen Namen – aber sie sind damit nicht verlässlicher geworden.[7]

Die zeitgenössische Astrophysik hingegen liefert Bilder aller Art aus dem Universum, aber sie hat keine Möglichkeit mehr zur humanisierenden Transformation ihrer Erkenntnisse. Sie kann den Gewalten und Prozessen keinen Namen mehr geben. Die biblische Schöpfungsgeschichte wiederum spricht von einem Gott, der die kosmischen Urphänomene mit Namen versieht: »Und Gott nannte das Licht Tag, und die Finsternis nannte er Nacht.« Die Feste, die Gott schafft, um die Wasser über der Feste von den Wassern unter der Feste zu scheiden, diese Feste nennt Gott: »Himmel«. Die Namensgebung ist ein Akt der Bewältigung – und zu dieser Namensgebung fehlt uns heute, so scheint es, die Möglichkeit. Wenn irgendwelche Merkurtäler den Namen Beethoven oder Einstein bekommen, ist das nicht vergleichbar mit diesem antiken, griechischen oder hebräischen Akt, in dem die Urgewalten mit Namen versehen wurden – und so ein Gesicht bekamen.

Aber dieses Gegenüber von menschenbereinigter Astrophysik und alten, von Angst und Hoffnung getränkten Kosmologien darf die *unendlich* vielen Unterschiede zwischen den Kosmologien nicht unter den Tisch kehren. Nur ein Beispiel: Anders als im hebräischen Schöpfergott stehen in Griechenland die Menschen und die Götter – seitdem Zeus der Weltenherrscher ist – dem Kosmos *gegenüber.* Und daraus erwächst ein abgrundtiefer Pessimismus, der bei Sophokles (zum Beispiel im *Ödipus auf Kolonos*) in einem Chorlied gipfelt, in dem es heißt: Es ist besser, nicht geboren zu sein. Und damit korrespondiert der geradezu mühsame Satz des Anaxagoras, der dem Leben dann doch einen Sinn abzuringen versucht. Auf die Frage, warum einer sich entscheiden könne, lieber geboren als nichtgeboren zu sein, antwortet Anaxagoras: »Um das Himmelsgebäude zu betrachten und die Ordnung im Weltall.«[8] Die antike Kosmologie rettet vor der Verzweiflung. Aus unserer wissenschaftlich-abgekühlten Astrophysik hingegen sind Angst und Hoffnung wie Geschwüre entfernt.

Geht die Sonne wieder auf?

Von der Sonne hängt die Menschheit auf Gedeih und Verderb ab. Das war anderen Zeiten bewusster als uns heute – die wir die Sonne im *Sonnenstudio* ja sogar ersetzt haben, die vor Kälte und Hitze durch Klimaanlagen und Heizungen geschützt sind, so dass uns die Sonne im Alltag eigentlich egal sein kann.

Es hat einmal Kulturen gegeben, in denen die Menschen magische Gebete sprachen, um der Sonne zu helfen, am Morgen wieder aufzugehen. Die Griechen sahen am Himmel ein Pferdegespann, das – von Phönix gelenkt – die Sonne über das Himmelsgewölbe zieht. Echnaton, der ägyptische Pharao, versuchte, die Sonne zur einzigen Gottheit der Ägypter zu erheben – wofür die Priester sich rächten, indem sie nach seinem Tode die Erinnerung an den Pharao tilgten: Dem Ketzer wurden die Augen auf Bildwerken ausgekratzt – seiner sollte nicht mehr gedacht werden. Die Gesichtsmaske des Pharao (sein Grab wurde 1907 im Tal der Könige entdeckt) war weggerissen worden. »Schön erscheinst du im Lichtland des Himmels, du lebende Sonne, die das Leben bestimmt! Du bist aufgegangen im östlichen Lichtland, du hast jedes Land erfüllt mit deiner Schönheit. Du bist schön, gewaltig und funkelnd, du bist hoch über jedem Land.« So beginnt der Sonnengesang des Pharao, der 1350 bis 1334 vor Christus regiert hat. Bekannt sind die Bilder von Echnaton und Nofretete, die dem Sonnengott Aton opferten. Steinreliefs, auf denen die Sonnenstrahlen in Händen auslaufen, die sich den Herrschern entgegenstrecken.[9]

Völker und Staaten haben die Sonne als prominentestes Himmelsgestirn auf unendlich viele Weisen verehrt, Sonnenmärchen erzählt, Sonnengesänge verfasst, aber auch ihrer Angst vor der Macht und Kraft der Sonne Ausdruck verliehen. Wir wissen heute, dass innerhalb von acht Minuten alles Leben auf der Erde verlöschen würde, ginge die Sonne nicht auf, schickte sie nicht ihre wärmenden Strahlen. In Ninive fanden Archäologen Aufzeichnungen über 22 Sonnenfinsternisse aus der Zeit vom 9. Dezember 744 bis zum 12. Februar 635 vor Christus – und die Menschen erkannten einen Rhythmus, eine regelmäßige Wiederholung in diesen Finsternissen, die ihnen einen kalten Schrecken einjagten.[10]

Die Angst, dass die Sonne ihre wärmenden und erhellenden Strahlen zurückhalten könnte, dass die finstere Nacht bleibt und die Menschen dem Untergang geweiht sind, hat im südlichen Amerika zu schrecklichen religiösen Exzessen geführt: 1519 traf der spanische Eroberer Hernán Cortés mit dem Aztekenfürsten Moctezuma II. zusammen. Dabei besuchte er – trotz des Widerstrebens der Priester Moctezumas – den Tempel des Sonnengottes Teocalli – eine Stufenpyramide mitten in der Stadt. Und sah blutverkrustete Wände und einen Altar, auf dem drei menschliche Herzen lagen: Dem Sonnengott wurden Menschen geopfert.

Vierzig Jahre vor dem Besuch des Cortés hatte Ahuítzotl, der Vorgänger Moctezumas, einen Feldzug begonnen, aus dem er viele tausend Gefangene mitbrachte. Sie alle wurden zur Einweihung des großen Tempels dem Sonnengott zum Opfer gebracht. Die Gefangenen wurden die Stufen zum Altar hinaufgeführt, mit dem Rücken auf einen Block gelegt und von vier Helfern gehalten. Ein fünfter schnitt mit einem Obsidianmesser den Brustkorb auf und riss das noch pulsierende Herz heraus. Dann hielt er es mit einer demütigen Geste der Sonne entgegen und legte es auf den Opferstein. Die ausgeweideten Körper wurden die Tempelstufen hinuntergestürzt. Moctezuma erklärte dem Spanier den Sinn des Geschehens: Die zuckenden Herzen waren notwendig, um den Gang der Sonne aufrechtzuerhalten und so die Welt vor der Vernichtung zu bewahren. Das pulsierende Herz war Gleichnis und Nahrung zugleich für den Pulsschlag des Himmels: den Aufgang und den Untergang der Sonne.[11]

Eine solche Furcht ist uns modernen Menschen unbekannt. Die Wissenschaft hat in einem beispiellosen Siegeszug die alten Vorstellungen vom Himmel, der sich als Glocke über uns wölbt und an den die Gestirne geheftet sind, zerstört und den Himmel zugeklappt. Kein Paradies da oben, keine Götter. Die Sonne ein glühender Brocken, dessen anfängliche Entstehung aus einem kosmischen Nebel wir ebenso ausrechnen können wie das voraussehbare Ende dieses stellaren Energiebündels, das nur eines unter unendlich vielen ist.

Keiner würde mehr auf die Idee kommen, Menschen die Herzen herauszureißen, um die Sonne zu versöhnen. Der Himmel, in dem die Götter wohnten, ist nun ein Leichenhaus geworden, durch das schließlich der Narr, von dem Friedrich Nietzsche schreibt, mit einer Laterne stolpert und schreit: »Ich suche Gott.« Aus dem Wohnort der Götter wurde ein erforschbares Areal.

Der Himmel gleicht nicht mehr einem Tempel, sondern eher einem Labor. Goethe hat diese ungeheuerliche Wende in seiner Geschichte der Farbenlehre beschrieben:

Vielleicht ist noch nie eine größere Forderung an die Menschheit geschehen; denn was ging nicht alles durch diese Anerkennung (der kopernikanischen Wende) in Dunst und Rauch auf: ein zweites Paradies, eine Welt der Unschuld, Dichtkunst und Frömmigkeit, das Zeugnis der Sinne, die Überzeugung eines poetisch-religiösen Glaubens; kein Wunder, dass man dies alles nicht wollte fahren lassen, dass man sich auf alle Weise einer solchen Lehre entgegensetzte, die denjenigen, die sie annahmen, zu einer bisher unbekannten, ja ungeahnten Denkfreiheit und Großheit der Gesinnungen berechtigte und aufforderte.[12]

Goethe hat die Ambivalenz des Fortschritts, den er hier rühmt, geahnt – und die Entfesselung der Gier, die mit dem Verlust des

Himmels einhergeht, im Schlussteil von Faust, Teil II beschrieben: Faust lenkt mit Hilfe des Teufels Flüsse um, »entwickelt« Ländereien, nimmt dafür Tod und Vertreibung des alten, bescheiden »vorkapitalistisch« lebenden Paares Philemon und Baucis in Kauf. Das ist ein Vorschein jener durchökonomisierten Erde, die am Himmel kein Interesse mehr hat – es sei denn, er lasse sich nutzen. Für uns heute ist diese Ambivalenz schmerzlich spürbar geworden.

Himmelserkenntnis –
ein Ding mit zwei Seiten

AUCH WENN SICH die Kenntnisse des Menschen über den Kosmos im Vergleich mit den alten Schöpfungsgeschichten unendlich gesteigert haben, so kann der Eindruck nicht täuschen, dass die Alten und die Neuen sich in ähnlichen Spuren bewegen. Für die antike und mittelalterliche Weltsicht waren Makrokosmos und Mikrokosmos aufeinander bezogen. Berühmt ist Leonardo da Vincis Bild von dem Menschen, der mit ausgebreiteten Armen und Beinen in den Kreis des Kosmos eingezeichnet ist.

Leonardo sah den Menschen und die Erde – wie seine Zeitgenossen auch – aus vier Elementen zusammengesetzt, nämlich aus Erde, Wasser, Luft und Feuer. Der Mensch hat Knochen in sich, die Stützen und Armatur des Fleisches sind – und so hat auch die Welt das Gestein, das die Erde stützt. So wie der Mensch in sich die See des Blutes hat, wo die Lunge im Atem wächst und abnimmt, so hat der Körper der Erde sein ozeanisches Meer, das alle sechs Stunden wächst und abnimmt – die Welt atmet.

Die Astrophysik hat dieser Beziehung von Mikrokosmos und Makrokosmos den Boden entzogen, aber sie ist doch zugleich auf dieser Doppelspur geblieben. Die Erkenntnisse des Wissenschaftsmenschen bewegen sich immer schneller und immer radikaler in zwei Richtungen: Über die Milchstraße hinaus erreicht das Wissen des Menschen längst unbekannte Galaxien, ja, die Rede ist heute sogar von mehreren Universen. Das ist die eine Richtung – der Blick in das unendliche Weltall, in den Makrokosmos, hätten die Alten gesagt. Zugleich – und das ist die andere Richtung – stürzt sich die wissenschaftliche Avantgarde immer mehr auf die Erforschung der kleinsten Bestandteile des Menschen und der Natur. Eine gerollte DNA-Doppelspirale mit der Information für einen ganzen Menschen, die sich in jedem Kern jeder der hunderttausend Milliarden von Zellen befindet, wiegt nicht mehr als ein hunderttausendstel Gramm.[13] Ein Mikrokosmos, der aber nicht mehr – wie bei Leonardo – in Beziehung steht zum Makrokosmos. Nach außen und nach innen wird die Welt unendlich, ein ungeheures Sammelsurium von Zahlen und Fakten. Die große und die kleine Welt haben ihre Beziehung zueinander verloren, ihren sich gegenseitig befruchtenden und erklärenden Sinn. Es ist nur alles aus den gleichen atomaren Bauteilchen gebildet. Mikrokosmos und Makrokosmos, so könnte man etwas salopp sagen, sind wie ein Hamburger – immer und überall aus den gleichen ununterscheidbaren, formlosen Bestandteilen.[14]

»Wär nicht das Auge sonnenhaft – die Sonne könnt es nie erblicken«, heißt es bei Goethe, der von dieser Beziehung zwischen großer Welt und kleiner Welt immer wieder gesprochen hat. Astrophysik und Biotechnologie sind in den alten Makrokosmos und den ehemaligen Mikrokosmos eingedrungen, haben aber nur noch die Einzelheiten in der Hand – ohne Bezug des einen auf das andere.

Analogien könnte man zwar auch heute noch sehen: Hat nicht die Milchstraße etwa so viele Sterne, wie das Gehirn des Menschen Zellen hat? Aber es ist eben ein eigentlich nur noch statistischer Vergleich – aus dem die Sinnfrage vertrieben worden ist. Manchmal könnte man denken, dem modernen Menschen sei der Kosmos wie einem Kind als Spielzeug übergeben worden. Er hat es auseinandergenommen, zergliedert, analysiert. Nun ist nur noch totes Material geblieben, das allenfalls zur weiteren Untersuchung auffordert. Der Mensch weiß alles, hat aber nichts mehr: Der Sinn ist verlorengegangen, wie bei einem Kind, dessen Spielzeug nicht mehr funktioniert.

Damit geht das verloren – so scheint es –, »was die Welt im Innersten zusammenhält«. Ja, es ist nicht einmal mehr erlaubt, danach zu fragen, weil diese Frage als unwissenschaftlich abgetan ist. Himmel und Erde sind in ihre Teile zerlegt – und nun hält der Mensch die Trümmer in der Hand, die sich zu einem sinnlosen Schutt- und Datenhaufen auftürmen.

Die Erzählung über die Geschichte des Himmels wird damit zur Erzählung über eine scheiternde Beziehung zwischen Mensch und Kosmos. Der Pulsschlag des Himmels hat aufgehört – einen Pulsschlag könnte ja auch nur ein organisches Wesen haben. Wir schauen aber nur in erfolgreich zergliederte tote Materie, im Großen wie im Kleinen. Beim Blick in die Milchstraße wie beim Blick in die DNA-Struktur des Menschen. Eine eisige Kälte umweht den Menschen, der ebenso schutzlos der unendlichen Weite des Alls, das keinen Himmel mehr kennt, ausgesetzt ist wie der beginnenden Optimierung seiner genetischen Mikrostruktur.

Grandios und schrecklich zugleich ist das Schicksal des Menschen unter diesem entleerten Himmel. Er ist nicht einmal mehr ein Staubkorn im Universum und soll sich als eine biologisch determinierte Agglomeration von Zellen sehen. Der Mensch hat sich selbst ins Nichts gestürzt, als er den Himmel zum Einsturz brachte.

»Weißt du, wie viel Sternlein stehen …?«, heißt es in dem alten Kinderlied. Es spricht ebenso von der Unendlichkeit des Himmels wie von der Aufgehobenheit jedes einzelnen Menschen, der in diesem Lied mit einem Stern verglichen wird. »Gott der Herr hat sie gezählet, dass auch keins von ihnen fehlet …« Das Lied endet, indem es vor der unheimlichen Unendlichkeit, vor der unüberschaubaren Zahl, mit dem tröstenden Satz rettet: »… kennt auch dich und hat dich lieb.«

4 000 000 000 000 000 000 (sprich: vier Trillionen) Tonnen wiegt die Sonne und hält mit dieser Gravitationskraft die Erde auf ihrer Umlaufbahn. Eine tröstliche Zahl? So groß, so sicher? Niemals wird eine solche Zahl einen einzigen Menschen trösten oder beruhigen können, der sich der Sterblichkeit und der Unendlichkeit ausgesetzt fühlt.

Die Erkenntnisse der Astronomie schleudern den Menschen in eine nie gekannte Verlassenheit und zerstören mit jeder neuen Erkenntnis die Beheimatung des Menschen im Kosmos, eine Beheimatung, die als lächerliche Borniertheit demaskiert wird. Wer die Tröstung, die in diesem Kinderlied steckt, noch erahnen kann, der steht wie ein Idiot da. Solange der Mensch in einem dörflichen Universum behaust war, waren die Empfindungen der Menschen und die kosmische Realität noch im Lot. Zwölf Stunden, bis die Sonne zurückkehrt und die nächtliche Finsternis vertreibt. Vier Wochen, und der Mond erscheint wieder voll und rund am Himmel. Zwölf Monate, und die Sonne bringt den Frühling zurück. Dies alles sind kosmische Ereignisse, die mit der Länge eines Menschenlebens in Beziehung stehen, sie bringen den Menschen und *seinen* Kosmos in eine sinnlich erfahrbare Proportion. Die elf oder zwölf oder fünfzehn Milliarden Jahre, die seit dem Big Bang vergangen sind – sie können uns nichts bedeuten, wir haben kein Organ und keine Sinne, die es erlaubten, das zu erspüren. Es ist eher ein kalter Alptraum: Da ist am Anfang ein mathematischer Punkt von unendlicher Dichte und unendlich hoher Temperatur, der explodiert und der nicht nur die gesamte Energie und Materie, sondern auch Raum und Zeit hervorgebracht hat.

Im Zen-Buddhismus gibt es die meditative Idee, dass sich in jedem Tag der Zyklus des Lebens wiederholt: morgens die Kindheit, mittags das Erwachsenenalter, abends der letzte Abschnitt des Lebens. Im menschlichen Maß kann sich so der Kosmos noch einmal spiegeln – während die Trillionen, mit denen die Astrophysik hausiert, in unserer sinnlichen Erfahrung keinen Niederschlag finden können. Die Trillionen verlangen von uns ein Innenleben, das sich der Struktur einer Computerfestplatte annähert.

In den Tiefen des Alls haben Forscher gerade ein Sternensystem entdeckt, dessen Licht mehr als dreizehn Milliarden Jahre zur Erde unterwegs war. Mit Hilfe des *Very Large Telescope* der Europäischen Südsternwarte in Chile konnte diese Galaxie ausgemacht werden, die das am weitesten entfernte Objekt im uns bekannten Universum ist. Zuvor war diese Galaxie schon durch das Hubble-Weltraumteleskop entdeckt worden. »Wir sehen den Zustand dieses Objektes zu einer Zeit, als das Universum erst 600 Millionen Jahre alt war«, sagt Matt Lehnert vom Pariser Observatorium. Der Kosmos war noch sehr jung, und dieser Kosmos befand sich gerade am Ende des sogenannten Dunklen Zeitalters. Denn eine Milliarde Jahre nach dem Urknall verdunkelte ein dichter Wasserstoffnebel das Universum. Er verschluckte das Licht der jungen Sterne fast vollständig.[15]

Wir hantieren wie selbstverständlich mit ungeheuerlichen Zahlen. Eine Milliarde Jahre Dunkelheit im Universum! Eine Galaxie, die vor dreizehn Milliarden Jahren ihr Licht zu uns gesendet hat? Das sprengt alle Vorstellungskraft. Wenn wir in den Himmel schauen, sehen wir viele Lichter, die tatsächlich schon lange erloschen sind. Der Blick in den nächtlichen Himmel ist – so gesehen – eigentlich ein Blick in die Vergangenheit: Was wir sehen, ist schon längst nicht mehr da.

Die Astrophysik kann sich nicht mehr verbinden mit der Ehrfurcht vor der Schöpfung, vor der Natur, vor einem Gott. Sie lehrt uns, dass wir in einen toten Himmel schauen – denn das meiste, was wir da sehen, ist schon längst vergangen. Das steigert eigentlich noch einmal die Nichtigkeitserfahrung des modernen Menschen – es ist da oben nicht nur unendlich weit und groß, es ist auch eigentlich schon alles vorbei.

Wir können die astrophysikalischen Erkenntnisse vielleicht nur überstehen, wenn wir aus den Trillionen glühender Gesteinsbrocken und aus den längst erloschenen Galaxien fliehen auf den Heuboden, von dem John Berger erzählt: »Einige der Wandbretter hatten Löcher, wo einmal Astknoten gewesen waren. Durch diese Löcher kamen Strahlen von Sonnenlicht, schmal wie Zweige. Wenn ein Halm einen solchen Strahl kreuzte, fing er das Licht für einen Augenblick und leuchtete auf wie ein Funken.« Von da aus kann man einen Bogen schlagen zu dem Sonnengesang des Franz von Assisi – aber wohl nicht zum *Very Large Telescope*, das uns die Möglichkeit bietet, in das galaktische Leichenschauhaus zu blicken.

Franz von Assisi schrieb am Ende seines Lebens, nach Jahren voller Entbehrungen, nach einem Leben in Armut und der Demut irgendwann in den Jahren nach 1220 seinen Sonnengesang, den die ganze große erkenntnisreiche Wissenschaft vom Himmel auslöschen will und es vielleicht doch nicht schafft. Aus diesem Sonnengesang strahlen Worte, die wärmen und funkeln wie die Sonnenstrahlen:

Gelobt seist du, mein Herr,
mit allen deinen Geschöpfen,
zumal dem Herrn Bruder Sonne;
er ist der Tag, und du spendest uns das Licht durch ihn.
Und schön ist er und strahlend in großem Glanz,
dein Sinnbild, o Höchster.

Was fangen wir damit an?
Das vielleicht?

Nimm mich ein, du stiller Himmel,
nimm mich aus dem Weltgetümmel.
Angelus Silesius, 1624–1677

Vom Verlust der himmlischen Ruhe

WENN MEINE MUTTER ihrem Mann gefallen wollte, dann kochte sie »Himmel und Erde«. Ein einfaches Gericht für einfache Leute. Es bestand aus Gegensätzlichem – aus Apfelmus und Bratkartoffeln, süß und sauer, weich und hart, gekocht und gebraten. Die Äpfel waren von oben, aus dem Baum, heruntergefallen, die Kartoffeln (›Erdäpfel‹ sagt der Österreicher!) aus der Erde herausgeholt. Aus dem Himmel und von der Erde: Die Gegensätze passten auf dem Teller spannungsreich zueinander. Es schmeckte gut – besser, als wenn man die beiden Früchte getrennt voneinander gegessen hätte. Bis in den Alltag hinein waren sich die Menschen einmal darüber klar, dass es in den Gegensätzen Entsprechungen gab. »Gegensätze ziehen sich an« konnte auch gesagt werden. Wahrscheinlich isst heute niemand mehr »Himmel und Erde«, dieses merkwürdige Essen ging mit den Alten. Und das ist vielleicht nicht zufällig, sondern ein kleines Zeichen für eine große Geschichte.

Die Naturwissenschaft hat den Himmel vom Göttertempel zur Arena umgewandelt, zur Arena, in der sich mit ungeheuren Geschwindigkeiten und unglaublichen Kräften Prozesse abspielen, die wir nur erahnen können. Der Blick in den Himmel ist nicht mehr der Blick in eine geschaffene schöne Stabilität, sondern in ein sich unablässig umwälzendes dramatisches Geschehen, das keine Ruhe kennt. Die himmlische Ruhe, die Menschen früher von oben herab ersehnen konnten, gibt es nicht mehr: Da oben ist mehr Bewegung und Unruhe, als wir hier auf Erden schon ertragen müssen. Das explodierende, erregte Universum spiegelt sich – so scheint es – in einem zuckenden, hektischen, ruhelosen irdischen Alltag von sieben Milliarden Erdbewohnern, die immer mehr und schneller in Bewegung sind. Ein klaustrophobisches Gefühl beschleicht uns: Aus dem Karussell, das sich hier auf Erden immer schneller dreht, gibt es keinen gedachten Ausstieg mehr – weil auch das Karussell da oben sich ja immer schneller dreht.

»Meeresstille des Gemüts« – ihr wohl gilt die Sehnsucht vieler überlasteter, gehetzter, sorgengeplagter Menschen. Eine Stille, die ebenso von der inneren Harmonie – also der Einstimmigkeit mit sich selbst – wie der Übereinstimmung mit dem großen Ganzen, mit dem Kosmos geprägt ist.[16] Warum bin ich so unruhig? Warum rast mein Herz so? Warum verfolgen mich die Sorgen bis in die Nacht? Wie komme ich da raus – bevor ich ausgebrannt bin?

Weggeworfen haben wir die alten Worte und Lehren der Philosophie, aber manchem klopft vielleicht noch der Satz des Augustin in der Seele, der im 4. und 5. Jahrhundert als Bischof in Nordafrika gelebt, gelitten, gelehrt und geschrieben hat: *Inquietum est cor nostrum, donec requiescat in te.* Ein Satz, den man wie ein Mantra mit sich tragen kann: *Ruhelos ist unser Herz, bis es ruht in dir.* In seinen *Bekenntnissen* notiert Augustin:

> *Wer wird mir geben, dass ich Ruhe finde in dir? Wer wird mir geben, dass du kommst in mein Herz. ... Siehe die Ohren meines Herzens vor dir, Herr; öffne sie und sprich zu meiner Seele: ich bin dein Heil ... Mich Staub und Asche, lass mich dennoch reden! ... Was will ich denn anderes sagen, Herr, als dass ich nicht weiß, von wannen ich hierher gekommen bin, in dieses – soll ich sagen: in dieses sterbende Leben oder lebende Sterben? Ich weiß es nicht.*

Augustin spricht von einer Gottessehnsucht, von der die meisten Menschen heute nicht einmal mehr etwas ahnen. An die Stelle dieser Sehnsucht ist selbstgewisse Gottesferne getreten, wie sie es in dieser Selbstsicherheit, die viele, viele teilen, in der Geschichte der Menschen noch nicht gegeben hat.

Augustins Sätze sind voll dringlicher Sehnsucht. Heute dagegen sind für viele Menschen die Vermutung von der Sinnlosigkeit des Lebens, die Hoffnungslosigkeit und die Verzweiflung die selbstverständlichen Wegbegleiter. Vor allem aber ist die Sehnsucht nach der Ruhe, von der Augustin spricht, der heillosen Gewissheit gewichen, dass es diese Ruhe nicht gibt. Guru-Hopping, Selbsterfahrungsworkshops und die Angebote der Wellnessindustrie für die Seele täuschen nicht darüber hinweg, dass die innere Ruhe, die Gelassenheit, unerreichbar bleibt. Das Geheimnis dahinter könnte sein, dass uns etwas Wesentliches verlorengegangen ist: Die »Meeresstille des Gemüts« ist gegründet auf der Einstimmigkeit mit sich selbst, aber auch auf die Übereinstimmung mit dem Kosmos. Unseren Vorfahren, den griechischen, den jüdischen, den assyrischen und babylonischen, war die Harmonie des Kosmos, seine Schönheit und seine ewige Ruhe eine sichere Anschauung und Zuflucht. Und deshalb konnten sie sich die »Meeresstille des Gemüts« zumindest vorstellen.

Und wie soll die Meeresstille des Gemüts heute eigentlich noch zu finden sein, wenn wir uns unter dem Meer eine ölverseuchte, zur Ressource heruntergewirtschaftete Kloake vorstellen müssen, auf der Berge von Plastik neue Kontinente zu bilden beginnen?

Der Mensch, der sich als modern versteht, lehnt die Himmelskindschaft ab. Er hat sich ganz und gar der Diesseitigkeit verschrieben, alles andere ist mit seinem Weltbild nicht vereinbar. Nach dem Bild Gottes ist der Mensch geschaffen – das haben die alten, fast verschwundenen Christen geglaubt. Das ist der vielleicht stärkste Ausdruck für die Verbindung zwischen dem Hüben und dem Drüben – wie es im Deutschen so wunderbar gesagt werden kann: Von einer solchen Gottebenbildlichkeit wollen die Zeitgenossen nichts mehr wissen. Vielleicht wird deshalb so verdächtig häufig von der *Würde* des Menschen geredet, die zu einem schäbigen kleinen Projekt verkommen ist,

weil sie sich allenfalls noch an Tabellen, in denen Lebensquali-
tät gemessen wird, orientieren kann. In Hoffnung und Angst
war den Menschen einmal der Himmel und die Erde gott-
erfüllt, wie es in Psalm 139 (aus der Übersetzung »Hoffnung
für alle«; siehe auch Seite 281, Anm. 32) heißt:

Wohin soll ich gehen vor deinem Geist
und wohin soll ich fliehen vor deinem Angesicht?
Führe ich gen Himmel, so bist du da;
bettete ich mich bei den Toten,
siehe, so bist du auch da.

Gottes Augen – so sagt der Psalmist – sahen mich, als ich noch
nicht bereitet war. Darin klingen Schrecken und Aufgehobenheit zugleich an. Wie schwer sind für mich, Gott, deine Gedanken, fährt der Psalmist fort – ängstlich und hoffend zugleich
klingt das. Die Gottebenbildlichkeit ist – so kann man resü-
mieren – die Voraussetzung für die Meeresstille des Gemüts,
nur so kann die fragile Einstimmigkeit mit sich und die heikle
Übereinstimmung mit dem Kosmos gelingen. Immer ist mir
diese Rede von der Gottebenbildlichkeit ein Stachel im Fleisch
gewesen, weil ich mir darunter stets etwas vorgestellt habe, was
eher in den Bereich des Fotografischen gehört. Zugleich war
ich mir dabei meiner Naivität zumindest halb bewusst. Begreift
man die Rede von der Gottebenbildlichkeit als den Himmels-
bezug, als den Verweis auf ein »Drüben«, dann hört sich das
ganz anders an.
Der Sprung in die Gegenwart konfrontiert uns mit der Behauptung der Astrophysiker, dass das Universum selber die
Vorstellung der Ruhe nicht zulasse. Das Universum ist nicht
statisch – wie die griechische und die jüdische Antike dach-
ten –, sondern es dehnt sich aus. Bis zum Beginn des 20. Jahrhunderts ging man allgemein davon aus, so resümiert der
Astrophysiker Stephen Hawking:

47

... das Weltall habe entweder seit jeher in unveränderter Form bestanden, oder es sei zu einem bestimmten Zeitpunkt mehr oder weniger in dem Zustand erschaffen worden, den wir heute beobachten können. Zum Teil mag dies an der Neigung der Menschen gelegen haben, an ewige Wahrheiten zu glauben, und vielleicht ist es auch dem Trost zuzuschreiben, den sie in dem Gedanken fanden, dass sie selbst zwar alterten und starben, das Universum aber ewig unveränderlich sei.[17]

1929 bereitete Edwin Hubble der kosmischen Ruhe endgültig den Garaus. Er machte die bahnbrechende Entdeckung, dass sich die fernen Galaxien, ganz gleich, wohin man blickt, rasch von uns fortbewegen.

Mit anderen Worten: Das Universum dehnt sich aus, was wiederum bedeutet, dass in früheren Zeiten die Objekte näher beieinander waren. Es hat sogar den Anschein, als hätten sie sich vor ungefähr zehn bis zwanzig Milliarden Jahren alle an ein und demselben Ort befunden und als sei infolgedessen einst die Dichte des Universums unendlich gewesen.[18]

Seitdem wird vom Urknall geredet. Da war das Universum einmal unendlich klein und unendlich dicht. Mit dem Urknall beginnt die Zeit, sagen Fachleute wie Stephen W. Hawking:

Es sei betont, dass sich dieser Zeitbeginn grundlegend von jenen Vorstellungen unterscheidet, mit deren Hilfe man ihn sich früher ausgemalt hat. In einem unveränderlichen Universum muss ein Anfang in der Zeit von einem Wesen außerhalb veranlasst werden – es gibt keine physikalische Notwendigkeit für einen Anfang. Die Erschaffung des Universums durch Gott ist buchstäblich zu jedem Zeit-

punkt in der Vergangenheit vorstellbar. Wenn sich das Universum hingegen ausdehnt, könnte es physikalische Gründe für einen Anfang geben. Man könnte sich noch immer vorstellen, Gott habe die Welt im Augenblick des Urknalls erschaffen oder auch danach, indem er ihr den Anschein verlieh, es habe einen Urknall gegeben. Aber es wäre sinnlos anzunehmen, sie sei vor dem Urknall geschaffen worden. Das Modell eines expandierenden Universums schließt einen Schöpfer nicht aus, grenzt aber den Zeitpunkt ein, da er sein Werk verrichtet haben könnte![19]

Augustinus, der die Erschaffung der Welt ungefähr auf das Jahr 5000 vor Christus legt, steht – so scheint es – dumm da. Auch sein Gott, dessen Arbeitsbeginn – gäbe es ihn denn – von der Physik in etwa zeitlich fixiert werden kann, sieht da kaum besser aus. Allmächtig ist dieser göttliche Mechanikus nicht, wenn die Astrophysik ihm seinen Arbeitsplan schreiben kann.

Betrachtet man die Wirkungen dieser astrophysikalischen Theorien, dann sieht man sehr deutlich zwei Konsequenzen: Der eindringlich-schöne Satz des Augustinus »Ruhelos ist unser Herz, bis es ruht in dir« wird mit seinen, Augustinus' falschen Zahlen, zwangsläufig in den Abgrund gerissen. Bleibt dem Satz nur eine Überlebenschance als eine Art Sprichwort, als Metapher, als religiöser Nippes? Vor allem aber verschwindet die »Ruhe« selbst im Abgrund. Der Himmel ist – bei genauer Betrachtung – ja nichts als ein explodierendes Teilchenensemble. Eine rasende kosmische Achterbahn oder so etwas in der Art. Das Meer ist – wie wir sahen – als Ort der Ruhe (»Meeresstille des Gemüts!«) längst ein erledigter Fall, der Himmel ist es in diesem Sinne auch. Aus dem kosmischen All stürzt auf uns die Unruhe, die Bewegung, die Beschleunigung ein. Sucht man Ruhe, dann wird man sie im Kosmos jedenfalls nicht finden. Das ist ja spätestens seit Galileo Galilei klar, der nach dem Ende seines Inquisitionsprozesses gemur-

melt haben soll: »Und sie bewegt sich doch!« Die Erde nämlich. Dieser Augenblick gilt als der Anfang vom Ende der
kosmischen Ruhe, und man könnte die Moderne mit diesem
Satz – ob er nun anekdotisch ist oder nicht – beginnen lassen.
Alles ist seitdem in Bewegung. »Meine Ruh' ist hin, mein Herz
ist schwer, ich finde sie nimmer und nimmermehr« – das sagt
seit Galileo das universale Gretchen, denn die kosmische Formel heißt ja nun: Bewegung ohne Ende und wachsende Beschleunigung.

Prinz Charles, der englische Thronfolger, wurde in den Gazet-
ten heftig getadelt für das, was wohl eine ironische Bemerkung
gewesen ist: dass die moderne Hektik im Grunde mit dieser
galileischen Idee, dass sich die Erde bewege, in die Welt gekommen sei. Sozialgeschichtlich wahrscheinlich gar nicht
falsch, denn in dem Augenblick, in dem der Himmel seine
ruhende Kraft verliert und die Erde zur herumschwirrenden
Kugel wird, beginnen die alten statischen Ordnungen zu stürzen – und Prinz Charles ist gewissermaßen mit seinem Status
und seiner Rolle noch ein Fossil aus der Zeit, in der die Erde
fest stand und ruhte –, so wie die Ordnung der Stände, wie die
Herrschaft der Kirche und die Macht des Throns unverrückbar
fest standen.

Das ist in der Tat längst Geschichte. Und die Frage wird uns
noch beschäftigen, ob der Satz des Augustinus von der Ruhe-
losigkeit unserer Herzen, ob die Sehnsucht nach Ruhe ihren
Boden verloren hat, weil sie den Himmel verloren hat. So wie
sich einmal Galileo Galilei gegen die Inquisition hat verteidigen müssen, so muss sich heute Augustinus vor der naturwissenschaftlichen Monokultur verteidigen und darf allenfalls
verschämt in seinen Bart murmeln: »Und die Ruhe – es gibt sie
doch.«

Dabei ist eines wirklich bemerkenswert und alles andere als
zufällig: Was sehen die zeitgenössischen Astrophysiker? Was
sie da zu sehen meinen, das können wir, die Laien, nicht be-

streiten. Aber es ist eben interessant, *was* sie sehen. Die schöne Ordnung des Kosmos haben die Alten wahrgenommen, und sie war sichtbar. Die Astrophysiker sehen vor allem die Folgen des Urknalls, die rasende Bewegung, und sie sind mit der Messbarkeit der Räume und der Gestirne befasst. Die Milliardenzahlen und Trillionen fliegen uns nur so um die Ohren. Wie merkwürdig, denkt man sich, dass diese beiden Elemente, die Beschleunigung und die Messbarkeit, zugleich die wichtigsten Leidenschaften der zeitgenössischen Gesellschaft sind? Soll das ein Zufall sein? Die Alten fanden die schöne Ordnung im Kosmos, die Heutigen finden die Geschwindigkeit und die Berechenbarkeit. Muss man sagen: Jeder macht mit dem Kosmos, was er will?

Die Parallele zwischen der kosmischen Erregtheit und der zuckenden irdischen Erregung dürfte jedenfalls kein Zufall sei. Die Ruhe steht auf der Roten Liste.

Vom erregten Kosmos
und erregten Kindern

PHILIPP IST VIERZEHN Monate alt, sein Bruder Johannes hat den vierten Geburtstag erreicht. Philipp steht auf noch wackligen Beinen vor seinem Vater und versucht, dessen Aufmerksamkeit zu erregen. Der Vater spricht eigentlich gerade mit mir. »Papa! ... Paapaa! ... Paaapaaa!« Wachsende Lautstärke, wachsende Intensität, ansteigende Tonlage. Als würde eine große Gefahr drohen – und sie droht ja auch. Die Gefahr, dass er, Philipp, nicht wahrgenommen wird. Gott ist tot, Papa auch, könnte man sagen. Philipp wird ja auch nicht wahrgenommen, außer durch eine flüchtige Bewegung, mit der dem Kind der Schnuller in den Mund geschoben wird. Die Ruhe ist für eine kurze Zeit wiederhergestellt. Johannes tobt herbei, in beiden Händen gelb-rot-grüne Plastiksaurier, in Windeseile entwickelt sich ein handgreiflicher Streit zwischen den Brüdern über den Besitz der Spielzeugungetüme. Das Gespräch der Erwachsenen endet, weil unmöglich geworden.

Wenn Kinder anwesend sind, dann droht bisweilen eine Art Ausnahmezustand. Dann dominieren die Kinder alles, sie eilen herbei, um sich irgendetwas Essbares vom Tisch zu greifen, können ein ganzes Restaurant in den Ausnahmezustand versetzen, das sie ohnehin nur zu betreten bereit sind, wenn die Eltern ausreichend Plastikspielzeug hinter ihnen hertragen, das indessen selbst noch ohrenbetäubende Geräusche zu erzeugen imstande ist.

Man seufzt und sehnt sich nach himmlischer Ruhe – wobei ich hier nicht die Kinder kritisieren möchte. Denn die Eltern erwecken den Eindruck, als würden sie das alles begrüßen, weil sie sonst ihre Kinder für tot halten müssten. Es scheint, als würde sich der gesamtgesellschaftliche Erregungszustand in den Kindern durchsetzen. Noch nie – so scheint es – sind Kinder so erregt, so unruhig, so laut, so gemeinschaftsunfähig gewesen wie heute. Man ist versucht, das Versagen der Eltern zu geißeln. Aber manchmal drängt sich die Vorstellung auf, dass es einen allgemeinen, einen gesellschaftlichen Erregungszustand gibt, der sich in den Kindern Platz schafft und gegen den kein elterliches Kraut gewachsen ist. Jedem ist diese Beschleunigungs-Flutwelle ja präsent – und wie sollte sie sich nicht auf die Kinder auswirken? Die wachsenden Geschwindigkeiten in der Fortbewegung, in der Informationsflut: Jeder Film, jede Radiosendung, jeder Event ist ein Beitrag zu dieser öffentlichen und privaten Raserei. Noch will man sich damit begnügen, vor allem die Kinder aus Randgruppen mit Ritalin ruhigzustellen, aber man muss den Tag fürchten, an dem mehr oder weniger alle Kinder die Droge in ihrer Schultüte finden werden. Das zeitgemäße Nahrungsergänzungsmittel.

Aus dem Sumpf der allgemeinen Ratlosigkeit steigen die bekannten Forderungen auf: den Kindern Grenzen setzen, den Verlust der Werte bekämpfen usw. Was aber, wenn die Eltern (wenn es denn noch zwei sind …) selber keine Grenzen kennen, wenn sie selber mit ihren E-Mail-Schlangen ringen wie einst Laokoon mit den wirklichen Schlangen, wenn sie in beschleunigten Arbeitsverhältnissen leben, die ihnen Auszeiten nicht einmal mehr in den nicht weniger hektischen Momenten des Einkaufens bieten?

Vielleicht spüren Kinder heute schon viel unwiderruflicher und schreckenerregender eine metaphysische Verlassenheit, die lange Zeit nur den Erwachsenen vertraut war? Die Kinder sind die sichtbaren Opfer einer durchgreifenden »Pluralisierung der Lebenswelten«, in der nichts mehr sicher ist. Sie stolpern durch die Trümmer einer Lebenswelt, die Sinn, Orientierung und Religion nicht mehr zu bieten hat. Die Kinder erleben stattdessen die Welt vorwiegend als einen Ort, an dem das Prinzip von Angebot und Nachfrage schon das Kinderbett überwölbt – für Gott, die Engel, das Gebet ist in der Wiege kein Platz mehr. Und so kommt in den Kindern nichts anderes mehr zustande als das, was eine »nervöse Identität« genannt wird. Die Angst, man könne in der allgegenwärtigen Angebotslage die falschen Entscheidungen fällen, kriecht in die Kinder. Wir leben, wie es der Soziologe Peter L. Berger gesagt hat, in einer Zeit »entschlossener Visionsverkümmerung«[20], und das bedeutet, dass den Kindern Trost, Beruhigung und Hilfe versagt bleiben, Sehnsüchte, die stattdessen im Konsum einen dürftigen Ersatz finden. Der Himmel ist zuerst aus dem Kinderbett verschwunden – auch wenn er vielleicht als Designergardine mit Wölkchen und Engelchen noch über der Wiege hängt.

Seit mehr als hundert Jahren spüren die Menschen diesen steigenden Erregungszustand. »Aus Mangel an Ruhe läuft unsere Zivilisation in eine neue Barbarei aus. Zu keiner Zeit haben die Tätigen, das heißt die Ruhelosen, mehr gegolten. Es gehört deshalb zu den notwendigen Korrekturen, welche man am Charakter der Menschheit vornehmen muss, das beschauliche Element in großem Maße zu verstärken« – so hat es Friedrich Nietzsche vorweggeahnt.[21]

Auf der Suche nach dem
verlorenen Himmelswissen

MAN KANN DEN begründeten Verdacht haben, dass wir den Himmel immer weniger wahrnehmen können, dass wir ihn nicht fühlen, dass wir verlernt haben, über ihn zu staunen. Wir sind himmelsvergessen. Die Hälfte aller Kinder zwischen vierzehn und siebzehn Jahren (in Deutschland) weiß nicht, wo die Sonne aufgeht, manche meinen im Norden. Das hat der Natursoziologe Rainer Brämer herausgefunden. Über den Lauf des Mondes wissen deutsche Kinder offenbar noch weniger: Wie viele Wochen zwischen zwei Vollmondnächten vergehen, das konnten nur vierzig Prozent der befragten Schüler sagen.[22] Ein tiefer kultureller Bruch: Zur Geschichte der Menschen hat es gehört, dass sie über den Lauf der Gestirne Bescheid wussten. Keine Orientierung in Zeit und Raum ohne die Gestirne, keine Verehrung der Götter. Die Sonnenwendfeiern, die Aussaat, die Ernte. Wer von uns weiß schon, ob gerade Vollmond, Halbmond, Neumond ist? Ob der Mond zunimmt oder ob er abnimmt? Der Autohimmel über uns hat den Blick in das Firmament verschlossen, wir sitzen in unseren Wohnkisten, starren auf Bildschirme verschiedener Art, und ob der Himmel da draußen hell oder dunkel ist, ob morgendlich zartgrün oder abendlich dunkelrot, das bekommen wir allenfalls auf dem kurzen Weg zwischen Auto und Haustür mit. Bilder vom Blauen Planeten sind uns vertraut, die Ringe des Saturn können wir in dramatisch-bunten Bildern in der Illustrierten bestaunen, aber zugleich irren sich viele, wenn sie sagen sollen, warum der Mond mal halb, mal ganz und manchmal gar nicht zu sehen ist. Es ist eben nicht der Schatten der Erde auf dem Mond. Aber man frage Freunde, Familie, Nachbarn: Die Antwort ist falsch – auch bei solchen, die mit Mr. Spock auf Du und Du stehen. Eine Art Entfremdung des modernen Men-

schen vom Himmel hat stattgefunden, er ist ja auch auf ihn nicht mehr angewiesen: weder zur Orientierung noch zur Bestimmung der Zeit, noch, um Aussaat und Ernte festzulegen. Wir brauchen den Himmel nicht mehr für unseren Alltag. Obwohl da oben das Spacelab herumfliegt, obwohl wir die himmlischen GPS-Signale, die unser Auto durch das Straßengewirr steuern, von oben, aus dem Himmel, empfangen. Gewöhnt sind wir an die Satellitenbilder mit Wolkenformationen, die der Tagesschau im Wetterbericht folgen. Hier ein Tief, dort ein Hoch. Ich öffne eine E-Mail und sehe zuerst ein Bild von einem formlosen, schwarzen Monster. Ein Elefant? Ein Alien? Nein: Ein Student schickt mir ein Ultraschallbild vom Bauch seiner Freundin, ein Embryo, sein Embryo bzw. das Bild seines künftigen Kindes soll das sein. Den heiligen Schauer, den der Blick in den Himmel bewirken kann; die frohe Erwartung, die ein Kind, das erwartet wird, auslösen kann: beides abgelöst durch die Pixelkonstellation, die ein Wetter-Tief oder einen Embryo abbildet. Das rächt sich in der Narkotisierung der Empfindungen. In der Unfähigkeit zum Staunen. Die Macher eignen sich den Himmel an, präsentieren ihn uns in vermessenen Bildern, stumpfen uns ab gegen die Erfahrung, die der gestirnte Himmel einst ausgelöst hat. Der zum Forschungsobjekt, zur Mülldeponie, zum Eroberungsgelände degradierte Himmel schweigt uns an – oder wie es Elias Canetti würziganekdotisch gesagt hat: »Ein Himmel, belebt von Weltraum-Idioten. Gähnen der Sterne.«[23]
Es gibt Augenblicke, in denen uns das Staunen (unter bestimmten seltenen Bedingungen) wiedergeschenkt werden kann. Dazu muss die Seele auf den Himmel eingestimmt sein, es muss Zeit gegeben sein; Muße, in der das Rauschen des Alltags zum Verstummen gebracht wird. Wenn man an einem sommerlichen Tag in einem Olivenhain steht und Tausende (Sind es Tausende? Oder vielleicht nur zwanzig?) Zikaden hört, dann kann man es erleben, dass sie ganz plötzlich für einen Augen-

blick alle gleichzeitig aufhören, um wenig später wieder ihr Konzert zu beginnen. Diese Sekunde dazwischen – so kommt es mir vor – ist die Stille, in der die Erfahrung des Himmels – um nicht zu sagen des Himmlischen – möglich ist. Diese Stille haben die Griechen einen *kairos* genannt: den besonderen, einzigartigen Augenblick des Erschreckens, des Innehaltens, des Aufmerkens, in dem alles – Heil oder Unheil – passieren kann.

Wahrscheinlich ist es an der Zeit, Himmelserfahrungen zu sammeln – solange das noch möglich ist. Bedroht ist die Möglichkeit, Himmelserfahrungen zu sammeln, von zwei Seiten: einerseits von der psychischen Konstellation des modernen Menschen in der Ablenkungsgesellschaft, die ihm die Ruhe, die Konzentration, die Sensibilität dafür systematisch abschneidet. Andererseits von der Veränderung des Himmels, von dem nächtens – staub- und lichtbedingt – immer weniger zu sehen ist und dessen Ruhe angetastet ist durch die allmählich stärker werdende Überfremdung des Himmels durch Spacelab, Satelliten, Flugzeugbahnen, die das Firmament Stück für Stück mit Unruhepartikeln verschmutzen.

Antoine de Saint-Exupéry, der leidenschaftliche Wüstenflieger, als Postflieger lange zwischen Casablanca und Dakar unterwegs, beschreibt eine solche Himmelserfahrung, in der – und das ist wohl bei einer solchen Sammlung das Wichtigste – Himmel und Erde sich miteinander verschlingen. Die Menschen haben ja schon immer den Himmel angeschaut, weil sie wissen wollten, ob ihnen von dort Heil oder Unheil droht und was der Himmel mit der Erde zu schaffen hat. Uns Himmelsignoranten seien die Notizen Exupérys in das Stammbuch geschrieben:

Wir bewohnen einen Wandelstern. Manchmal zeigt er uns seine Herkunft; ein Teich, der mit dem Meer in Verbindung steht, lässt uns verborgene Verwandtschaft ahnen.

Aber ich habe als Flieger noch mehrere dieser Zeichen kennengelernt.[24]

An der Saharaküste bei Cabo Juby überfliegt man Tafelberge, die wie Kegelstümpfe aus der Fläche ragen. Auf denen landeten die Postflieger im Notfall – und der trat zu Zeiten des Saint-Exupéry nicht selten ein –, weil diese Hochflächen erfahrungsgemäß fest waren und das Flugzeug nicht im Sand versinken ließen. Die Kegelstümpfe aber bestanden aus Muschelkalk. Exupéry sieht sich auf jungfräulichem Boden:

Als Erster ließ ich den Muschelstaub wie edles Gold von einer Hand in die andere gleiten. Als Erster störte ich das Schweigen dieses Ortes. Auf diesem Block, der, wie eine Eisscholle, solange er steht, keinen Grashalm hervorgebracht hat, war ich wie ein vom Winde verwehtes Samenkorn, der erste Zeuge des Lebens.
Schon leuchtete ein Stern, und ich sah ihn an. Ich dachte, wie die weiße Fläche, auf der ich mich befand, seit Hunderttausenden von Jahren nur den Sternen dargeboten war, ein fleckenloses Tuch unter den reinen Himmel gebreitet. Da durchfuhr es mich wie einen Forscher im Augenblick einer großen Entdeckung: Ich sah auf diesem Tuch kaum zwanzig Meter von mir einen schwarzen Kiesel.

Saint-Exupéry steht auf einer dreihundert Meter dicken Schicht von Muschelschalen, woher kommt da ein schwarzer Stein? Ein schwarzer Stein von Faustgröße, schwer wie Metall und tropfenförmig. Auf ein Tuch, so Exupéry, das man unter einem Apfelbaum ausbreitet, fallen Äpfel – ein Tuch unter den Sternen kann nur Staub von Gestirnen erhalten:

Kein Meteor hatte je so eindeutig seine Herkunft dargetan wie dieser schwarze Stein. Mir kam, als ich wieder aufsah, die Einsicht, dass von dem Himmelsbaum sicher noch mehr Früchte gefallen waren. Sie mussten noch an der Stelle liegen, wo sie hingefallen waren, denn seit Hunderttausenden von Jahren hatte sie nichts gestört.

Der Flieger findet noch ein paar solcher Himmelsboten, gefallene Sterne, die Reste eines langsamen Feuerregens, der aus dem Weltraum auf die Erde niedergeht.[25]

Was unterscheidet diese beiden Himmels-Bestseller, *Wind, Sand und Sterne*, das Antoine de Saint-Exupéry geschrieben hat, und Stephen W. Hawkings *Die illustrierte kurze Geschichte der Zeit*? Beide sind in ihrem jeweiligen Sinne Forscher. Aber Hawkings Himmel ist eine Kopfgeburt, ein körperloser Himmel, letztendlich eine Formel, die mit ein paar Weltraumbildern ausgestattet ist. Saint-Exupérys Himmel dagegen atmet – ebenso wie die Wüste:

Wir lebten vom Zauber des Sandes, andere werden Erdölquellen darin erbohren und sich mit Handel bereichern. Aber sie kommen alle zu spät. Die verbotenen Palmwälder, der niemals zuvor betretene Muschelsand haben uns ihr Bestes gegeben. Die Sahara hatte nur eine heilige Stunde der Erhebung zu verschenken, und wir haben sie erlebt.[26]

Kommen wir oder vielleicht erst unsere Kinder und Kindeskinder zu spät, um den Himmel zu erleben? Sie werden ihn in ihrer Gier nach Rohstoffen absuchen, ihn aufteilen, ihn stückweise verkaufen und vielleicht über kurz oder lang im Erlebnispark nachbauen, wo man Eintritt bezahlen muss, um einen künstlichen Sternenhimmel anzusehen, weil der alte Sternenhimmel längst nicht mehr erkennbar ist, verschwunden im

Nebel der Dämpfe, die aus der introvertierten, himmelslosen Welt der Konsumenten aufsteigen. Wenn der Himmel erst einmal als Produktionsfaktor entdeckt ist, dann könnte daraus folgen, dass dem Menschen jede Zuflucht, jedes Drüben genommen ist.

Schlaflos bei Vollmond

DOKTOR WATSON, DER kriminalistische Gehilfe und Gefährte
des Sherlock Holmes, bemerkt, was der scharfsinnige Detektiv
alles nicht weiß. Holmes – so zeigt sich – weiß zum Beispiel
nicht, ob die Erde sich um die Sonne dreht oder umgekehrt.
Sherlock Holmes macht rasch deutlich, dass ihn solches Wissen nicht interessiert: »Was zum Teufel soll ich damit? … Sie
sagen, wir kreisen um die Sonne. Und wenn wir um den Mond
kreisen – für mich und für meine Arbeit würde das nicht den
geringsten Unterschied machen.«[27] Ich glaube, so oder so ähnlich würden die meisten unserer Zeitgenossen empfinden. Für
die astrophysikalischen Erkenntnisse gibt es in uns Menschen
kein empfindendes Organ, keinen Sinn – nur die körperlose
Schärfe des Verstandes. Jede Erinnerung, jede Assoziation an
die Bedeutung des Kosmos wird uns geradezu ausgetrieben –
während gleichzeitig die illustrierten Sonderhefte mit Welt-
raumwirbeln, Schwarzen Löchern und ungekannten Galaxien
an jedem Kiosk aushängen und die Himmelstaubheit verstärken. Ob irgendeine Galaxie zehn oder hundert Lichtjahre von
der Erde entfernt ist, das ist mir vollkommen gleichgültig, ist
allein eine Frage für Fachleute. Den Einfluss der Gestirne, besonders des Mondes, auf das Geschick, auf Körper und Geist,
haben die Menschen früher intensiv zu erfahren und zu spüren
gemeint. Heute sind davon noch Meldungen über das Biowet-
ter nachgeblieben – in manchen Nischen wird diese Tradition
noch fortgeführt und findet in Horoskopen, Mondkalendern
usw. ihren Niederschlag. Eine schwierige Mischung, die in sek-
tiererisch-esoterischen Kreisen gepflegt wird und andererseits
offensichtlich auf alte solide Erfahrungen der Menschen zu-
rückgreift.
Aber wer durch solche Türen tritt, verabschiedet sich aus
der dominierenden naturwissenschaftlichen Kultur und gerät

in Räume, in denen Sonderlinge wohnen. Die Jagd auf alte Himmelserfahrungen – ob wahr oder nicht – findet jedenfalls allenthalben statt.

So teilt die Deutsche Angestellten Krankenkasse am 20. 8. 2010 mit, dass es gelungen sei, ein weiteres Band zwischen Mensch und Gestirn zu zerschneiden: Wer nachts nicht schlafen kann, sollte das nicht auf den Mond, das Himmelsgestirn, schieben. Zahlreiche Untersuchungen belegen, dass es keinen Zusammenhang zwischen Schlaflosigkeit und Vollmond gebe. Schlafforscher hätten Testpersonen über einen Zeitraum von sechs Jahren ein Schlaftagebuch führen lassen. Das Ergebnis: Es gab keinen Zusammenhang zwischen der Mondphase und dem Schlaf. Ein Viertel der Probanden empfand den Schlaf bei Vollmond sogar als besonders erholsam. »Die selbsterfüllende Prophezeiung, bei Vollmond schlechter zu schlafen, lässt uns dann auch wirklich schlechter schlafen«, sagte Schlafexperte Professor Jürgen Zulley von der Universitätsklinik Regensburg der Deutschen Angestellten Krankenkasse. »Dazu müssen wir aber wissen, dass Vollmond ist.« Der Mond habe eine geringere Lichtstärke als so manche Laterne. »Also kann auch die vermeintlich hellere Nacht bei Vollmond nicht schuld sein an der Unruhe in manchen Betten«, sagt Tanja Knieler, Pressesprecherin der DAK. »Deshalb: Rollo runter, ab unter die Kuscheldecke und am besten gar nicht daran denken, dass Vollmond ist und man dann schlecht schläft.«[28]

»Am besten gar nicht daran denken, dass Vollmond ist«: Ja, das ist es! Das kann man geradezu als die heimliche, treffende Devise für den Menschen auf der Höhe der Zeit begreifen. Ob die Menschen bei Vollmond nun schlechter schlafen, ob sie sich das nur einreden oder ob die menschlichen Labormäuse im Schlaflabor nichts mehr spüren und die Tagebuchschreiber ihr inneres Auge zuklappen: Die DAK darf das Ergebnis begrüßen, zollt dem Satz Beifall. Nicht einmal einbilden dürfen sich die Menschen noch, dass der Mond etwas mit ihnen zu tun habe. Ganz abgesehen von der Absurdität solcher Test-Ergebnisse, die davon ausgehen, dass alle Menschen gleich seien, die gleichen Empfindungen und Sensibilitäten hätten! Der moderne Mensch badet wie seinerzeit Siegfried im Drachenblut und macht sich unverletzlich – unempfindlich – für das, was um ihn herum ist. Eine gegen alle himmlischen Sensibilitäten ausgebildete kosmische Hornhaut schottet uns ab gegen die Erfahrung dessen, was da über uns ist.

Was für ein ärmlicher Umgang mit dem Mond, wie respektlos, naseweis und kindisch. Da schaut man auf zehntausend Jahre Menschengeschichte, auf Beobachtung, Erfahrung mit dem Kosmos und den Gestirnen – und dann versandet die Wirksamkeit des Mondes im Schlaftagebuch! Diese Banalität zeichnet uns wirklich aus, sie ist so schlicht und treffsicher wie die Tatsache, dass das Wort Kosmos bei uns etymologisch im Nagelstudio der »Kosmetikerin« endet. Vom schönen Schmuck des Firmamentes bleiben am Ende allein die bunt lackierten Fingernägel …

In den beiden Jahrtausenden, die hinter uns liegen, hat die längste Zeit der Gedanke der »Kontingenz« das Empfinden der Menschen bestimmt. Damit war gemeint, dass der Kosmos, die Welt, die Schöpfung eine Gabe Gottes sei. Die Welt wird von Gottes Hand gehalten, er hat sie erschaffen, weil er es so wollte. Und er kann diese Hand jederzeit zurückziehen. Der Kosmos ist ein Geschenk, das immer als Geschenk empfunden wurde. Die Moderne begann damit, dass die Menschen aus der Kontingenz auszubrechen versuchten – das vorläufige Ende dieser Entwicklung heißt »Urknall« und »Naturgesetze«. Die Menschen haben, so könnte man sagen, Gott die Welt aus der Hand genommen. Und sie haben alles darangesetzt, die Idee der Kontingenz, die Vorstellung, dass der Kosmos ein Geschenk sei, wegzuarbeiten. Und wir Heutige befinden uns in der Abenddämmerung der Kontingenz, vielleicht schon in der Nacht, wo die Erinnerung daran verblasst ist.[29] Der schäbige Schlussakkord kommt dann aus dem DAK-Schlaflabor: Ätsch, der Mond hat uns überhaupt nichts zu sagen. Nicht mal im Schlaf! Die Rollos, die da runtergezogen werden sollen, das sind tatsächlich die Rollos, die die Verfinsterung der kosmischen Erfahrung perfektionieren.

Halten wir dem noch einmal ein Wort aus alter Zeit entgegen. Es stammt von dem Kirchenvater und Erzbischof von Konstantinopel Johannes Chrysostomus – das heißt »Goldmund«:

Siehst Du schimmernde Gebäude, will Dich der Anblick der Säulengänge verführen, so betrachte schnell die Himmelsgewölbe und die freien Felder, in welchen die Herden am Ufer der Seen wandern. Wer verachtet nicht alle Schöpfungen der Kunst, wenn er in der Stille des Herzens früh die aufgehende Sonne bewundert?[30]

Gehört das alles auf den Müllhaufen der Geschichte, schon weil das Himmelsgewölbe ja überhaupt kein Gewölbe ist? Und die Sonne nicht aufgeht, sondern ein fleckiges Energiebündel mit vergleichsweise kleinen räumlichen Dimensionen ist?

Wie im Himmel, so auf Erden

WIE IM HIMMEL so auf Erden«, heißt es im Vaterunser. Der Gebetsvers, der Millionen von Menschen zweitausend Jahre lang wie selbstverständlich über die Lippen kam, verschwindet gerade aus den Herzen und Köpfen der Menschen. Im Deutschen gibt es, wie schon erwähnt, die Formulierung, in die diese uralte Bezogenheit von Diesseits und Jenseits wunderbar sprachlich eingelassen ist: *Hüben und Drüben.* Ein Diesseits ohne ein Jenseits, ein Hüben ohne Drüben ist schon philosophisch ein Krüppel. Das Drüben, das einmal Gott, Himmel, Jenseits, Transzendenz, Weltgeist heißen konnte, verschwindet den Menschen. Zurück bleiben einsame Seelen. Wesen, denen der Bezug zum Drüben fehlt. Die Menschen heute scheinen mit der gesamten Geschichte der Menschheit brechen zu wollen. Immer hat es diese Grenze zwischen Hüben und Drüben in tausend religiösen und philosophischen Variationen gegeben. Der radikal Diesseitige, mit dem wir es jetzt zunehmend zu tun bekommen, kennt diese Grenze immer weniger, und man muss davon ausgehen, dass das Verschwinden dieser Grenze ihn so grenzenlos macht. Das »grenzenlose Wachstum«, die verzweifelte Flucht vor dem Tod, die Unfähigkeit zu Liebe und Leiden – das alles hat wohl mit dem Verlust der Zwillingshaftigkeit und Komplementarität von Hüben und Drüben zu tun.[31] Die Komplementarität von Mensch und Kosmos, die in dem Vers »Wie im Himmel, so auf Erden« ihren Ausdruck findet, wird zur Reminiszenz. Himmel und Erde sitzen beim Scheidungsanwalt und haben sich nichts mehr zu sagen. Vater Himmel und Mutter Erde trennen sich, und der Mensch bleibt als Waise im Universum zurück.

Ein ganz besonders schöner Text, ja ein Grundlagentext, in dem Irdisches und Himmlisches wunderbar miteinander verwoben sind, findet sich im Matthäusevangelium – und auch

Menschen, denen religiöse Bindungen abhandengekommen sind, können sich vermutlich an der himmlischen Poesie dieses Textes erfreuen. Der Text spricht über die Unverzichtbarkeit dieser Beziehung zwischen Hüben und Drüben. Spricht über die Vergänglichkeit des Irdischen und den Glanz dessen, was über das Irdische hinausweist. Auch wenn dieser Text für viele zugleich ein *Requiem aeternam*, eine Totenklage ist über das, was seit Menschengedenken die kosmischen Empfindungen der Menschen ausgemacht hat und was nun verschwindet. Aber der Text droht auch, droht mit der Konsequenz, die die Abschaffung des Himmels nach sich zieht: die Geburt eines kosmischen Krüppels, eines Jenseitsblinden, eines Diesseitsfixierten:

Häuft in dieser Welt keine Reichtümer an! Ihr wisst, wie schnell Motten und Rost sie zerfressen oder Diebe sie stehlen!

Sammelt euch vielmehr Schätze im Himmel, die unvergänglich sind und die kein Dieb mitnehmen kann. Wo nämlich eure Schätze sind, da wird auch euer Herz sein. Niemand kann zwei Herren gleichzeitig dienen. Wer dem einen richtig dienen will, wird sich um die Wünsche des anderen nicht kümmern können. Er wird sich für den einen einsetzen und den anderen vernachlässigen. Auch ihr könnt nicht gleichzeitig für Gott und das Geld leben. Darum sage ich euch: Macht euch keine Sorgen um euren Lebensunterhalt, um Essen, Trinken und Kleidung. Leben bedeutet mehr als Essen und Trinken, und der Mensch ist wichtiger als seine Kleidung. Seht euch die Vögel an! Sie säen nichts, sie ernten nichts und sammeln auch keine Vorräte. Euer Vater im Himmel versorgt sie. Meint ihr nicht, dass ihr ihm viel wichtiger seid? Und wenn ihr euch noch so viel sorgt, könnt ihr doch euer Leben um keinen Augenblick verlängern. Weshalb macht ihr euch so viele Sorgen um eure Kleidung? Seht euch an, wie die Lilien auf den Wiesen blühen! Sie können weder spinnen noch weben. Ich sage euch, selbst König Salomo war in seiner ganzen Herrlichkeit nicht so prächtig gekleidet wie eine dieser Blumen. Wenn Gott sogar das Gras so schön wachsen lässt, das heute auf der Wiese grünt, morgen aber schon verbrannt wird, wie könnte er euch dann vergessen? Vertraut ihr Gott so wenig? Zerbrecht euch also nicht mehr den Kopf mit Fragen wie: »Werden wir genug zu essen haben? Und was werden wir trinken? Was sollen wir anziehen?« Mit solchen Dingen beschäftigen sich nur Menschen, die Gott nicht kennen. Euer Vater im Himmel weiß doch genau, dass ihr dies alles braucht. Sorgt euch vor allem um Gottes neue Welt und lebt nach Gottes Willen! Dann wird er euch mit allem anderen versorgen.[32]

Den Himmel auf Erden bauen

WER ABENDS ODER nachts im Flugzeug sitzt und beim Landeanflug auf eine Stadt herabsieht, kann den Eindruck haben, er schaue in den Sternenhimmel. Abertausende von flimmernden Lichtern. Eine Nachahmung der Milchstraße da unten. Wenn die Stadt allerdings zu groß ist, dann verschiebt sich der Eindruck: Dann kann man auch an eine Bakterienkultur denken, die sich in einer Nährlösung wuchernd ausbreitet. Dann wird aus dem irdischen Sternenhimmel ein hysterisches Geflacker, in dem sich die elektrischen Ballungen helligkeitskreischend überbieten.

Imitieren die urbanen Zentren der Weltgesellschaft den Sternenhimmel, den sie zugleich mit ihrer Helligkeit ausknipsen? Denn dieser antiquierte Sternenhimmel ist in New York, Berlin oder Shanghai sowieso nicht mehr zu sehen. Man wohnt ja selbst im Sternenhimmel, was braucht man da das gute alte Firmament? Achtzig Prozent der Menschen werden bald in urbanen Regionen wohnen, also im selbstgemachten Sternenhimmel, die Milchstraße da oben allerdings wird ihnen unsichtbar bleiben.

Haben die modernen Menschen den Himmel also auf die Erde geholt? Sind die Megastädte vielleicht die gelungene Version des Turmbaus zu Babel? Man erinnert sich an die Geschichte vom Turmbau zu Babel. Es war ein früher – mythischer – Versuch, eine Stadt dem Himmel ebenbürtig zu machen. Berichtet wird diese Geschichte in der hebräischen Bibel, im Alten Testament, im 1. Buch Mose im 11. Kapitel. Und zwar wird berichtet von einer Zeit, in der die Menschen alle dieselbe Sprache sprachen. Sie zogen nach Osten, der Sonne entgegen, und begannen dort, eine Stadt und einen Turm zu bauen. Die Stadt heißt Babel. Die Spitze des Turms sollte bis an den Himmel reichen, »damit wir uns einen Namen machen, denn wir werden sonst zerstreut in alle Länder«. Gott sieht sich an, was die Menschenkinder bauen. Sie sind ein Volk, sie sprechen eine Sprache – und das, sagt Gott, ist erst der Anfang ihres Tuns. »Nun wird ihnen nichts mehr verwehrt werden können von allem, was sie sich vorgenommen haben zu tun. Wohlauf lasst uns niederfahren und dort ihre Sprache verwirren, dass keiner des anderen Sprache verstehe.«

Es hört sich nach einer Angstgeschichte an: Die Menschen haben Angst, sich zu verlieren. Hat Gott Angst vor der Grenzenlosigkeit des menschlichen Tuns? Fast sieht es so aus. Und hat er nicht recht damit? Vielleicht denkt mancher an die Wolkenkratzer von Dubai. Dort plant die Firma Timelink riesige Wohntürme, die den Namen Zikkurat tragen sollen. Aber der zeitgenössische Turmbau zu Babel kehrt wohl nicht in solchen gruseligen, zur massenhaften Menschenunterbringung gedachten Wolkenkratzern wieder. Man kann die Geschichte des Turmbaus zu Babel wohl eher in der neuen Einheit aufflammen sehen, die die Menschen zustande gebracht haben: Sie sprechen ja längst eine Sprache – die elektronische; sie sind ein Volk, so wahr sie dabei sind, nach den weltweit gleichen Mustern zu leben. Und sie greifen, nachdem sie den Planeten Erde beherrschen, nun auch nach der Beherrschung des Weltraums: Die Spitze des Turms berührt längst den Himmel. Der Versuch, den Turmbau zu Babel zu verhindern, ist, so scheint es, gescheitert. Am Ende ist eine globale Stadt, die den Himmel verblassen lässt, entstanden. Nicht ganz klar ist indessen, ob sie nicht nach Hölle schmeckt …

Aus unserer heutigen Sicht nehmen sich die anfänglichen Versuche, eine Stadt, die bis zum Himmel reicht, zu gründen, bescheiden aus: Die Zikkurats im Zweistromland haben vielleicht den Anstoß zur Geschichte vom Turmbau zu Babel gegeben. Zikkurats, »Himmelshügel«, sind seit 2000 v. Chr. nachweisbar. Das waren babylonische Tempelanlagen, die vielleicht den Anlass gegeben haben für die biblische Geschichte vom Turmbau zu Babel. Haben die Juden im babylonischen Exil diese Riesengebäude, die bis in den Himmel zu ragen schienen, kennengelernt?

Die Himmelsstadt Babel ist – jedenfalls, wenn man der biblischen Geschichte folgt – gescheitert. Aber wir können uns fragen, ob der vom Größenwahn getriebene Wunsch nach einer Stadt, die bis zum Himmel ragt, sich inzwischen in den Megastädten realisiert, die ja zu einem gigantischen, alles umfassenden und verbindenden Urbanisierungsnetz zusammenzuwachsen im Begriffe sind und die den Himmel klein und schäbig aussehen lassen. Über diesem Menschen-Milliardengewimmel, in dem das Licht der Gestirne gar nicht mehr wahrgenommen wird, wölbt sich ein leerer, bedeutungsloser Himmel, den der Smog mit einem immer gleichen Grau überzieht. Der Zug dieser durch die Straßen eilenden – wie Ameisen wimmelnden – Menschen hat sich aus kosmologischen Bezügen gelöst.

Aber das ist, wenn man zurückschaut, ein sehr neues Phänomen, denn die Bauwerke der Menschen, ihre Hütten, ihre Paläste und ihre Tempel hatten von Anfang an einen kosmischen Bezug.[33] Das steinzeitliche Stonehenge in England ist dafür ebenso ein Beispiel wie die gotische Kathedrale in Europa, das Waldhaus der Amazonasindianer oder die Rundhütte in vielen afrikanischen Kulturen. Und es ist immer wieder das Rund, das in vielen Kulturen die Form des Himmelshorizontes irdisch nachbildet.

Die erste und die letzte Himmelsstadt

MAN KANN JA den Eindruck haben, dass die Menschen heute den Himmel dort realisiert sehen, wo sie im Paradies des unbegrenzten Konsums schwelgen können. Das Einkaufszentrum und die Wellness-Oase als irdische Realisierungen der Sehnsüchte nach dem Paradies?[34] Aber so dumm sind die Menschen nicht. Wenn sie innehalten, wissen sie genau, dass das allenfalls schaler Ersatz für den ersehnten Himmel ist.

Aber den Ort den Sehnsucht, den Himmel also, haben die Menschen auf vielfältige Weise auf Erden nachzubilden versucht. Wir beschreiben zwei solcher Himmelsstädte: die erste und die letzte. Die Verbotene Stadt in Peking, die aus der uralten chinesischen Kosmologie heraus entstand, und das Himmlische Jerusalem, das im Glauben der Christen die kommende Stadt der Erlösung ist.

Die Verknüpfung von Stadt und Himmel ist, soweit wir wissen, in China am frühesten ausgebildet worden: Die chinesische Himmelsstadt entwickelt sich aus der ältesten Kosmologie, die wir kennen. Es begegnen uns in China kosmologische Gedankengänge, die bis ins dritte Jahrtausend vor Christus zurückreichen. In der Zeit der halblegendären Kaiser Yao und Schun, etwa 2100 v. Chr., finden sich diese uralten Zeichen, die den Himmel und die Erde beschreiben. Tschi'en (der Himmel) wird durch drei waagerechte Striche charakterisiert und K'un (die Erde) auch durch drei waagerechte Striche, die aber einmal geteilt sind:[35] Aus diesen Zeichen, die in unterschiedlichsten Kombinationen verwendet werden, entsteht in dieser frühen Zeit die Wahrsagekunst und die Benennung von Naturerscheinungen: Seen, Feuer, Donner, Wind, Wasser, Berge. Und diese beiden Linienarten bilden zugleich auch die chinesischen Urelemente ab: Yang ist die ungebrochene Linie, Yin die gebrochene. Yang der Himmel, Yin die Erde. Die paarweise variierende Zusammensetzung der Zeichen markiert dann auch die Himmelsrichtungen. So gehören zum Beispiel der Osten und das Feuer zusammen, dort geht die Sonne auf. Der Westen wird mit dem Wasser zusammengebracht: Sonnenuntergang und Kühle. Feuer und Wasser, Donner und Wind, Berge und Dunst – Paare, die aus dem Urpaar Himmel und Erde hervorgehen. Alles Geschehen ist die Auswirkung der unablässig einander widerstrebenden Kräftepaare.

Anders gesagt: Alles, was ist und geschieht, entsteht aus den beiden Urelementen Himmel und Erde. Besonders wichtig und für uns schwer nachvollziehbar: Dieser frühe Mensch in China hat sich als einen Teil des Kosmos begriffen, er hat sich noch nicht als Beobachter der Szene verstanden. Weil das so ist, müssen die Menschen Sorge tragen, dass sie mit Himmel und Erde in Einklang stehen und dass die himmlischen Gesetze auf Erden befolgt werden. In manchen frühen Kulturen begegnet man ähnlichen Vorstellungen, zum Beispiel dort, wo die Menschen es als ihre Aufgabe ansahen, der Sonne oder dem Mond beim Aufgang zu helfen.

Etwa um 1100 vor Christus findet sich das früheste astronomische Werk in China: Danach ist der Himmel wie eine Glocke geformt, die auf der Erde ruht, welche ihrerseits ein konkaves Kugelsegment darstellt. Es ist bemerkenswert, dass in dieser frühen Kosmologie der Himmel eine runde, die Erde eine viereckige Basisfläche besitzt. Das ist später als eine kosmologische Schwierigkeit empfunden worden. Aber – wir werden darauf noch kommen – es gibt da eine merkwürdige und vielleicht eben nicht zufällige Übereinstimmung mit der europäischen christlichen Kultur bzw. ihrer sakralen Architektur: Das Irdische wird, besonders in der Romanik, stets viereckig dargestellt, das Himmlische hingegen wird in der Kreisform symbolisiert. Deswegen wird zum Beispiel die »Vierung« – also der untere Teil vieler Kirchen, der aus dem Boden wächst – in der himmelförmigen Kuppel fortgesetzt. Die theoretische Schwierigkeit, die sich den chinesischen Kosmologen bot, kehrt in Europa als bauliche Schwierigkeit wieder, weil mit der Aufgabe gerungen wird, aus dem Geviert eine runde Kuppelform zu entwickeln.

Es gibt in Chinas früher Kosmologie auch Versuche, die Himmelsbewegungen zu erklären, zum Beispiel in der Mühlsteintheorie: Himmel und Erde sind danach kreisrunde Platten, wobei die untere fest liegt und die obere sich im Kreis von Osten nach Westen dreht. An dem oberen Mühlstein kriechen Sonne und Mond wie Ameisen nach Osten, müssen aber doch der Himmelsdrehung nach Westen folgen. In dieser Theorie kämpfen – wie Bernulf Kanitscheider sagt – eine mechanistische (Mühlstein) und eine animistische (Ameisen) Erklärung miteinander.[36]

Durchgängig aber hat der Himmel in der chinesischen Philosophie eine zentrale Bedeutung. Aus der Mischung der himmlischen Substanz Yang und der irdischen Substanz Yin entstehen die Jahreszeiten, aus dem Zusammenwirken von Himmel und Erde geht das organische Leben hervor: »Himmel und Erde sind Vater und Mutter der zehntausend Dinge.« Entscheidend ist, dass die irdischen Dinge – einschließlich des Menschen – sich im Einklang mit den Gesetzen des Himmels befinden. Himmel und Erde sind die sittlichen Mächte, mit denen sich der Mensch auseinandersetzen muss, wenn er den rechten Weg einhalten will: Kosmos und Moral sind untrennbar miteinander verbunden.

Wenn ich heute die Dörfer anschaue, die in der Landschaft, in der ich wohne, durch Neubauviertel erweitert werden, so sehe ich ein Einfamilienhaus nach dem anderen auf kleinen Parzellen entstehen. Das einzige Ordnungsprinzip, der einzige städtebauliche Impuls, ist ein Netz von Straßen, im besten Falle ist das Viertel verkehrsberuhigt. Kein Platz, kein besonderes Gebäude gibt diesen Neusiedlungen ein Gesicht, eine

Mitte, ein Zentrum. Die Häuser sind meist aus dem Fertighaus-Katalog, und im Grunde unterscheidet sich eine solche Siedlung nicht von dem Arrangement aus Waschmittelboxen im Supermarkt. Sie sind Aufbewahrungskästchen für Kleinfamilien, für eine Sozialform also, die nicht zuletzt deshalb vor unseren Augen zerfällt, weil sie auf keinen gesellschaftlichen Zusammenhang mehr verweist, sondern nur auf sich und ihre Zerrüttungsprozesse. Die philosophische Leere und Verarmung unserer Zeit schlägt da auf die Wohnbedingungen durch. Wer würde es auch nur wagen, etwas von der kosmologischen Tiefe früheren Städtebaus einzuklagen? Oder vom mittelalterlichen Städtebau, in dem weltliche und religiöse Macht miteinander im architektonischen Wettbewerb standen? Ein Höhepunkt solcher inhaltsleeren Architektur dürfte das Sony-Center in Berlin am Potsdamer Platz sein: An solchen Orten sind nur noch der Konsum und der Event möglich. Der Blick in das Himmelszelt ist hier wohl nicht zufällig durch ein Zeltdach abgeschirmt. So wird das Auge auf die Schaufenster und Biertische konzentriert, während der kostenfreie Blick in das Firmament nur Kauf- und Vergnügungsakte unterbrechen würde.

Wie anders die einstige chinesische Himmelsstadt, die ganz aus der kosmologischen Reflexion entsteht! Die uralte chinesische Kosmologie hat sich trotz mancher Veränderungen über Jahrtausende fortgepflanzt. Am deutlichsten noch einmal im Bau der Verbotenen Stadt in Beijing, die als Himmelsstadt geplant und gebaut wurde.[37] Und das geschah so:

Kaiser Yongle ließ diese Stadt in staunenerregend kurzer Zeit errichten. Dieses achte Weltwunder wurde nach unserer Zeitrechnung im Jahre 1406 begonnen, vier Jahre nach Yongles Thronbesteigung, und war 1421 nahezu vollendet. Es war wohl eine Machtdemonstration – die Stadtgründung kreiste um die Idee, dass die kaiserliche Herrschaft ein Mandat des Himmels sei. *Tianming* heißt das im Chinesischen. Der Kaiser als Himmelssohn *(tianzi)* ist das Bindeglied zwischen Himmel und Erde. Die Tugenden und Leistungen des Kaisers sind es, die die Harmonie zwischen Himmel und Erde sichern. Da Kaiser Yongle durch einen Umsturz an die Macht gekommen war, fühlte er sich vielleicht in der alten Hauptstadt nicht mehr sicher und wollte zugleich durch die Neugründung die beschädigte Harmonie zwischen Himmel und Erde wiederherstellen. Vielleicht direkt, vielleicht indirekt wurden beim Bau der neuen Hauptstadt, die eine Himmelsstadt werden sollte, die Prinzipien einer Schrift aus den Jahrhunderten vor Christi Geburt wirksam. Diese Schrift, das *Zhouli,* fordert: »Wo Himmel und Erde in perfekter Einigkeit sind, wo alle vier Jahreszeiten zusammenkommen, wo Winde und Regen sich sammeln, wo die Kräfte von Yin und Yang sich entsprechen, an dieser Stelle soll man eine Stadt bauen.«

So entsteht die Verbotene Stadt, entsteht Beijing. Eine rechteckige Mauer umschloss die Stadt, eine Struktur, die sich im Inneren stets kleiner werdend wiederholte. In der Mitte lag das Zentrum der kaiserlichen Macht: die purpurrote Verbotene Stadt. Warum Purpurrot? Weil dies als die Farbe des unbeweglichen Polarsterns galt. Der Kaiser symbolisierte – oder muss man besser sagen: war? – das irdische Spiegelbild der im Kosmos waltenden Ordnung – der Polarstern, der Himmel auf Erden.

Das Haupteingangstor befand sich im Süden – nach alter Lehre die Richtung des Sommers und des Feuers. Der Himmelstempel bildete den nördlichen Abschluss der Süd-Nord-Achse. Nachts erklang von dort zur Zeiteinteilung eine Trommel, am Tag eine Glocke. Der Tag war, den chinesischen astrologischen Tierkreiszeichen entsprechend, in zwölf Einheiten eingeteilt. Die Legende berichtet, dass sich die Tochter des Glockenschmieds in die Gussmasse aus Kupfer geworfen habe, um den nötigen sanften Resonanzklang zu erzielen – *yin.* Denn *yin* ist das Symbol der Weiblichkeit und Weichheit.

Der allmähliche Untergang der Himmelsstadt begann im 20. Jahrhundert. Das alte Beijing wurde als Hemmschuh für eine Modernisierung der Stadt betrachtet. Mao Zedong erwog unter dem Einfluss des Stalinismus sogar die Schleifung der »feudalistischen« Palastanlage, die einem Vergnügungspark weichen sollte. Heute sind die Reste der himmlischen Stadt eine Touristenattraktion – aber nur schwach dürfte die Erinnerung der Besucher daran sein, dass sie da einer steingewordenen kosmologischen Philosophie begegnen: dem Himmel auf Erden.

Steht die Himmelsstadt Beijing in eschatologischer Perspektive am Anfang der Stadtgeschichte, so bildet das »Himmlische Jerusalem« das Ende dieser Geschichte. Das »Himmlische Jerusalem« nimmt in der christlichen darstellenden Kunst eine zentrale Stellung ein. In der Skulptur, in der Wandmalerei, in Handschriften und Gefäßen zur Aufbewahrung von Reliquien: Das »Himmlische Jerusalem« kehrt immer wieder. Die Geschichte vom »Himmlischen Jerusalem« geht zurück auf den Schluss der Bibel. Im letzten Buch der Bibel, in der Offenbarung des Johannes, heißt es:

Und der Engel entrückte mich im Geiste auf einen großen und hohen Berg und zeigte mir die heilige Stadt Jerusalem, die aus dem Himmel von Gott herabstieg. … Ihr Lichtglanz ist gleich einem überaus großen Stein … Eine Mauer hat sie, groß und hoch, hat zwölf Tore und über den Toren zwölf Engel, und Namen sind darauf geschrieben; es sind die (Namen) der zwölf Stämme Israels. Von Osten drei Tore, von Norden drei Tore, von Süden drei Tore und von Westen drei Tore. Und die Mauer der Stadt hat zwölf Grundsteine und darauf zwölf Namen, (die Namen) der zwölf Apostel des Lammes. Und die Stadt ist im Viereck angelegt, und zwar ist ihre Länge so groß wie ihre

*Breite. Und er maß die Stadt mit dem Rohr auf 12 000
Stadien … Die zwölf Tore sind zwölf Perlen. Auch braucht
die Stadt keine Sonne und keinen Mond, damit sie ihr
leuchten, denn die Herrlichkeit Gottes hat sie erleuchtet,
und ihre Leuchte ist das Lamm. (Offenbarung des Johannes 21,10 – 23).*[38]

Dieser Text ist für die christliche Kirche und für ihre Kunst
von besonderer Bedeutung: Die Himmelsorientierung der
Gotteshäuser und die Übernahme der römischen Basilika
durch die christliche Kirche erwächst aus diesem Text. Vor
allem in der romanischen Kunst hat diese Rede vom »Himmlischen Jerusalem« viele Spuren hinterlassen. Ein Beispiel aus
Tausenden: In Charlieu an der Loire findet sich das Lamm,
Sinnbild des Gottessohnes, im Scheitel des Portalbogens wie
eine die Erde umkreisende Sonne: Das Lamm ersetzt – dem
Text der Johannesoffenbarung entsprechend – als Leuchte die
Sonne und den Mond.

Das »Himmlische Jerusalem« wird immer wieder auf das
Vis-à-vis von Himmel und Erde bezogen: Immer wieder kehrt
in der Architektur die Dualität von Quadrat und Kreis, von
Würfel und Kuppel wieder, die das Gegenüber von Erde und
Himmel deutlich machen. Seit dem 9. Jahrhundert weisen alle
byzantinischen Kirchen äußerlich die Form eines von einer
Kuppel überwölbten Würfels auf. Das ist der Himmel, der auf
der Erde ruht. In einem Text aus dem 6. Jahrhundert heißt es
(bezogen auf die Hagia Sophia in Edessa): »Das Dach ist auf-
gespannt wie der Himmel, geschmückt mit goldenen Mosaiken,
wie der Himmel verziert ist mit funkelnden Sternen. Die weiten
und herrlichen Bögen stellen die vier Seiten der Welt.«[39] Und
diese Kuppeln waren dann wie geschaffen für die Darstellung
der himmlischen Stadt: Christus als Weltenherrscher in der
Kuppel, die Engel rundum am Gewölbe, die Propheten, die
Apostel und die Heiligen an Gewölben, Bögen und den oberen

Mauerpartien. Über das byzantinische Italien gelangten diese Einflüsse in den Westen. Und die *Cappella Palatina* in Palermo ist eine kunsthistorische Brücke zwischen dem byzantinischen Osten und dem romanischen Westen. In Palermo sieht man die Darstellung des Weltenherrschers, dessen Thron der Himmel und dessen Fußschemel die Erde ist (in Anlehnung an den Evangelisten Matthäus 5,34 f.). Bis in die Renaissance hinein heißt die Kuppel in Italien sogar *cielo*, Himmel. In Westfrankreich wird das byzantinische Vorbild aufgegriffen, aber variiert: Die gesamte Kirche erscheint hier zwar als Umsetzung des Textes der Offenbarung, vor allem aber die Fassade erzählt von der himmlischen Stadt. Im dreieckigen Giebel am Kircheneingang findet die Beziehung zum Himmel ihren Ausdruck, denn die »Drei« symbolisiert die (himmlische) Dreifaltigkeit. Ecktürmchen und Zinnen machen zugleich deutlich, dass die Kirche auch als Ganzes an die befestigte himmlische Stadt erinnern soll. Blickt man zurück auf diesen Spannungsbogen von der kosmologisch begründeten Verbotenen Stadt in Beijing bis zu der Hoffnung der Christen, dass das »Himmlische Jerusalem« am Ende der Zeit kommt, stellt sich die Frage, wie wir den gegenwärtigen gelangweilten, visionsarmen Zeiten begegnen wollen. Der Philosoph und Kosmologe Bernulf Kanitscheider sagt: »Der Kosmos schweigt uns an ... Ich habe akzeptiert, dass man aus dem Kosmos keine Handlungsanweisungen ableiten kann, auch sonst nicht aus der Natur. Wir sind in unserer endlichen Existenz auf uns selber zurückgeworfen.«[40] Was bleibt, ist Hedonismus: Die Kirche habe – so Kanitscheider – das natürliche Sexualstreben der Menschen über Jahrhunderte geknebelt. Damit müsse Schluss sein, vielleicht – so fragt er – wäre die Wiedereinführung des Hetärenwesens die richtige Richtung. »Ein erster Schritt wäre vielleicht, dass der Staat die Bordelle übernimmt, vor allem um das Zuhälterwesen auszuschalten.« Man muss befürchten, dass da an eine staatliche sexuelle Daseinsfürsorge gedacht ist.

Schweigt uns der Kosmos an, dann entstehen erschütterungs-
freie Räume, in denen Liebe – die ja nur vorstellbar ist als
Grenzen sprengende, nach den Sternen greifende Leiden-
schaft – zu Ende geht. Romeo und Julia, die – angesichts der
gesellschaftlichen Widerstände, denen sie ausgeliefert sind –
bereit sind zu sterben, stehen im Kontrast zu einer hedonisti-
schen Einsammlung von Annehmlichkeits-Erlebnissen. Kanitscheider führt den Gedanken an einen sterilen Hedonismus,
dem das DU gleichgültig sein muss, konsequent zu Ende: »Ich
wäre bereits jetzt für die Freigabe von LSD etwa in Alten- und
Pflegeheimen, wo viele Menschen keine Möglichkeit mehr
haben, auf die üblichen Weisen Freude zu erleben.«[41] Das sprä-
che dann auch alle Familienmitglieder, die Wohlfahrtsverbände
und die Gesellschaft frei. In George Orwells Roman *1984* ist
das ja schon früh skizziert: Die Alten werden wegsediert. Aus
dem Verlust des Kosmos, der zu uns gesprochen hat, entsteht
eine dürftige Philosophie der Vorteilsnahme: Jeder muss sehen,
dass er so gut wie möglich durchkommt.

Kanitscheider hat recht: Der Kosmos schweigt uns an – jedenfalls ist das ein Empfinden, das die meisten Menschen haben.
Blaise Pascal, der französische Physiker und Philosoph, konnte darüber noch erschrecken: »Das ewige Schweigen dieser unendlichen Räume macht mich schaudern.« Im nächsten Schritt
haben sich die Menschen damit arrangiert. Aber es holt sie die
alte Einsicht ein: Wer das Unendliche verachtet, läuft Gefahr,
dem Endlichen zum Opfer zu fallen.[42]

Gustave Flaubert schließt seinen Roman *Die Erziehung des
Herzens* mit einer Szene, die das langweilige, transzendenzlose
Elend des modernen Menschen auf den Begriff bringt. Es ist
ein Blick auf ein Leben ohne Himmelshoffnung, ein Blick, der
sich Paradieses-Sehnsüchte abgeschminkt hat. Verglichen mit
der vergangenen chinesischen Himmelsstadt, verglichen mit
dem erhofften »Himmlischen Jerusalem« geht es hier zu wie in
einem staubigen Museum.

Die alt gewordenen Freunde Frédéric und Deslauriers sind an ihren Lebenszielen gescheitert, der eine wollte Ruhm, der andere Macht. Beides misslang. In einem Schlussgespräch holen sie die tote Jugend aus dem Grab: »Erinnerst du dich?« 1837 waren sie »bei der Türkin gewesen«. Das war eine Frau, die mit ihrem wirklichen Namen Zoraide Turc hieß. »Mädchen in weißen Jacken, mit Schminke auf den Wangen und langen Ohrgehängen klopften an die Scheiben, wenn jemand vorbeiging; und abends sangen sie leise mit rauhen Stimmen auf der Türschwelle. Diese Stätte der Verderbnis warf ein phantastisches Licht über den ganzen Bereich.« Die Freunde schleichen irgendwann zu der »Türkin«. Und fliehen aus dem Haus: »Das gab eine Geschichte, die drei Jahre später noch nicht vergessen war.« Ausführlich erzählen die Freunde sich von dieser Erinnerung, einer ergänzt den anderen. Und als sie am Ende der Erinnerungen angekommen sind, sagt Frédéric:
»Das war doch das Beste, was wir gehabt haben!«
»Ja, vielleicht war das wirklich das Beste, was wir gehabt haben!«, erwiderte Deslauriers.
Trister kann eine Lebensgeschichte ja kaum enden – obwohl sie Kanitscheiders Empfehlungen ja nahezu entspricht. Hedonismus bleibt schal. Man denkt im Kontrast dazu an Italo Calvino, der den Roman *Die Unsichtbaren Städte* geschrieben hat. Marco Polo berichtet darin dem Mongolenkaiser Kublai Khan von seiner Reise durch die (fiktiven) Städte menschlicher Tugend und Laster. Als der Kaiser ihn fragt: »Was ist die letzte Stadt, in der wir ankommen, was ist der letzte Hafen, den wir anlaufen?«, da sagt Marco Polo: »In diesem letzten Hafen, in dieser letzten Stadt, sind wir schon angekommen.« Und »das ist die Hölle, in der wir schon täglich wohnen, die wir durch unser Zusammensein bilden«. Es gibt zwei Arten, an dieser Hölle nicht zu leiden. Die eine Weise besteht darin, so sehr Teil der Hölle zu werden, dass man sie nicht mehr als Hölle wahrnimmt. »Die andere ist gewagt und erfordert dauernde

Vorsicht und Aufmerksamkeit: suchen und zu erkennen wissen, wer und was inmitten der Hölle nicht Hölle ist, und ihm Bestand und Raum zu geben.«[43]

Die Stadt, in der wir leben, kann immer der Hölle oder dem Himmel ähnlich sein. Und unser Tun spielt dafür eine entscheidende Rolle: Das ist die Moral von der Geschichte.

Was der Untergang
des alten Himmels bedeutet

DANTE TADELTE DIE Menschen, die das schöne Sinnbild der Schöpfung – den Himmel – nicht beachten: »Der Himmel ruft, ihr seht ihn um euch kreisen, er will euch seine ewige Schönheit zeigen, und euer Auge blickt zur Erde nieder.« Vier Jahrhunderte haben gereicht, um eine Moderne zu entfalten, die den Himmel fast gänzlich den Astronomen, Physikern und Weltraumfahrern überlassen hat. Davor liegen mehr als zehntausend Jahre, in denen die Wahrnehmung des Himmels und seiner Gestirne im Zentrum der menschlichen Erfahrung stand: Die Beobachtung des Himmels ist der Anfang aller Kosmologie, aller Religion. Von dieser Beobachtung hing das Überleben der Menschen, hing der Lebenssinn und hing das menschliche Schicksal ab. Erstaunlich hierbei ist die übergreifende Gemeinsamkeit. Die Weltbilder vieler Kulturen lassen sich auf dieselbe Figur zurückführen, die uns immer wieder begegnet: der Himmel, die Erde, die vier Himmelsrichtungen, die Gestirne. Selbst auf der Kalebasse eines Ziegenhirten aus Afrika kann man eine kunstvolle Zusammenfassung dieser Kosmologie erkennen: Am Flaschenboden kreuzen sich vier Strahlen und symbolisieren den Raum mit den vier Himmelsrichtungen. Die Strahlen selbst sind die großen Wasser, die das gesamte Universum überfluten werden, die Sterne machen den Himmel sichtbar. Von den Hieroglyphen des mexikanischen Quetzalcoatl bis zu chinesischen (Himmels-)Spiegeln aus dem 7. Jahrhundert vor Christus – immer wieder taucht dieses kosmologische Bild auf: das Gegensatzpaar von Himmel und Erde und die Vierteilung des Universums.[44]

Für uns heute sind die symbolische und die reale Bedeutung des Himmels zweierlei, die Verbindung zwischen religiöser und naturwissenschaftlicher Betrachtung des Himmels ist brüchig geworden. Als die ersten Bilder vom Blauen Planeten in die Hände der Menschen gerieten, da änderte sich das Welt- und Erdgefühl. Das Staunen über den kühnen Schritt des Menschen in die bodenlose Leere des Alls mischte sich mit der Wahrnehmung der Verlorenheit dieses kleinen Planeten im Universum. Aber die Erde wurde auch zur Aufgabe – schützenswerte Heimat des *homo sapiens* und zugleich Objekt eines globalen Managements: Wie viele Ressourcen sind da sichtbar? Wie viele Menschen kann dieser Planet tragen und ernähren? Der Blick auf den Planeten hat die Gier gefördert, auch die Angst um die Überlebensfähigkeit des Sonnentrabanten und die Selbstverantwortung des Menschen für seine Heimatkugel ins Bewusstsein gerufen.

An einem Punkt, so sagt der ehemalige Bischof von Limburg Franz Kamphaus, …

… stehen wir mit der Globalisierung noch ganz am Anfang. Ohne eine religiöse und moralische Globalisierung hat die ›Eine Welt‹ keine Zukunft. Eigenartig: Im selben Augenblick, in dem wir zur Weltgesellschaft aufbrechen, scheint sich unsere Religiosität zurückzuziehen … Man kann leicht sagen: »Gott, das ist doch heute kein Thema mehr. Da sind wir drüber weg.« Manche begnügen sich mit einem postmodernen Allerlei: Der eine so, der andere so, jeder stellt sich sein religiöses Menü selbst zurecht. Das geht in aller Regel auf Kosten des Menschen. »Gott ist tot«, ruft der »tolle Mensch« in Nietzsches Fröhliche Wissenschaft. *Was aber »ist«, wenn Gott tot ist? Der Schrei »Wohin ist Gott?« findet bei Nietzsche ein Echo, das nachdenklich werden lässt. Es lautet: »Wohin denn der Mensch«, wenn er sich von Gott verabschiedet hat? Geht er zum Teufel? Oder vor die Hunde? Er wird heute immer mehr sein eigenes Experiment. Alles wird technologisch reproduzierbar, am Ende auch der produzierende Mensch.*

Wer dieser Auflösung der Humanität widerstehen will, der kann das, wenn es zum Schwure kommt, nur im Namen Gottes.[45]

Für die Mehrzahl der Menschen heute bei uns ist dies – der Name Gottes – eine gedankliche Sackgasse. Aber die Frage des Bischofs bleibt: Wohin geht der Mensch, der den Himmel verloren glaubt?

Der Blick hat sich umgekehrt: Der Blick in den schönen Sternenhimmel ist überboten vom Blick aus dem Weltraum auf den Planeten Erde. Von dort kann man zum Beispiel das schnelle Verschwinden der Amazonasurwälder sehen. Sechzig Millionen Jahre hat es gedauert, bis der Amazonasurwald gebaut war. In sechzig Jahren gelingt es dem Menschen, mit Kettensägen und Brandrodungen dieses Kunstwerk unwiderruflich zu zerstören. »Was wir machen, ist eine Querschnittslähmung durch den Motor der gesamten Evolution«[46], hat Eugen Drewermann dazu gesagt. »Macht Euch die Erde untertan« – aus der alten biblischen Ermutigung ist nicht eine weise Weltregierung geworden, sondern es droht eine gierige, rücksichtslose Herrschaft, die die Erde auffrisst. Der Gott, der im Himmel nicht mehr zu dulden war, wurde ersetzt durch die triumphale Unterwerfung des Planeten unter das globale Gesetz von Produktion und Konsum. Die blinde Wut des Machens rottet heute selbst noch die Wurzeln des *homo sapiens* aus: In zwanzig Jahren dürfte es frei lebende Schimpansen nicht mehr geben. Das sind die Wesen, von denen wir uns genetisch fast nicht unterscheiden, sie sind unsere entfernten Vorfahren und Verwandten. Noch einmal Eugen Drewermann: »Die Lebewesen, an denen wir unsere eigene Herkunft, mithin auch das Verständnis für unsere eigene Psyche gewinnen könnten, vernichten wir gerade im Augenblick.« Grenzenlosigkeit – das ist die Quittung für die Zerstörung der alten Beziehung zwischen Mensch und Himmel.

Denn der Himmel war immer Grenze, war der Ort des ganz Anderen. Dass diese Grenze mit den (staunenswerten) Fortschritten der Naturwissenschaft zerstört wird, hat ungeheure Konsequenzen. Es ist der Beginn der Entfesselung, der Beginn des Prozesses, in dem das am Ende exponentielle Wachstum von allem möglich wird: die maßlose Anhäufung von Wissen, die Lawine des Marktes, die Geröllhalden der Waren, die entgrenzte Mobilität. Weil der Himmel als Grenze zertrümmert wird, ist die Globalisierung zu unserem Schicksal geworden. Die Menschen sind zunehmend einer zivilisatorischen Monokultur ausgeliefert: »Die Menschheit schickt sich an, die Zivilisation zu produzieren wie Zuckerrüben, und bald werden diese auch ihre einzige Nahrung sein«, hat der französische Ethnologe Claude Lévi-Strauss prognostiziert. Vielleicht ist eine Umkehr nur möglich, wenn wir den Himmel wiederfinden – was so viel heißt wie: den Sinn und die Grenze wiederfinden.

[Befreiung und Verlust]

Die Naturwissenschaft entzaubert den Himmel

Wenn es tatsächlich stimmt, dass sich das Universum ständig weiter ausdehnt – warum finde ich dann nie einen Parkplatz?

Woody Allen

Blue Marble

AM 4. OKTOBER 1957 startete der erste künstliche Erdsatellit
»Sputnik 1« von der UdSSR aus. Am 31. Juli 1964 schlug die
amerikanische Sonde RANGER 7 im *Mare Cognitum* auf der
Mondoberfläche ein. Ehe sie durch den Aufprall zerstört wurde, hatte sie mehr als 4000 Bilder vom Mond aus nächster Nähe
zur Erde gefunkt. Am 20. Juli 1969 setzte dann eine Apollo-
Landefähre die ersten Menschen in der Kraterwüste des Mondes ab. Inzwischen gibt es Missionen zum Jupiter, zur Venus,
zum Merkur. Neueste Teleskop-Entwicklungen erlauben immer tiefere Blicke in den Weltraum. Die (im Endausbau) vier
Teleskope des Pan-Starrs-System auf Hawaii verfügen über die
größten Digitalkameras der Welt und erlauben den Blick in
nie zuvor ergründete Tiefen der Zeit. Einen Einblick in den
»Kreißsaal der Galaxien« erhoffen sich die Forscher am Hei-
delberger Max-Planck-Institut für Astronomie.[1] Der Mond
kann als ausgeforscht gelten, Bilder von unserem Planeten sind
selbstverständlich geworden, Fotos von fernen Galaxien kann
jeder in der Hand halten. Der monatelange Aufenthalt von
Menschen im Weltraum ist geradezu Routine. Der erste Welt-
raumterminal für Space-Tourismus ist im Bau, über eine be-
mannte Mission zum Mars wird nachgedacht.
Fast täglich wachsen die Kenntnisse – zum Beispiel über den
Merkur, jenen Planeten, der mit dem bloßen Auge schwer und
selten zu erkennen ist, weil er der Sonne nahe ist, er umkreist
die Sonne in »nur« 58 Millionen Kilometer Entfernung. Kilo-
meterdicke Lavaschichten sind zu erkennen, Schwefel an der
Oberfläche, ein stark verzerrtes Magnetfeld. Das sind die
ersten Ergebnisse der »Messenger«-Mission, die im Juni 2011
der Öffentlichkeit präsentiert wurden. Sie bieten viele Überraschungen über den Merkur – und lassen an den bisherigen
Erkenntnissen über die Entstehung des Planeten zweifeln.

Die große Ausdehnung dieser lavabedeckten Flächen zeigt, so sagen die Wissenschaftler, dass Vulkanismus im Verlauf eines großen Teils der Geschichte des Merkurs eine wichtige Rolle bei der Gestaltung des Planeten gespielt hat. Überraschend ist auch die Entdeckung, dass der Planet eine starke Asymmetrie des Magnetfelds aufweist. Der Mittelpunkt des Magnetfelds liegt nicht wie bei der Erde im Planetenzentrum, sondern ist 480 Kilometer nach Norden verschoben. Dadurch öffnet sich das Magnetfeld über dem Südpol sehr viel stärker als über dem Nordpol. Die südpolare Region ist deshalb einem wesentlich intensiveren Zustrom energiereicher Teilchen, die von der Sonne kommen, ausgesetzt. Weitere Untersuchungen, die begonnen haben, werden zeigen, ob der Planet in seinen Kratern, die im Schatten liegen, vielleicht sogar Eis aufweist.[2]

Staunen muss man über die Ausforschung dieses versteckten, kleinen, erdähnlichen Planeten. Merkur – in der Antike mit Hermes dem Schutzpatron der Händler, Wegelagerer und Diebe verbunden – hat im Italienischen und Französischen dem Mittwoch seinen Namen gegeben (mercoledi, mercredi). Er, der schwer zu sehen ist, wird vermessen und definiert, seine Falten und Löcher sind benannt: So gibt es riesige Krater, die nun Namen tragen wie »Goethe«, »Tolstoi« und »Beethoven«. Der Himmel als Ort der Seligkeit ist, so scheint es, abgeräumt. Man kann sich des Eindrucks nicht erwehren, dass der religiös heimatlos gewordene Mensch diesen kosmischen Raum nun für sich beansprucht, um ihn mit seinen Interessen zu füllen. Verschiedene Nationen bemühen sich, ihre Flaggen in den Boden ferner Gestirnskörper zu setzen, Erster zu sein – wie seinerzeit am Nordpol. Natürlich geht es bei alldem nicht nur um ein wertfreies Forschen, sondern es werden Dominanzen hier auf der Erde demonstriert, es geht um militärische Optionen und eines fernen Tages vielleicht auch um Ressourcen, die auszubeuten wären. Der Himmel ist zum Austragungsort sehr irdischer Konkurrenz geworden. Es ist, als würde der ewige

Streit der griechischen Götter im Olymp nun zwischen den neuen Himmelsmächten USA, Russland, Japan und China ausgefochten.

Die Radikalität, mit der der alte Himmel in den Köpfen beseitigt ist, mag man sich im Angesicht folgender Aussagen vor Augen führen: Einerseits erklärt der Hirnforscher Wolf Singer klipp und klar: »Das Konstrukt einer immateriellen Seele ist wissenschaftlich nicht haltbar.«[3] Was soll da noch der Himmel mit seinen Versprechungen und Sehnsüchten? Andererseits verschwindet der Himmel sowieso, weil er zum Areal menschlicher Eroberungsgelüste geworden ist: »Wir stehen an der Türschwelle zum Himmel«, sagte der NASA-Chef Daniel Goldin 1996 über eine geplante Marsmission. Die würde 500 Milliarden Dollar kosten.[4] Resümee: keine Seele, kein Himmel. Was bleibt? Ärmel hochkrempeln, anpacken. Meine Ängste, meine Hoffnungen – nichts als irrationale Zuckungen in meinen Hirnwindungen. Was wird aus der Sehnsucht nach dem Himmel, wenn der NASA-Chef doch schon »an der Türschwelle zum Himmel« steht? Ach, was waren das für Zeiten, als man noch das Buch des Aristoteles *Von der Seele* lesen konnte, das mit den schönen Worten beginnt: »Wir setzen voraus, dass das Wissen zu den schönen und wertvollen Dingen gehört, dass es aber Stufungen gibt entweder der Präzision des Wissens nach oder sofern es vorzüglichere und erstaunlichere Gegenstände betrifft. Aus diesen beiden Gründen zugleich werden wir mit Recht die Lehre von der Seele zu den ersten Wissenschaften zählen können.«[5] Verweht? Hat nicht Wolf Singer festgestellt: »Das Konstrukt einer immateriellen Seele ist wissenschaftlich nicht haltbar«? Es geschieht da etwas Merkwürdiges. Wissenschaft hat sich immer verstanden als Fortführung eines Gespräches mit den Vorgängern. Wir hingegen leben in einer Zeit, in der dieses Gespräch abgebrochen wird.

Die Engel als Himmelsbewohner sind durch die Raumfahrer

abgelöst. Die schwirren durch den Orbit, ohne Flügel. Diese Raumfahrer sind allerdings eine merkwürdige Spezies. Neue Himmelsbewohner – wie sie da, eingepackt in Hightech-Säcke, im Bodenlosen schweben. Doch der Eindruck, den sie hinterlassen, ist ambivalent. Sie schweben zwar engelsgleich im All, sind aber Engel an Krücken. Ohne ihre Apparate könnten sie dort am Himmel nicht eine Sekunde überleben. Sie bewegen sich in ihren Raumanzügen leicht, aber doch auch merkwürdig unbeholfen. Man kann sich vorstellen, dass sie die Avantgarde einer Menschheit sind, die ohne technische Hilfsmittel gar nicht mehr leben kann. Nicht zufällig spielen Science-Fiction-Filme (prominentestes Beispiel ist Stanley Kubricks *2001 – Odyssee im Weltraum*) mit dem Gedanken, dass die Maschinen dort oben die Herrschaft übernehmen. Das haben sie ja insofern schon getan, als alle diese Weltraummissionen unauflöslich an ein Hightech-Equipment gebunden sind. Die Raumfahrer leben etwas vor, was sich im Alltag der Menschen ohnehin durchzusetzen beginnt. Die Astronauten sind bei genauerer Betrachtung heimlich verbunden mit den Hunderttausenden Pflegebedürftigen in den Industriegesellschaften. AAL *(Ambient Assisted Living)* ist dabei, den Alltag der auf der Erde Hinfälligen durch Automaten aller Art aufzurüsten. *SaveTr@cker* zum Beispiel ist ein mobiles Sicherungssystem, das es erlaubt, Menschen mit Weglauftendenz (Demenz) zu orten. In Japan kommen Pflegeroboter in Mode, deren Videokamera-Augen der Vorschein einer künftigen vollautomatisierten Pflege sind. Die Ähnlichkeit, die da zwischen Raumfahrern und Pflegebedürftigen entsteht, verweist auf eine entstehende Lebenswelt, die ohne technische Krücken nicht mehr auskommt. Vielleicht führt der Verlust des Himmels dazu, dass sich der Mensch immer panischer in seinem technischen Equipment verbarrikadiert, um seiner Endlichkeit nicht ansichtig werden zu müssen, um sie hinauszuschieben, um sie nicht sehen zu müssen …

Der Astronautenfortschritt geht also einher mit der vollkommenen Hilflosigkeit der Astronauten. Der Mensch auf dem vorläufigen Höhepunkt seines technischen Fortschritts ist zugleich technisch so abhängig geworden wie ein Todkranker auf der Intensivstation. Die neuen universalen Spielräume sind – so scheint es – erkauft mit dem Verlust der Autonomie. Der Triumph des Menschen spielt sich auf Techno-Krücken ab. Der Halt, den die Menschen früher im Himmel und auf Erden gefunden haben, ist abgelöst durch die Haltbarkeit der technischen Ausstattung, durch die sie am Leben gehalten werden. Sich selbst können sie in diesen fremden Welten nicht am Leben erhalten. Technische Perfektion und umfassende Hilflosigkeit gehen ein Bündnis ein, dessen Botschaft paradox ist: freier Flug im Weltraum bei gleichzeitigem Verlust der Eigenständigkeit.

Fiele ein Astronaut vom Himmel, so würde er aussehen wie ein Käfer, der auf den Rücken gefallen ist, vielleicht wäre er sogar unfähig, sich umzudrehen. Und würde er sich seines Anzugs entledigen können und würde er sich in irgendeiner Steppe wiederfinden: Er würde zugrunde gehen, weil er sich mit dem Himmel, aber nicht mit der Erde – mit dem Boden – auskennt. Die Raumfahrt bestätigt den Menschen noch einmal als den Herrn der Schöpfung – allerdings ist von ›Schöpfung‹ gar nicht mehr die Rede, sondern der Kosmos wird zur Umwelt des Menschen degradiert, der Begriff bringt zum Ausdruck, wie sehr sich der *homo sapiens* zum Mittelpunkt macht, obwohl er weiß, dass er weniger ist als ein Staubkorn im Kosmos.

Es sind die Jahre um 1970, in denen die Erde und sogar der Kosmos diesen neuen Namen erhalten: Erde und Kosmos werden zur *Umwelt*. Das Wort verrät viel über die neue Lage des Menschen: Himmel und Erde sind zur Ausstattung des Menschen geworden, für die er obendrein noch die Verantwortung trägt! Es ist ja *seine* Umwelt. Verblüfft nimmt man zur Kenntnis, dass der moderne Mensch sich da als noch borniert erweist als der mittelalterliche. Der sah die Erde als Mittelpunkt an, um den sich alles dreht. Über dieses finstere Mittelalter rümpfen wir heute die Nase. Aber wir sehen ja doch nicht die Erde, sondern uns selbst, den Menschen, als den Mittelpunkt an, um den sich alles zu drehen hat. Größenwahn als Erkenntnisprogramm?

Die Bilder vom Blauen Planeten, die seit vierzig Jahren im Fernsehen und in Magazinen verbreitet werden, bringen eine fundamentale Veränderung mit sich. Archibald MacLeish, Veteran des Ersten Weltkriegs, schwärmt beim Anblick dieser Bilder in der *New York Times:*

> *Die Erde so zu sehen, wie sie wirklich ist, blau und schön, ein winziges Etwas, das in der lautlosen Ewigkeit schwebt, das bedeutet, dass wir uns selbst gemeinsam als Passagiere der Erde sehen, als Brüder auf diesem leuchtenden Planeten inmitten der ewigen Kälte des Alls, als Brüder, die nun endlich wissen, dass sie wahrhaftig Brüder sind.*[6]

Ein dramatischer Perspektivenwechsel: Nicht der Blick in den Himmel macht die Menschen zu Brüdern, sondern der Blick aus der Raumfähre auf den Planeten Erde lässt sie ihre Brüderschaft erkennen.

Die auf ihrem Flug durchs All in einen Zustand bodenloser Entrückung versetzten Astronauten selbst liefern zu diesem Bild Kommentare von geradezu religiöser Ergriffenheit: Der Kommandant von Apollo 17 sagt: »Und weißt du, sie hängt an keinen Stricken, sie ist da draußen, ganz allein.« Harrison Schmitt, der das meistpublizierte Foto der Fotogeschichte – *blue marble* – machte, nennt die Erde ein »zart aussehendes Stück Bläue im Weltraum«. Der Planet erscheint den Betrachtern und Kommentatoren dieser Bilder als zerbrechlich, zart, verletzlich, schutzbedürftig, als ein »funkelndes, blauweißes Juwel«, wie eine »Perle, unergründlich und geheimnisvoll«, ein »Saphir auf schwarzem Samt«. Der Astronaut Russel L. Schweickhart schwärmt: »Ich habe dabei den ganzen Planeten umarmt und alles Leben auf ihm, und es hat diese Liebkosung erwidert.«

»Die Herausforderung an uns alle«, schreibt Harrison Schmitt, »ist es, diese Heimat zu behüten und zu schützen. Gemeinsam. Als Menschen dieser Erde.«[7]

Die Bilder aus dem Weltraum haben eine ambivalente Folge. Der Blaue Planet wird einerseits zu einem Objekt der Verehrung, der Anbetung, eine neue Ikone: Wo hängt das Bild nicht heute überall? Hat es nicht die Andachtsbilder früherer Zeiten ersetzt? Aber das Bild hat andererseits auch der Globalisierung in den Köpfen und in den Plänen der Menschen einen kräftigen Schub gegeben. Die Erde, gesehen aus dem Weltraum, mutierte endgültig zum Arbeitsfeld des Menschen. Die blauweiße Kugel wurde zum Management-Objekt, das Ausbeutung ebenso wie Schutzmaßnahmen herausfordert. Der Satellitenblick erlaubt es inzwischen, drohende Erntekatastrophen zu erkennen und mit dem erwartbaren Hunger zu spekulieren oder Hilfsmaßnahmen zu organisieren. Er erlaubt die Identifikation von Möglichkeiten großflächigen Raubbaus zu Lande und zu Wasser. Aber er erlaubt auch die Identifikation von Beschädigungen (ein Musterbeispiel hierfür ist der Amazonasurwald) und ruft so Rettungsaktionen hervor. Vom Himmel kann nun wirklich Heil und Unheil kommen. Der Mensch und seine Raumfahrt übernehmen den Himmel und sind dabei, seine alten Verheißungen und Drohungen wahr zu machen.

Die Frau im Mond

KANN NOCH JEMAND die Zahl der Raumflüge, die Zahl der Satelliten, die Zahl der Fotografien aus dem All nennen? Tausende und Abertausende solcher Gerätschaften bilden ein Geflecht neuer Sterne um den Planeten Erde.

Die Raumfahrt beginnt in den Phantasien solcher Menschen wie Leonardo da Vinci und Jules Verne, und sie realisiert sich zuerst im Film:

> *Als ich das Abheben der Rakete drehte, sagte ich: Wenn ich eins, zwei, drei, vier, zehn, fünfzig, hundert zähle, weiß das Publikum nicht, wann die losgeht. Aber wenn ich rückwärts zähle: Zehn, neun, acht, sieben, sechs, fünf, vier, drei, zwei, eins, NULL! – dann verstehen sie.*

So erklärte Fritz Lang den Countdown einer Rakete zum Mond in seinem Stummfilm *Frau im Mond* von 1929 – und fügte hinzu: »Noch so eine von meinen verdammten Eingebungen.«[8] Das Ritual des Countdowns, das uns aus Cape Canaveral so bekannt ist, das wird für den Film erfunden. Und auch die Geschichte, die dieser frühe Raumfahrerfilm erzählt, lässt schon erahnen, dass die Raumfahrt nicht nur die Erfüllung eines Menschheitstraums ist, als was sie ausgegeben wird, sondern ihren Antrieb handfesten Interessen verdankt.

Welche Geschichte erzählt der Film?

Der Mondexperte Professor Georg Manfeldt ist sich sicher, dass es auf dem Mond nicht nur Wasser und Sauerstoff, sondern auch jede Menge Gold gibt. Seine Kollegen belächeln ihn. Er ist von dem Gedanken besessen, eine Mondexpedition durchzuführen, um seine Theorie beweisen zu können. Der Raumfahrtingenieur Wolf Helius verbündet sich mit dem Goldsucher Manfeldt. Manfeldt arbeitet bereits mit dem Ingenieur Windegger und dessen Verlobter, der Astronomiestudentin Friede, an einem imposanten Raketenraumschiff, das den ersten Flug zum Mond möglich machen soll. Als Manfeldt und seine zwei Gefährten, die beide in Friede verliebt sind, endlich zum Mond aufbrechen, schleicht sich nicht nur der kleine Gustav als blinder Passagier an Bord. Auch ein Agent des Finanzsyndikats, das die Goldwirtschaft der Erde kontrolliert, erpresst seinen Mitflug. Nach der Landung zeigt sich, dass Manfeldt recht hatte. Aber es bricht sogleich ein tödlicher Kampf um das Gold aus. Als dabei das Raumschiff beschädigt und der Sauerstoff für die Rückfahrt knapp wird, muss Friede eine folgenschwere Entscheidung treffen. Denn einer der Raumfahrer muss auf dem Mond zurückbleiben: Es ist Helius, der bleibt. Er blickt der startenden Rakete nach – und bemerkt, als er sich umdreht, dass Friede hinter ihm steht.

Es ist die alte, ein wenig simple Geschichte, die da erzählt wird von Gier, Liebe und Tod. Die Gier nach Gold, die zum Antrieb für die Mondfahrt wird, endet mit der *Frau im Mond*, die um der Liebe willen bei Helius zurückbleibt. Die Schatzsuche im Weltall beginnt im Film, ist aber längst zum Motiv einer Raumfahrt geworden, die Erkenntnisse sammelt, welche zumindest der Exploration der Erde einen kräftigen Schub geben.

Wer nun denkt, dass der Film *Frau im Mond* von 1929 meilenweit von den Realitäten der beginnenden Raumfahrt entfernt sei, der täuscht sich. Denn die Raumfahrt begann mit einem (gescheiterten) Reklamegag: Wernher von Braun stieß Ende der zwanziger Jahre zum *Verein für Raumschifffahrt*, in dem technikbegeisterte junge Männer um Hermann Oberth an der Entwicklung von Raketen mit Flüssigkeitstriebwerken arbeiteten. Sie bekamen von der UFA 20 000 Reichsmark, um eine Rakete zu bauen, die zu Reklamezwecken anlässlich der Premiere von Fritz Langs Film *Frau im Mond* gestartet werden sollte. Aber die Rakete wurde nicht fertig.

Indessen bekam Wernher von Braun bald Gelegenheit, seine

Träume in die Wirklichkeit umzusetzen. Nach der Macht-ergreifung der Nationalsozialisten in Deutschland wurde die Raketenforschung zur Geheimsache: Direktor der Heeresver-suchsanstalt in Peenemünde wurde der fünfundzwanzigjährige Wernher von Braun. Die Rakete A4 (Aggregat 4) – als Fern-waffe konzipiert – wurde später in V2 (Vergeltungswaffe 2) umbenannt. »Die Wissenschaft hat keine moralische Dimen-sion«, sagte von Braun später. »Sie ist wie ein Messer. Wenn man es einem Chirurgen und einem Mörder gibt, gebraucht es jeder auf seine Weise.« Der Kernforscher und Physik-Nobel-preisträger Enrico Fermi wies – ganz in diesem Sinne – Ein-wände von Kollegen gegen den Bau der Atombombe zurück: »Lasst mich in Ruhe mit euren Gewissensbissen. Das ist doch so schöne Physik.«

Durch die V2 kamen etwa 6100 Menschen ums Leben. Bei der Produktion der V2 starben indessen mehr Menschen als bei ihrem Einsatz: Von den 60 000 KZ-Häftlingen, die beim Rake-tenbau eingesetzt wurden, starben 20 000. Wernher von Braun, der gern behauptete, Mondraketen bauen zu wollen, hat de facto vor allem Waffen gebaut. Die Redstone-Rakete, die er konstruierte, war die erste US-Rakete mit einem Nuklear-sprengkopf. Die Raumfahrt, das wird man nicht vergessen dür-fen, ist eine Frucht der Militärtechnik.

Das vermessene Universum

DASS HEUTE DIESES Unglaubliche alltäglich geworden ist – Menschen, die sich über Tage, Monate, Jahre im Himmel aufhalten, das hat seine Ursprünge in den Umwälzungen am Ende des Mittelalters. Diese Umwälzungen bringen den alten Himmel zum Verschwinden und ersetzen ihn durch das beobachtete, erforschte und vermessene Universum.

Im Dezember des Jahres 1609 hatte Galileo Galilei sein Fernrohr auf die Mondscheibe gerichtet, und er sah, dass die Oberfläche des Mondes nicht glatt, gleichmäßig und von vollkommener Kugelgestalt ist, wie eine große Schar von Philosophen von ihm und den anderen Himmelskörpern glaubte, sondern »ungleich, rauh und mit vielen Vertiefungen und Erhebungen, nicht anders als das Antlitz der durch Bergketten und tiefe Täler allerorts unterschiedlich gestalteten Erde«.

Es ist eine Vielzahl von Forschern, die die modernen Zeiten einläuten und das alte Weltbild umstürzen. Für den Leser heute ist das Skandalöse an Galileis Beobachtung gar nicht mehr unmittelbar spürbar: Dass da oben in den Sphären des Mondes etwas nicht vollkommen rund und glatt sein sollte, sondern rauh und gebirgig – das grenzte an Gotteslästerung. Dass die Sonne Flecken hat! Dass die Venus Phasen hat wie der Mond! Dass um den Jupiter Monde kreisen – das ist ein Schlag nach dem anderen für die mittelalterliche Vorstellung vom Himmel.

Man kann darüber streiten, wer den Ausschlag gegeben hat, wer der wichtigste Wegbereiter dieses Denkens war. Nikolaus Kopernikus hat den neuen Zeiten den *Namen* gegeben (es wird ja von ›kopernikanischen Wende‹ gesprochen). Johannes Kepler hat *Gesetze* formuliert, ohne die die moderne Astronomie nicht denkbar wäre. Galileo Galilei hat das Fernrohr benutzt und so die Epoche der technischen *Instrumente* in der Astronomie markant begonnen. Oder soll man Giordano Bruno die Ehre geben, der die vielleicht kühnsten Gedanken hatte (»Es gibt Menschen auf anderen Gestirnen«) und der seine umwälzenden Ideen mit dem Leben bezahlen musste?

Mit der modernen Eroberung des Raumes hat Galileo Galilei vielleicht insofern am meisten zu tun, als er zum Fernrohr greift und die Sterne heranholt. Aus dem Fernrohr erwachsen die Instrumente, die uns längst gewohnt sind: das Teleskop, der Satellit, die Raumstation. Für Galilei ist das menschliche Auge dem technischen Gerät unterlegen. Das Auge wird ein Werkzeug unter Werkzeugen – das Fernrohr ist das bessere Auge. Die Sinne des Menschen, die bis dahin das ausschlaggebende Instrument des Menschen waren, werden abgelöst durch ein technisches Instrumentarium, das der schlichten natürlichen Ausstattung des Menschen zunehmend überlegen sein wird.

Aber unsere Erzählung beginnt doch nicht mit ihm, mit Galileo Galilei, sondern mit Giordano Bruno. In seinem Werk und seinem Schicksal wird der Umbruch von der alten Zeit zur neuen Zeit, vom alten Himmel zum neuen Himmel schneidend erfahrbar. Und er ist es, der die Befreiung von der alten Himmelsdogmatik mit dem Verlust seines Lebens bezahlen muss. Von Himmelsdogmatik kann und muss man reden, weil die alte Kosmologie zur Zeit des Giordano Bruno schon längst zur Rechtfertigung von Zensur, Gewalt, Entmündigung dient: Unterdrückung bezieht ihr Recht aus einer dogmatisierten Kosmologie.

Scheiterhaufen statt Himmelswende

LACHHAFT ZU SAGEN, außerhalb des Himmels sei nichts. Es gibt nicht eine einzige Welt, eine einzige Erde, eine einzige Sonne, sondern so viele Welten, wie wir leuchtende Funken über uns sehen.«[9] Der Satz, den heute jedes Kind für selbstverständlich halten dürfte, kostete seinen Urheber das Leben. Giordano Bruno wurde am 17. Februar 1600 auf dem Scheiterhaufen verbrannt. Die römische Zeitung *Avvisi di Roma* berichtet zwei Tage später von der Hinrichtung:

> *Am Donnerstagmorgen wurde auf dem Campo dei Fiori jener verbrecherische Dominikanermönch aus Nola lebendig verbrannt, von dem wir in einem der letzten Blätter berichteten: ein sehr hartnäckiger Ketzer, der nach seiner Laune verschiedene Dogmen gegen unseren Glauben ersonnen hatte, und zwar insbesondere gegen die Heilige Jungfrau und die Heiligen. Dieser Bösewicht wollte in seiner Verstocktheit dafür sterben, und er sagte, er sterbe als Märtyrer und sterbe gern und seine Seele werde aus den Flammen zum Paradies emporschweben. Aber jetzt wird er ja erfahren, ob er die Wahrheit gesagt hat.[10]*

Es heißt, dass man dem Dominikanermönch Giordano Bruno aus Nola bei Neapel, bevor das Feuer mit einem Reisigbündel entzündet wurde, die Zunge festgebunden habe, damit er nicht zum Volk sprechen konnte.

Den Himmel sah man bis dahin als eine in Sphären gegliederte Halbkugel an, die sich über uns wölbt. Der Mond, die Sterne, die Sonne markierten den Weg in immer reinere Bereiche des Himmels – bis zur höchsten Sphäre, wo der Thron Gottes steht. Dieser Kosmos war von Gott geschaffen, zu ihm gehörte das Paradies (oben) als Ort der Erlösten, die Hölle (unten) als Ort für die Verdammten.

Nikolaus Kopernikus und Galileo Galilei gelten bis heute als die Männer, die die Erde von ihrem angestammten Platz im Zentrum des Universums vertrieben haben. Sie rüttelten am Thron Gottes, der doch in den höchsten Sphären des Himmels gedacht wurde. Aber Kopernikus geriet nie in Gefahr, er ließ sich als mathematischer Sonderling abtun, und Galileo Galilei widerrief angesichts des drohenden Scheiterhaufens. Er murmelte angeblich sein trotziges »… und sie bewegt sich doch« in den Bart – aber das ist wahrscheinlich eine Anekdote.

Giordano Bruno war der letzte bedeutende Philosoph und Theologe, der auf dem Scheiterhaufen verbrannt wurde. Jan Hus, in dem sich die Reformation Martin Luthers ankündigte, war ihm 1415 in Konstanz vorausgegangen, verbrannt zusammen mit seinen Schriften. Auch Girolamo Savonarola wurde 1498 gehängt und verbrannt. Er hatte Florenz in einen Aufruhr der Armen gegen die Reichen versetzt und auf der Piazza della Signoria eine »Verbrennung der Eitelkeiten« inszeniert – genau dort, wo dann später sein Scheiterhaufen stehen sollte.

Warum nun steht Giordano Bruno vor all diesen »Opfern des Fortschritts«? Er ist mehr als jeder andere derjenige, der die alte und die neue Zeit miteinander verbindet. Seine Hinrichtung ist der letzte verzweifelte Versuch der Papstkirche, den Machtverlust zu verhindern, der mit dem Anbruch der Neuzeit droht: Die Theologie wird – kurz gesagt – nun abgelöst von der Naturwissenschaft. Giordano Brunos Schrift »Die Vertreibung der triumphierenden Bestie« lässt sich vergleichen mit Nietzsches 1888 geschriebenem »Antichrist«: Beide philosophieren mit dem Hammer. Giordano Bruno zertrümmert die Grundlagen der gültigen Weltanschauung – und das kostet ihn das Leben.

Er hatte drei – in den Augen seiner Zeitgenossen – ungeheuerliche Aussagen in die Welt geschleudert. Erstens: Christus ist nicht Gottes Sohn. Zweitens: Aristoteles ist ein Irrlehrer. Drittens: Es gibt nicht nur eine Welt, sondern viele.

Damit drohten die Säulen, auf der die Erde ruhte, einzubrechen. Die Theologie ist zerschmettert, wenn Christus nicht Gottes Sohn ist. Die Philosophie ist ruiniert, wenn Aristoteles nicht die Grundlage des Denkens ist. Die Kosmologie, die Lehre vom Bau des Universums, ist eingestürzt, wenn Giordano Bruno recht hat – wenn die Erde nicht einzigartig ist, sondern es viele Welten gibt; wenn die Fixsterne Sonnen sind, die auf andere Welten verweisen.

Wir können uns heute die Angst, die die Menschen ergriff, kaum noch ausmalen. Wenn die Erde um die Sonne rast, warum fliegen die Menschen dann nicht weg vom Erdboden? Und wo soll der Thron Gottes und die Welt der Engel zu finden sein, wenn nicht in den obersten Sphären des Himmels, der sich über uns wölbt? Auslachen, leugnen, verbrennen – das waren die naheliegenden Antworten. Giordano Bruno hat genau gewusst, dass er den Menschen den Boden unter den Füßen wegzog. Nach der Verlesung des Urteils am 8. Februar 1600 richtete Bruno an die anwesenden Kardinäle die folgenden Worte: »Mit größerer Furcht verkündigt ihr vielleicht das Urteil gegen mich, als ich es entgegennehme.«

Und damit traf er den Nagel auf den Kopf. Der Großinquisitor, der den Prozess gegen Giordano Bruno leitete, Kardinal Roberto Bellarmin, hatte selbst erfahren, wie gefährlich Kritik werden kann: Er hatte die Verweltlichung am päpstlichen Hof getadelt und war daraufhin in die Provinz verbannt worden, seine Schriften kamen auf den Index. Zurückgeholt, leitete er den Prozess gegen den Ketzer Bruno. Er war kein blutgieriger Dummkopf, dieser Bellarmin, sondern ein kluger, gebildeter Theologe, der genau wusste, wie gefährlich der Himmelsstürmer Bruno war. Bruno behauptete schließlich, dass der Weltraum unendlich sei und von ewiger Dauer. Wo sollte dann das himmlische Jenseits sein? Und wenn das Universum keinen Anfang und kein Ende hatte, dann gab es keine Schöpfung der Welt durch Gott und kein Jüngstes Gericht!

Es stand alles auf dem Spiel, und deshalb musste Giordano Bruno verbrannt werden.

Das späte Nachspiel dieses Kampfes um den Himmel begann erst im 20. Jahrhundert. 1930 wurde Bellarmin vom Papst heiliggesprochen und zum Kirchenlehrer ernannt. Die Hinrichtung Giordano Brunos hingegen wurde von einer päpstlichen Kommission erst im Jahre 2000, also vierhundert Jahre nach seiner Verbrennung, für Unrecht erklärt. Seine Schriften standen bis 1966 auf dem Index der verbotenen Schriften, der nach dem Zweiten Vatikanischen Konzil abgeschafft wurde. Die Rehabilitierung Brunos steht bis heute aus.

Die Kardinäle des 16. und 17. Jahrhunderts haben es geahnt, gefürchtet und zu verhindern versucht: dass eine neue Zeit anbricht. »Ich mühe, plage und quäle mich um des wahren Wissens willen«, klagte Giordano Bruno: »Wenn ich den Pflug über das Feld führte, eine Herde weidete, einen Garten bebaute, ein Gewand flickte – niemand würde hinsehen. Weil ich aber das Feld der Natur abschreite und guten Samen in das Erdreich des Verstandes zu senken begehre – gleich bedroht mich jeder, kaum dass er mich erblickt … beißt mich … verschlingt mich.« Und so bittet, ja betet er: »Die Gestirne mögen mir die Saat für das Feld und das Feld für die Saat so bereiten, dass der Welt nützliche und rühmliche Frucht entsteht.« Er will versuchen, den Kosmos neu zu verstehen. Seine Widersacher sind, so schreibt er 1584, bei aller Freiheit Knechte, sind bei allem Reichtum arm »und im Leben tot; denn sie haben im Körper die Kette, die sie fesselt, im Herzen die Hölle, die sie niederdrückt, in der Seele den Irrtum, der sie krank macht, im Geiste die Trägheit, die sie tötet«.[11] Giordano Bruno wagt eine Umwertung aller Werte – und ist mit der Formulierung »Sie haben im Körper die Kette, die sie fesselt« ein sehr moderner und radikaler Denker.

In diesem Augenblick – mit dem Wirken und der Verbrennung des Giordano Bruno – beginnt also die Naturwissenschaft, die Philosophie und die Theologie abzulösen. Die Naturwissenschaft wird das widerstandsfähigste und folgenreichste Produkt der europäischen Kultur – ihr »ständig wachsendes Stahlskelett«, wie es Carl Friedrich von Weizsäcker formuliert hat.[12] Natürlich ist es nicht allein Giordano Bruno – er ist aber die Symbolfigur dieses Umbruchs. Die Zerstörung des alten Himmels, die Entfesselung der naturwissenschaftlichen Kompetenzen – sie wird ungeheure Folgen haben. Wir sind heute an einem Punkt angekommen, wo sich dieses Produkt des neuzeitlichen Europas als zwiespältig erweist, und darum muss man diesen Dreh- und Angelpunkt, der in der Verbrennung des Giordano Bruno sichtbar wird, ganz genau betrachten.

Aus den Flammen dieses Scheiterhaufens steigt wie ein Phönix aus der Asche die neue Zeit auf. Es beginnt nun das, was der Chemie-Nobelpreisträger Paul Josef Crutzen das *Anthropozän* nennt: das Zeitalter des Menschen. Im Jahre 0 lebten allenfalls ein paar Millionen Menschen auf dem Planeten, heute haben wir 7000 Mal eine Million Menschen. Fast jeder verbraucht sehr viel mehr Ressourcen als der Mensch vor zweitausend Jahren. Heute gibt es, wie Crutzen sagt, »keine natürliche Atmosphäre mehr, keinen natürlichen Boden und auch keine natürlichen Meere«.[13] Mehr als siebzig Prozent der Landfläche sind bereits vom Menschen massiv verändert worden, wir greifen so tief in den Stoffwechsel der Erde ein wie nie zuvor. Die Natur wird in das Menschensystem integriert – darum *Anthropozän*.

Die Nachfolger Giordano Brunos fassen heute sogar das ins Auge, was sie die »Veredelung des Menschen« nennen. »In gewisser Hinsicht muss die Menschheit ihre geistigen und körperlichen Eigenschaften sogar verbessern, wenn sie mit der immer komplexer werdenden Welt fertig werden und neuen Herausforderungen wie der Raumfahrt gewachsen sein will«, so der britische Astrophysiker Stephen Hawking. Und weiter: »Die Züchtung von Embryonen außerhalb des menschlichen Körpers wird größere Gehirne und damit höhere Intelligenzleistungen ermöglichen.« Neuronale Implantate werden für verbesserte Gedächtnisleistungen und die Speicherung kompletter Informationspakete sorgen, etwa das perfekte Erlernen einer Sprache in Minutenschnelle. »Dergestalt veränderte Menschen werden kaum noch Ähnlichkeiten mit uns haben.« Viele von uns, meint Hawking, werden sich schon in zehn Jahren für eine virtuelle Existenz im Netz entscheiden, für Cyberfreundschaften und Cyberbeziehungen. Die Gentechnik könnte die menschliche Evolution ersetzen: »Raumfahrten über unser Sonnensystem hinaus werden vermutlich nur mit gentechnisch veränderten Menschen ... möglich sein.«[14]

Hätte sich Giordano Bruno an solchen Gedankenspielen, noch sind sie es ja, erfreut? Er hat von bewohnten anderen Welten gesprochen: Es müsste ihn die Raumfahrt gereizt haben ...

Die damaligen Kardinäle dürften jedenfalls geahnt haben, dass sie durch die Verbrennung des Giordano Bruno den Lauf der Dinge nicht würden aufhalten können, eine Entwicklung, die ihnen die gewohnten Grundlagen ihrer Macht entzieht. Kopernikus hatte eine Einzelentdeckung gemacht, bei Giordano Bruno wird daraus eine Weltveränderung. Dieser Mann, der aus Nola, zwischen Vesuv und dem Mittelmeer gelegen, kommt, ist selbst ein Vulkan, ein Vesuv, wie der Kulturhistoriker Egon Friedell feststellte:

Feurige und formlose Schlacken auswerfend, alle Welt durch die Pracht und Kraft seiner vulkanischen Ausbrüche in Bewunderung und Schrecken versetzend, sich in seiner eigenen Glut verzehrend und eines Tages zu Asche verbrannt ... Er ist der Vollender des kopernikanischen Systems und der Vorläufer Galileis: Er lehrt, dass die Erde nur eine annähernde Kugelgestalt besitze und an den

Polen abgeplattet sei, dass auch die Sonne um ihre eigene
Achse rotiere, dass alle Fixsterne Sonnen seien, um die sich
zahlreiche wegen ihrer Entfernung für uns unsichtbare
Planeten bewegen, er hat die Theorie vom Weltäther auf-
gestellt ..., er hatte sogar eine Ahnung von der Relativi-
tätstheorie, indem er lehrte, es gebe ebenso viele Zeiten,
als es Sterne gibt.[15]

Giordano Bruno reißt den Himmel auf: Die Kristallsphäre, die als die äußerste Begrenzung des Alls vorgestellt wurde, zerschmettert er und spricht von den Welten, die dahinterliegen. Wohlgemerkt: bewohnte Welten! Die Anklage der Inquisition orientiert sich zwar vor allem an seinen theologischen Ketzereien, aber die sind nicht ablösbar von der Lehre Brunos vom unendlichen All und der Vielzahl der Welten.

Mit einem Justizmord wird versucht, den Flächenbrand zu löschen. So wie man Feuer legt, um die Ausbreitung von Feuern zu verhindern. Ein Augenzeuge der Verbrennung berichtet, dass Bruno blass aussah, geschwächt vom Blutverlust, die er durch die vorangegangene Folter erlitten hatte. Seine Arme hingen wie leblos herunter. Man hatte sie aus den Gelenken gerissen, als man ihn über das Rad geflochten hatte. Die Marterwerkzeuge hatten das Fleisch bis auf die Knochen heruntergeschabt.[16]

Bei Hinrichtungen wie dieser wurde die *Bruderschaft von St. Johannes dem Enthaupteten* hinzugezogen, wie Kaspar Schopp berichtet, der der Bruderschaft angehörte:

Um zwei Uhr nachts wurde die Bruderschaft benachrichtigt, dass am nächsten Morgen die Hinrichtung eines armen Dulders stattfinden werde. Um sechs Uhr abends versammelten sich die Trostspender ... und gingen zu dem Gefängnis im Turm von Nona. Dort betraten sie die Kapelle und sprachen die üblichen Gebete für den zum

Tode verurteilten Giordano Bruno ..., ein abtrünniger Bruder aus Nola, ein verstockter Ketzer. Er wurde von unseren Brüdern mit aller Liebe ermahnt ... Er beharrte jedoch bis zum Ende immer in seiner verdammten Widerspenstigkeit und verdrehte sich sein Gehirn und seinen Verstand mit tausend Irrtümern; ja, er ließ nicht nach in seiner Halsstarrigkeit, nicht einmal, als er von den Gerichtsdienern abgeführt wurde nach dem Campo dei Fiori. Dort wurde er entkleidet, an einen Pfahl gebunden und lebendig verbrannt ... In aller dieser Zeit wurde er von unserer Bruderschaft begleitet, die ständig Litaneien sangen, während die Trostspender bis zum letzten Augenblick versuchten, seinen hartnäckigen Widerstand zu brechen, bis er schließlich sein elendes und unglückliches Leben aufgab.

Giordano Bruno, mit dem die neue Zeit anbricht, wird zum ersten Märtyrer dieser neuen Zeit.

Zusammen mit Nikolaus Kopernikus und Galileo Galilei hat er den Menschen in eine kosmische Wüste verbannt: Nun beginnt die Arbeit am »Projekt Moderne«, ein Versuch – so könnte man denken –, sich eine neue Schutzhütte zu bauen, die den alten Himmel ersetzt, der sich nicht mehr wie eine Kristallkugel über uns wölbt: Die Menschen werden nun ungeheure technische und naturwissenschaftliche Fortschritte machen, aber diese Fortschritte werden das Unheil im Schlepptau haben. Auschwitz und Hiroshima sind die deutlich-blutigen Signale dieser Ambivalenz des Fortschritts, die sich in unserer zeitlichen Nachbarschaft ereignet haben. Der drohende Ruin der physischen Grundlagen des Menschen, der dann auch das Ende des *Anthropozäns* nach sich ziehen würde, macht die Ambivalenz des Projekts Moderne noch einmal radikal erkennbar. Die Zerstörung des alten Himmels und der Weg in die neuzeitliche Wissenschaft gehen einher mit dem Verzicht auf Sinn und dem Verzicht auf Grenzen.

Die Zerstörung des alten, in Sphären gegliederten Himmels, der sich schützend über uns wölbte, hat zwiespältige Folgen. Einerseits zerschlägt der Mensch seinen heimatlich-irdischen Kosmos. Er beginnt, die Unendlichkeit des Universums zu begreifen, entdeckt mit dem Fernrohr bis dahin unbekannte Sonnensysteme und schickt schließlich forschende Sonden zum Mars, zum Merkur, zur Venus, betritt sogar den Mond, den Erdtrabanten. Er wird ein König, ein Herrscher, der sich von den alten Weltbildern, den Göttern, den Priestern befreit, der schließlich sogar den Umbau des Menschen ins Auge fasst. Andererseits muss der Mensch seine unendliche Verlorenheit und Bedeutungslosigkeit in diesem All erkennen, das nicht einmal mehr aus einem Universum, sondern aus vielen besteht. In dieser kosmischen Wüste ist er weniger als ein Staubkorn: nur ein Nichts, dessen Größe darin besteht, diese Nichtigkeit zu erkennen, zu analysieren, zu erforschen.

Giordano Bruno: In ihm wird die Wende begreifbar, die den alten Himmel von dem neuen Himmel zu scheiden beginnt. Dabei ist das meiste von dem, was er gesagt hat, schon vorher ausgesprochen worden.

Im Jahr 1600, als er verbrannt wird, sind die Werke des Galileo Galilei und des Nikolaus Kopernikus schon erschienen, Luthers Revolution ist schon jahrzehntealt. Die kopernikanische Wende hat eigentlich schon stattgefunden – aber sie ist wohl bei den Menschen noch nicht angekommen. Galileo widerruft, und Kopernikus übt den Spagat: Er steht einerseits in der alten Zeit – denn am Himmel als einer Kristallhalbkugel, die sich über uns wölbt, zweifelte er nicht. Wahrscheinlich hat das dazu beigetragen, dass er nicht ins Visier der Inquisition geriet. Und Kopernikus hatte antike Vorläufer: Zum Beispiel Aristarch von Samos, der um 310 vor Christus geboren wurde. Er hatte die Himmelserscheinungen dadurch erklärt, dass der Sternenhimmel an seiner Stelle verharre, die Erde dagegen sich in einer geneigten Kreisbahn bewege, wobei sie sich zugleich um ihre eigene Achse drehe.[17] Aristarch also tastete bereits die kosmische Ordnung an – was ihm übrigens ebenfalls den Vorwurf des Gottesfrevels einbrachte.

Um den Umsturz, der den Himmel für immer verändern sollte, zu begreifen, muss man in diese Zeit vor Giordano Bruno zurückgehen und über das astronomische Dreigestirn reden.

Aufbruch in die kosmische Wüste

Die ›KOPERNIKANISCHE WENDE‹ ist wohl jedem ein Begriff. Kopernikus hat das bis dahin geltende Weltbild mit einem 1543 erschienenen Buch zum Einsturz gebracht. Es trug den lateinischen Titel *De Revolutionibus Orbium Coelestium,* zu Deutsch: Über die Kreisbewegung der Himmelskörper. Das Wort »Revolution« bezeichnet hier noch die Bewegung der Planeten – aber das schmale Buch hat doch auch eine Revolution des Denkens ausgelöst, die man durchaus mit der Wirkungsgeschichte der Bibel oder mit dem ›Kapital‹ des Karl Marx vergleichen kann.

Zwei Sätze waren es, die das neue Denken kennzeichneten: »Der Mittelpunkt der Erde ist nicht der Mittelpunkt der Welt, sondern nur jener der Schwere und der Mondkreislaufbahn.« Und: »Alle Kreisbahnen (der Planeten) umgeben die Sonne, als stünde sie in aller Mitte, und deshalb befindet sich der Mittelpunkt der Welt in der Gegend der Sonne.«

Nicht die Sonne dreht sich um die Erde, behauptete Kopernikus, sondern umgekehrt: Die Erde dreht sich um die Sonne. Und die Planeten kreisen um die Sonne. Alle kosmischen Sinneserfahrungen der Menschen wurden hier mit einem Schlag in Frage gestellt. Und die Erde, die bis dahin der Ort der Mangelhaftigkeit war, der niedrigste Ort, weil am weitesten entfernt vom göttlichen Licht, mutierte mit diesen Sätzen zu einem Gestirn, das sich nicht mehr einpassen ließ in die alte Dualität von Oben und Unten, von Gut und Böse, von Licht und Finsternis. Denn das ist uns heute nicht mehr so deutlich: Die Erde wurde vor Kopernikus zwar als das Zentrum der Welt angesehen, aber das war keine Auszeichnung. Aristoteles hatte die Erde als den Ort mit dem niedrigsten kosmischen Rang definiert. Oberhalb des Mondes die Sphäre des Unvergänglichen, hienieden die des Todes und der Vergänglichkeit.

Der eigentliche Mittelpunkt dieses aristotelisch-mittelalterlichen Universums war – die Hölle.[18]

Bei genauerem Hinschauen war das allerdings zunächst keineswegs gleich ein öffentlicher Donnerschlag, mit dem Nikolaus Kopernikus seinen Angriff auf das bisherige Denken führte. Was man schon daran sehen kann, dass sich Papst Clemens VII. die Ansichten des Kopernikus erklären ließ und ebenso wie sein Nachfolger Paul III. keinen Anstoß an der Auffassung nahm, dass sich die Erde um die Sonne dreht. Die protestantischen Theologen Philipp Melanchthon und Martin Luther waren es, die des Kopernikus umstürzlerische Thesen als Irrlehre ablehnten. »Der Narr will mir die ganze Kunst Astronomia umkehren«, urteilte der Wittenberger Reformator.

Nikolaus Kopernikus war 1473 in Thorn im heutigen Polen geboren worden. Er studierte zwölf Jahre an den Universitäten Krakau, Bologna, Ferrara und Padua. Aber Kopernikus hatte zunächst wenig Resonanz mit seinen Überlegungen, die er schon 1530 abgeschlossen hatte. Das Buch war zwar nicht gedruckt, aber seine Auffassung verbreitete sich über kleine Schriften – die jedoch nicht das erhoffte Echo fanden. Lange Zeit konnte sich Kopernikus deshalb nicht zu einer Veröffentlichung entschließen. Das Buch, das bis heute so große Wirkung hat, blieb ungedruckt – bis es 1543 endlich erschien. Kopernikus starb im gleichen Jahr. Das Buch war dem Papst Paul III. gewidmet. (Später, im Jahre 1616, infolge der Auseinandersetzungen um Galileo Galilei, hat die päpstliche Kirche das Buch verboten und dieses Verbot erst 1822 aufgehoben.) Und man bedenke: Dieses Buch des Kopernikus, von dem heute noch zweihundertsechzig Exemplare nachzuweisen sind, hatte eine Gesamtauflage von gerade einmal fünfhundert Exemplaren.

Was war so neu an dem, was Kopernikus schrieb, dass wir ihn bis heute als die Person nennen, die eine der bedeutendsten Wenden in der Geschichte der Menschheit herbeiführte? Der vielen als der Denker gilt, der die moderne Weltauffassung überhaupt erst möglich gemacht hat?

Dass die Erde eine Kugel ist – das war jedenfalls nicht seine Entdeckung. Schon antike Philosophen und Mathematiker wussten ja, dass der Mond ein kugelförmiger Himmelskörper ist, dessen im Laufe eines Monats sich ändernde Erscheinungsform aus der Stellung zur Sonne und aus seiner Beleuchtung durch die Sonne zu erklären war. Mondfinsternisse wurden auch in der Antike schon als Beschattungen des Mondes durch die Erde erkannt. Aristoteles hatte daraus die Folgerung gezogen, dass die Form des Erdschattens auf dem Mond ein Beweis für die Kugelgestalt der Erde sein müsse. Eratosthenes, der seit 246 vor Christus die Bibliothek von Alexandria leitete, hatte sogar schon den Umfang der Erdkugel ziemlich genau berechnet. Diese antiken Kenntnisse gingen aber wieder verloren. (Kopernikus allerdings hat sich viel mit diesen alten Quellen befasst.) Christoph Kolumbus wurde noch anlässlich einer Beratung mit einflussreichen Männern davor gewarnt, die Erde umrunden zu wollen, denn es würde ihm ja nicht möglich sein, bei der Rückkehr wieder »zu uns herauf« zu fahren. Als am 12. Oktober 1492 vom Mastkorb seines Schiffes Land in Sicht kam, da war allerdings aus eigener Anschauung bewiesen, dass die Erde ein im freien Raum schwebender Himmelskörper ist.

Kopernikus war vor allem von der Frage bewegt, wie die Planetenbahnen zu erklären seien: Im antiken ptolemäischen Weltbild, das die Erde ins Zentrum des Kosmos setzte, waren die Bewegungen der Planeten schwer zu verstehen. Sie bildeten Schleifen am Himmel – wie konnte das sein? Stand das nicht im Widerspruch zur vollkommenen Bewegung, die ja nur im makellosen Kreis zu finden ist? Im Grunde stand Kopernikus – neben diesen störenden Planetenschleifen – vor insgesamt acht Phänomenen, die die traditionelle mittelalterliche Kosmologie nicht erklären konnte:

1. Der Wechsel von Tag und Nacht
2. Die Jahresbewegung der Sonne durch den Tierkreis
3. Die ungleichmäßige Bewegung der Planeten
4. Die Rückläufigkeit und Schleifenbewegung der Planeten
5. Die wechselnden Helligkeiten der Planeten
6. Die Bindung der Bewegung von Merkur und Venus an die Sonne
7. Die Schiefe der Ekliptik
8. Das Vorrücken der Tagundnachtgleichen

Kopernikus gelang es, diese Rätsel zu entschlüsseln, indem er eine dreifache Bewegung der Erde behauptete.

- Erstens die tägliche Drehung um ihre eigene Achse (erklärt Nr. 1)
- Zweitens die jährliche Bewegung um die Sonne (erklärt Nr. 2)
- Drittens die Präzessionsbewegung der Erdrotationsachse (erklärt Nr. 7 und 8). Präzession ist die Richtungsänderung der Erdachse unter dem Einfluss der Masse von Mond und Sonne.

Die anderen Phänomene folgen dann logisch aus dem Zusammenwirken der Bewegungen von Erde und Planeten um die Sonne (Nr. 3 bis 6).[19]

Die kühne Tat des Kopernikus lag also nicht in der Behauptung, dass die Erde eine Kugel sei. Sondern darin, dass er die Erde als bewegt ansah: vor allem durch die Bewegung um die Sonne, die den Wechsel der Jahreszeiten bewirkt, und durch die Bewegung der Erde um ihre Achse, die den Wechsel der Tageszeiten mit sich bringt.

Ein zeitgenössischer, berühmter Widersacher des Kopernikus, der dänische Astronom Tycho Brahe, hat gegen ihn den Einwand vorgebracht: Die träge, dicke Erde sei für die Bewegungen, die Kopernikus ihr zuschrieb, »viel zu ungeschickt«. Melanchthon fügte hinzu: Die Erde müsse ruhen, da jeder schwere Körper zu ihr als Sitz der Ruhe zurückfällt; denn die von der Erde abgetrennten Teile wollen sich mit ihr vereinigen und dort ruhen. Und außerdem: Wenn die Erde eine tägliche Bewegung vollführte, so müssten sich ihre Teile doch zerstreuen.

Letztlich knüpfte aber Kopernikus auch mit diesen »revolutionären« Behauptungen an schon Gedachtes an: Die Entdeckungen des Aristarch von Samos wurden bereits erwähnt. Er hatte der Erde bereits eine Tagesdrehung und auch den Umlauf um die Sonne zugeschrieben. Ein großer Bogen der Erkenntnis führt von Aristarch über Kopernikus zu Jean Bernard Léon Foucault, jenem Foucault, der am 26. März 1851 im Pariser Panthéon das berühmte Pendel-Experiment durchführte: Durch eine an einem langen Faden pendelnde Masse wies er die Drehung der Erde nach. Sichtbar, wenn auch nicht spürbar, war an der Gültigkeit der Foucaultschen Behauptung nicht mehr zu rütteln: Der Fixsternhimmel dreht sich nicht um die Erde, sondern die Erde dreht sich um sich selbst.

Kopernikus degradiert in gewisser Weise die Erde, oder besser gesagt: Er bringt sie zum Tanzen. Sie dreht sich um sich selbst und dreht sich um die Sonne, ja, Kopernikus sagt sogar, dass die Erde von der Sonne schwanger wird (»… empfängt die Erde von der Sonne und wird schwanger mit jährlicher Geburt«). Zugleich erhöht er die Sonne geradezu hymnisch:

In der Mitte aber von allen (Sternen und Planeten) steht die Sonne. Denn wer wollte diese Leuchte in diesem wunderschönen Tempel an einem anderen oder besseren Ort setzen als dorthin, von wo aus sie das Ganze zugleich beleuchten kann? Zumal einige sie nicht unpassend das Licht, andere die Seele, noch andere den Lenker der Welt nennen. … So lenkt in der Tat die Sonne, auf dem könig-

lichen Thron sitzend, die sie umkreisende Familie der Ge-stirne.[20]

Der Kosmos bleibt in seinen Worten noch etwas quasi Heiliges – ein Tempel.

Goethe, der zeitlich in etwa in der Mitte zwischen Kopernikus und uns steht, hat über Kopernikus und seine Bedeutung geschrieben:

Unter allen Entdeckungen und Überzeugungen möchte nichts eine größere Wirkung auf den menschlichen Geist hervorgebracht haben, als die Lehre des Copernicus. Kaum war die Welt als rund erkannt und in sich selbst abgeschlossen, so sollte sie auf das ungeheure Vorrecht Verzicht thun, der Mittelpunkt des Weltalls zu sein. Vielleicht ist noch nie eine größere Forderung an die Menschheit geschehen: denn was ging nicht alles durch diese Anerkennung in Dunst und Rauch auf: ein zweites Paradies, eine Welt der Unschuld, Dichtkunst und Frömmigkeit, das Zeugniß der Sinne, die Überzeugung eines poetisch-religiösen Glaubens; kein Wunder, dass man dieß alles nicht wollte fahren lassen, dass man sich auf alle Weise einer solchen Lehre entgegensetzte, die denjenigen, der sie annahm, zu einer bisher unbekannten, ja ungeahnten Denkfreiheit und Großheit der Gesinnungen berechtigte und aufforderte.[21]

Indessen waren die Wirkungen des Kopernikus umstürzender, als er selbst es war. Sein Anliegen war gar nicht der Umsturz, sondern sein Anliegen war es, die vollkommene Harmonie des Universums nachzuweisen. Er sah den Kosmos als eine vollendete Form – nämlich als eine Kugel. Im hohlen Innern dieser Kugel vollführten die Kristallsphären der Planeten einen vollkommenen kreisförmigen Reigen um die Sonne auf: zur Ehre

Gottes. Er war nicht gekommen, um umzustürzen, sondern um die »bewunderungswürdige Harmonie der Welt« zu beschreiben. Sein Wunsch war es, die Himmelsphänomene zu retten; die vollendeten kreisförmigen Bewegungen der Planeten um die Sonne waren ihm das wichtigste Kriterium für die Wahrheit seiner Theorie. Im Grunde ist das Phänomen Kopernikus verblüffend: Er, dem es um die Harmonie des Kosmos ist, der mit seiner Theorie eigentlich die Astronomie der Alten vollendet, gilt als derjenige, der eigentlich den Weg bereitet für die schlussendliche Abschaffung des alten harmonischen Kosmos.

Insofern ist auch der Streit um die kopernikanische Wende keineswegs zu Ende, denn die Frage, was sie bedeutet, ist zumindest zwiespältig. Max Born hat das vielleicht besonders deutlich gemacht, als er sagte: »Wenn man die Allgemeine Relativitätstheorie zum Ausgang nimmt, dann ist eigentlich beides möglich: Man kann eine heliozentrische und eine geozentrische Betrachtungsweise als richtig ansehen.« Und man könnte aus heutiger Sicht auch sagen: Das stimmt ja gar nicht, was Kopernikus da behauptete, denn die Sonne ist ja nun wirklich nicht das Zentrum des Universums – sondern eine bedeutungslose glühende Energiemasse neben vielen anderen, die größer, älter, weiter sind. Man kann wohl fast sagen, dass der Stern des Kopernikus zu sinken scheint. Wir beginnen, die kopernikanische Wende als etwas anzusehen, das den Umsturz einer *vergangenen* Epoche beschreibt. Von dem, was Kopernikus glaubte, entdeckt zu haben, ist ja heute fast nichts mehr gültig oder relevant: Die kopernikanische Wende, begriffen als Auseinandersetzung mit dem antiken und mittelalterlichen Weltbild, ist recht betrachtet ein erledigter Fall, längst überholt durch die moderne Astrophysik. Jedes Kind weiß ja heute, dass die Sonne nicht das Zentrum der Welt ist – wie Kopernikus glaubte.

Aber Kopernikus erlebt im 20. Jahrhundert noch ein merkwürdiges Nachspiel. Es wird der Versuch gemacht, ihn als einen Vertreter des »nordischen Denkens« zu stilisieren, in dem die Sehnsucht nach der Grenzenlosigkeit, die die Wikinger angetrieben habe, ihren Ausdruck fand. Vor allem Oswald Spengler steht für diese Auffassung. In seinem Werk *Der Untergang des Abendlandes* stellt er die antiken Astronomen am Nil und Euphrat dem altnordischen Lebensgefühl gegenüber, das er in Kopernikus findet:

> *Vergänglich sind sogar die Sternenwelten, welche die Astronomen am Nil und Euphrat betrachten, denn unser – ebenso vergängliches – mit dem Auge des abendländischen Menschen gesehenes, aus seinem Gefühl herausgebildete Weltsystem, dessen Form Kopernikus aufstellte, ist ein anderes. Und damit vergleiche man die erschütternde Vehemenz ..., mit welcher die Entdeckung des Kopernikus, dieses ›Zeitgenossen‹ des Pythagoras, die Seele des Abendlandes durchdrang ... Hier kam das altnordische Lebensgefühl, die Wikingersehnsucht nach dem Grenzenlosen, zu ihrem Rechte.*[22]

Von da ist der Weg nicht mehr weit zu dem Versuch, die Entdeckungen des Kopernikus in die nationalsozialistische Ideologie zu integrieren: Kopernikus wird dann der Mann, der dem nordisch betonten Forschungsgeist zum Durchbruch verhilft.[23] Fraglos: Die Entfesselung der Naturwissenschaften, die die uns heute ebenso überwältigenden Erkenntnisse wie angsteinflößenden Bedrohungen beschert, die hat zumindest einen Teil ihrer Wurzeln in diesen Entdeckungen, die Kopernikus, Kepler und Galilei gemacht haben.

Das neue Lebensgefühl, das ein ambivalentes Gefühl ist, insofern es den Abschied vom mittelalterlichen Himmel und zugleich die Gegenwart der modernen Himmelsverlassenheit mit sich bringt, hat Conrad Ferdinand Meyer in die bewegenden

Worte gegossen: »Wir nahmen Welt und Himmel uns zum Raub, wir wähnten uns das All und sind ein Staub.«

Im März 1610 erschien in Venedig ein Buch mit dem – heute würde man sagen – etwas reißerischen Titel *Sidereus Nuncius – Botschaft von den Sternen, welche große und höchst wunderbare Erscheinungen offenbart und für jedermann, insbesondere aber für Philosophen und Astronomen zum Beschauen darbietet, wie sie von dem Patrizier Galileo Galilei aus Florenz mit Hilfe des kürzlich von ihm erfundenen Sehglases beobachtet worden sind am Antlitz des Mondes, an unzähligen Fixsternen der Milchstraße, den Nebelsternen, insbesondere aber an vier den Jupiter in ungleichen Abständen und Perioden mit wunderbarer Geschwindigkeit umkreisenden, von niemand bis auf diesen Tag gekannten Planeten, welche der Autor vor kurzem als Erster entdeckt und »mediceische Sterne« zu nennen beschlossen hat.*

Die erste Auflage des *Sidereus Nuncius* war binnen weniger Tage vergriffen.[24] Johannes Kepler, Mathematiker am Hofe Rudolphs II. in Prag, reagierte schnell. Sein ebenfalls 1610 gedruckter Lobpreis auf die Entdeckungen des Galilei ist in einer Woche niedergeschrieben:

Ich weiß wohl, wie groß der Unterschied ist zwischen theoretischer Spekulation und eigener Erfahrung, zwischen Ptolemäus Diskussion der Antipoden und der Entdeckung der Neuen Welt durch Kolumbus und zwischen den allgemein verbreiteten Fernrohren und dem Kunstwerk, mit dem Du, Galilei, den Himmel durchstoßen hast.

Kopernikus hatte dreißig Jahre gewartet, bis er seine Schrift drucken ließ. Mit Galilei kündigt sich das Zeitalter der Beschleunigung an: Schon 1615 werden die Entdeckungen, die

Galileis Fernrohr ermöglicht, in China bekanntgemacht. An heutigen Maßstäben gemessen sind fünf Jahre eine lange Zeit. Aber eine Reise von Rom nach Peking dauerte damals zwischen drei und sieben Jahren! Galileis Erzfeinde, die Jesuiten, waren es, die seine Erkenntnisse mit besonderem Nachdruck in China verbreiteten. Im japanischen Nagasaki wird – noch vor dem Tode Galileis! – ein Teleskop in Betrieb genommen, aber nicht zur Beobachtung des Himmels, sondern zur Kontrolle sich nähernder ausländischer Schiffe.[25]

Galilei hat das Teleskop weder erfunden, noch war er der Erste, der es auf den nächtlichen Himmel richtete. Er selbst behauptete, er habe das Teleskop aufgrund eines Gerüchtes nachgebaut. Ob er es nacherfunden oder nur nachgemacht hat, ist viel diskutiert worden. Klar ist, dass er seine Erfindung »verkaufen« musste. Er war gezwungen, seine Gönner zu beeindrucken, denn die Wissenschaft befand sich zu seiner Zeit in entschiedener Abhängigkeit von den feudalen Kräften der Gesellschaft.

Wie auch immer: Mit Galilei und seinem Teleskop beginnt das moderne Zeitalter der Astronomie. Galileo Galilei ist 1564 in Pisa geboren. Er wird 1610 an den Hof des Großherzogs Cosimo de Medici in Florenz berufen. Und er nutzt diesen Vorsprung, den ihm das Teleskop verschafft, und verteidigt seine Position als Pionier der Teleskop-Astronomie. Gezwungenermaßen, denn nur so bleibt seine Stellung am Hofe der Medici gefestigt. Johannes Kepler bittet ihn um ein Teleskop. Er, Kepler, habe eine ungeschickte Hand, seine Liebe gelte der Theorie. Aber Kepler bekommt dieses Instrument zur Überprüfung der Thesen des Galileo Galilei nicht. Galilei veröffentlicht eine Skizze der Mondoberfläche, schreibt über die Jupitermonde, die Phasen der Venus und die Sonnenflecken. Galileo ist – wohl auch im Interesse der Sicherung seiner Stellung – ein streitsüchtiger Mann. Er hat Konkurrenten, die ähnliche Entdeckungen machen, teils vor ihm.

Die kopernikanische Wende hallt in uns nach als die Zertrümmerung des borniertden mittelalterlichen Weltbildes, eine Zertrümmerung, die Papst, Könige und Kaiser vom Sockel stürzen wird, die den Feudalismus, den Ständestaat mittelfristig ins Wanken bringen wird. Der alte Zentralismus war legitimiert durch die Erde, die im Zentrum des Kosmos steht. Darüber der Himmel, den man als Ort des Lichtes, der Seligen und Gottes über sich weiß. Es wird bei dieser Darstellung gern vergessen, dass besonders Kopernikus und Kepler bis ins Innerste ergriffen waren von der vollkommenen Harmonie und Schönheit des Kosmos, der durch ihre Entdeckungen erst richtig sichtbar wird. »Durch keine andere Anordnung«, sagt Kopernikus, »habe ich eine so bewunderungswürdige Symmetrie des Universums, eine so harmonische Verbindung der Bahnen finden können, als da ich die Weltleuchte, die Sonne, die ganze Familie kreisender Sterne lenkend, wie in der Mitte des schönen Naturtempels auf einen königlichen Thron gesetzt habe.«[26]

Auch Kepler wohnt noch nicht im unendlichen, naturwissenschaftlich vermessenen und sinnentleerten Kosmos, sondern in einem Weltall, das er als von vollkommener Schönheit gebildet erkennt.

»Drei Dinge waren es vor allem, deren Ursachen, warum sie so und nicht anders sind, ich unablässig erforschte, nämlich die Anzahl, die Größe und die Bewegung der Planetenbahnen. Dies zu wagen bestimmte mich jene schöne Harmonie der ruhenden Dinge, nämlich der Sonne, der Fixsterne und des Zwischenraumes mit Gott dem Vater, dem Sohne und dem Heiligen Geiste«.[27] Das sind Sätze aus dem Vorwort zu Johann Keplers Jugendschrift *Mysterium Cosmographicum* (Weltgeheimnis). Und man muss sich das vergegenwärtigen, wie sehr die Ehrfurcht vor dem Kosmos hier mit der Erforschung verknüpft ist.

Kepler ist am 27. Dezember 1571 in Weil der Stadt geboren und bildet mit Galileo Galilei und Nikolaus Kopernikus das

Dreigestirn, das unsere Auffassung vom Himmel so nachdrücklich verändert hat. Manche behaupten, dass er die anderen beiden überragt, weil alles das, was die neuzeitliche Naturwissenschaft von ihren Vorläufern abhebt, sich bei ihm zum ersten Mal vereinigt findet. So dass manchmal gefordert wird, von einer keplerschen Wende statt von der kopernikanischen Wende zu reden.

Keplers Leben ist von Krankheit, von der Suche nach Anstellungen und von Katastrophen aller Art gekennzeichnet. Ein ewiges Hin und Her zwischen seinen Forschungen und seinen Lebensumständen. Zum Beispiel das Jahr 1618. Kepler kommt auf die Idee, »die Quadrate der Umlaufszeiten der Planeten mit den Würfeln der mittleren Entfernungen zu vergleichen« – und entdeckt so das, was heute das dritte Keplersche Gesetz heißt. Zu gleicher Zeit ist er damit beschäftigt, seine siebzigjährige Mutter, die der Giftmischung, der Tränenlosigkeit und Zauberei angeklagt ist, in einem lang andauernden Prozess vor der Folter und vor dem Scheiterhaufen zu retten. Ihr eigener Sohn, Christoph Kepler, hatte sie angezeigt – und zudem war die Mutter bei einer Tante groß geworden, die als Hexe verbrannt worden war.[28]

Aber seine kosmologischen Arbeiten reißen ihn immer wieder aus der Tiefe, er spricht da von »heiliger Raserei«, ist hingerissen »von einem unsäglichen Entzücken über die göttliche Schau der himmlischen Harmonie«.[29] So erkennt Kepler zum Beispiel in der Beschreibung der Planetenbahnen das Bindeglied zwischen Weltharmonik und Himmelsmusik.

Die Astrologie gehört für Kepler an die Seite der Astronomie. Eine Astrologie, die nicht spekulativ, sondern wissenschaftlich begründet sein will. Albrecht von Wallenstein, der Heerführer im Dreißigjährigen Krieg, bietet Kepler 1628 eine Stelle an, die er annimmt, obwohl er ungern »Kostgänger des Krieges« sein möchte. Das Horoskop, das Wallenstein von Kepler verlangt, ist ihm zu vage. Wallenstein möchte Details seines künftigen

Lebens, möchte wissen, wie lange der Krieg noch dauert. Kepler zu diesem Ansinnen: Wer so fragt, »ist noch nie recht in die Schul gegangen und hat das Licht der Vernunft, das ihm Gott angezündet, noch nie recht geputzet«. In der Debatte um die Astrologie sieht sich Kepler als den *Tertius Interveniens,* den, der sich mit einer dritten Meinung einmischt. Weder will er die Astrologie ganz verwerfen, noch ihr blind folgen. Es ist falsch, so sagt er, zu meinen, »der Mensch müsse so ein Leben führen, eines solchen Todts sterben, wie die Astrologie gemeiniglich in Hauffen hineyn rahten, wie es einem jeglichen ergehen soll«.[30] Die Sterne – so hält er dagegen – sind nicht dazu geschaffen, mich, »den Menschen, zu meistern (zu beherrschen), sondern zu Nutz und Dienst. Sie regieren über Tag und Nacht, aber sie haben über meine Seele und über meine Vernunft keine Gewalt. Jedoch empfängt meine Seele in ihrer Geburt von den Gestirnen ihren Charakter«. Wie nun meint er das? Der Himmel, so sagt Kepler, kann ja nicht mehr geben als Licht, Wärme, Zeit. Weil das so ist, finde man in Italien einen »guten hitzigen Wein«. Am Rhein wachsen lindere Weine, denn dort gibt es viele Täler, die die Wärme halten, an der Elbe dagegen finde man wenig Wein, denn die Landschaft ist eben und zum Norden hin gerichtet. Gott hat so jedem Land seine eigenen »himmlischen Eygenschaften« (coeli ingenium) gegeben.[31] Und dieser Prozess spart den Menschen und seinen Charakter nicht aus.

Wenn ihn Kaiser Otto fragen würde, ob er in diesem Jahr eine »gute Revolution« haben würde, und man beachte, dass die Revolution bei Kepler noch ganz auf die *revolutio* (die Umdrehung) der Sterne bezogen ist, dann würde er sagen: Der Kaiser hat einen Aberglauben in seinem Herzen.

Die Gestirnskörper wirken nicht – jedenfalls im astrologischen Sinne – mit ihren körperlichen Kräften auf andere Körper ein. Aber so wie Landschaften ihre kosmisch bedingten Eigenschaften haben, so lebt auch der Mensch nicht in Unabhängigkeit von der Welt. Das ist Keplers Überzeugung.

Bald nachdem Kepler bei Wallenstein in Stellung gegangen ist, stirbt er, 58 Jahre alt. Sein Grab wird von schwedischen Truppen verwüstet, aber die Grabinschrift, die er selbst bestimmt hat, ist uns bekannt – und sie verknüpft Himmel und Erde:

Himmel hab ich vermessen,
jetzt mess ich die Schatten der Erde;
himmlisch erhoben der Geist,
sinkt nieder des Körpers Schatten.

Kepler lebte an einer Schnittstelle: Mit einem Bein stand er im Feld der alten Kosmologie, mit dem anderen schon in der neuen naturwissenschaftlichen Astronomie. Er bereitete Newtons Erkenntnisse vor und damit die moderne Astrophysik, während seine Mutter mit dem Vorwurf kämpft, eine Hexe zu sein. Welche Spannungen musste dieses Leben aushalten?

Exkurs zu den Antipoden

AN DIESER STELLE ist ein kleiner Exkurs über die Kugelgestalt der Erde geboten. Denn es könnte der Eindruck entstehen, dass da eine klare Linie zu beschreiben ist von der dürftigen kosmologischen Kenntnis der Antike und des Mittelalters hin zur endlich beginnenden naturwissenschaftlichen Sicht, die schließlich das alte Weltbild überwindet. Sieht man indes genauer hin, ist es weitaus komplizierter. Blicken wir also noch einmal aus einer anderen Perspektive auf die kopernikanische Wende. Tatsächlich herrschte im Mittelalter keineswegs allein die Scheibentheorie, sondern die Kugelgestalt war für viele Zeitgenossen der Diskussion würdig. Im Alltagsbewusstsein der Menschen mag oben der Himmel und unten die Hölle gedacht gewesen sein. Tatsächlich aber war längst vor der kopernikanischen Wende die Kugelgestalt der Erde bei vielen mittelalterlichen »Intellektuellen« als Tatsache anerkannt. Das ist zunächst eine Erkenntnis, die aus der Antike herüberragte: Die Kugelgestalt der Erde war schon zu Zeiten des Ptolemäus anerkanntes Bildungsgut.[32] Und für Aristoteles war die Erde ganz selbstverständlich eine Kugel. Auch die Existenz von Antipoden war schon ein antikes Thema. Antipoden heißen die Menschen, die entgegengesetzt zu uns in der südlichen Hemisphäre leben. Ob es sie gibt, wer sie sind und wie sie leben, hat die Menschen seit jeher außerordentlich beschäftigt.

Die Frage nach den Antipoden bekommt in der mittelalterlichen Welt indessen eine neue, eine theologische Färbung. Das wird schon bei Ambrosius von Mailand, einem älteren Zeitgenossen des Augustinus, deutlich. Er ist mit der antiken Tradition vertraut und spricht deshalb von der Kugelgestalt der Erde und der Himmelskörper, den Erdumfang gibt er – in Kenntnis antiker Berechnungen – mit 180 000 Stadien an. Ambrosius bestreitet also nicht die Kugelgestalt der Erde, aber er fragt sich, inwieweit die Kenntnis dieser Dinge zur Erlangung des Seelenheils wichtig ist. Muss man darüber nachdenken? Es gibt – so könnte man sagen – bei ihm ein Element der Selbstbegrenzung der Neugier: Das Heil der Seele ist wichtiger als entfesselte Kenntnis.

Nach ihm kommt ein Thema auf, das in mittelalterlichen Texten immer wiederkehrt: Wenn die Erde die Gestalt einer Kugel hat, wenn auf der Gegenseite Menschen (»Antipoden«) leben, wie ist es dann um deren Seelenheil bestimmt? Sind sie nicht Adams Nachkommen? Haben sie keinen Anteil am Sündenfall und damit auch nicht am Erlösung verheißenden Opfertod Christi? Der Ire Virgilius, Abt von St. Peter in Salzburg, hat von 700 bis 784 gelebt. Auch wenn wir nichts Schriftliches von ihm besitzen, gibt es doch ein Echo seiner Auffassungen. Es kam offenbar zu Auseinandersetzungen um seine Ansichten, die sich in der Kritik des Papstes und des Missionars Bonifatius äußern. Virgilius wurde untersagt, weiterhin zu behaupten, es gebe eine andere Welt und andere Menschen mit Sonne und Mond unter der Erde.

Heftige Debatten über die Frage der Antipoden flackern immer wieder auf. Als deren Hauptproblem gilt: Wenn alle Menschen von Adam abstammen, dann ist es undenkbar, dass unterhalb der Erde Menschen wohnen. In diesen von theologischen Reflexionen gefärbten Gedanken steckt zugleich auch eine Ahnung von der bevorstehenden Entdeckung neuer Kontinente: Wer lebt jenseits der Horizonte? Monströse Gestalten werden gezeichnet, die sich im Grunde aus dieser gedachten Welt der Antipoden entwickeln. Und natürlich kündigen sich auch die theologischen Fragen an, die nach der Entdeckung der Neuen Welt und der fremden Kontinente aktuell werden – die Fragen nach der Missionierung der neu »Entdeckten«, nach der Bekehrung der Heiden.

Neben der auch schon vor Kopernikus zunehmenden astronomischen Erforschung des Kosmos gibt es kosmologische Entwürfe im Mittelalter, die mit dem Stand der astronomischen Kenntnisse nicht vermittelt sind, sondern philosophische spekulative Entwürfe darstellen. So taucht immer wieder das Bild vom Weltenei auf: Die Erde befindet sich im Zentrum wie die Mitte im Ei, daran schließt sich – wie im Ei das Eiweiß – die Atmosphäre an, schließlich der Himmel wie eine Eischale. Dafür ist ein beeindruckendes und bis heute bekanntes Beispiel Hildegard von Bingen, die in ihren Visionen die Kugelgestalt der Erde und des Himmels immer wieder ausspricht – und sagt, die Erde sei in Gestalt eines Eies geschaffen worden. Hildegard von Bingen und andere geben Zeugnis davon, dass neben der naturwissenschaftlichen Betrachtung des Kosmos eine spekulative, ekstatische Wahrnehmung einhergeht. Das gilt im Grunde bis heute, wenn man an die vielen esoterischen und spirituellen Strömungen denkt, die neben der offiziell-astrophysikalischen Weltvermessung viele Menschen in ihren Bann schlagen. Wir erkennen hier, dass das mittelalterliche Welt- und Himmelsbild viel weniger monolithisch war, als es uns heute erscheinen mag.

Gott und der Urknall

EIN JAPANER WÜRDE keinen Widerspruch darin sehen, an
Neujahr zum Shinto-Schrein zu gehen, um für Sicherheit vor
Erdbeben zu beten, und gleichzeitig darauf zu vertrauen, dass
die Erdbebenvorhersagen, die auf wissenschaftlich-geologi-
schen Untersuchungen beruhen, mehr oder weniger richtig
sind. Wenn es einen Unterschied zur deutschen Kultur gibt,
dann liegt der darin, dass in Japan Regeln an unterschiedlichen
Orten nicht gleichermaßen gelten, beziehungsweise an unterschiedlichen Orten unterschiedliche Regeln gelten und dass
dies nicht als Widerspruch empfunden wird. In Japan gibt es
keine Tradition, in der alles einem Prinzip untergeordnet wird.
Religiöse Systeme existieren nebeneinander. »Und deswegen
ist es eben für einen Japaner nicht unbedingt ein Problem, dass
man auf der einen Seite Leute wie Hayao Miyakazi hat, welche
die Rache der Natur an den Verbrechen, die die Menschen begehen, in der populären Kultur durchaus thematisieren, andererseits aber, auf einer anderen Ebene, auf technische Lösungen
setzen«, schreibt Reinold Ophüls-Kashima.[33]
Solche Zwiespältigkeit leisten sich die Menschen überall, in
Afrika gehen die HIV-Infizierten in das europäische Krankenhaus, und zugleich suchen sie den traditionellen Heiler
auf. Kranke in Deutschland sitzen in der Praxis des Internisten
und finden sich wenig später in der Sprechstunde des Homöo-
pathen ein. Aber aufs Ganze gesehen ist in Europa die Herrschaft des rationalistisch-wissenschaftlichen Erklärungsmo-
dells weitgehend unangefochten – vielleicht könnten wir da ein
wenig von den Japanern lernen.
Die Dominanz des astrophysikalischen Modells, von dem alle
Kenntnis haben, das aber kaum einer versteht, hat dazu geführt, dass die Menschen im Alltag heute weniger Wissen über
den Kosmos haben als je zuvor. So kann kaum jemand, trotz

höchster Punktzahlen in Schule und Universität, die Entstehung der Mondphasen richtig erklären, und die meisten Menschen wüssten auf Anhieb nicht einmal, ob der Mond gerade abnimmt oder zunimmt. Und woran zu erkennen ist, ob der Mond abnimmt oder zunimmt? Das kosmische Wissen ist ungeheuer gewachsen, aber zugleich ist es aus dem Alltag verschwunden. An welchem Sonntag Ostern ist; was die Sonnenwende bedeutet; welche Sternbilder gerade zu sehen sind; wo der Mond heute aufgeht; wie man die Venus erkennt ... All dies war den Menschen einmal so wichtig, dass sie es wussten, weil sie es wissen mussten. Für die Reise, für die Jagd, für den Ackerbau, für religiöse Zeremonien, für die Beschwörung von Geistern, für Geburt und Tod. Und wie viele Fragen ergaben sich daraus: Wo ist die Sonne, wenn sie untergegangen ist? Wo der Mond, wenn er am nächtlichen Himmel nicht zu sehen ist? Wo der Abendstern, wo der Morgenstern, wenn ihre Zeiten vorbei sind?

Wir lächeln bei solchen Fragen, wir wissen es ja. Oder wir wissen, dass es Experten gibt, die das wissen. Für die Menschen, die dieses Wissen noch nicht besaßen, waren Mondfinsternis oder gar Sonnenfinsternis erregende, geradezu bestürzende Ereignisse. Die große Sonnenfinsternis in Europa im Jahr 1999 hat davon noch etwas nachklingen lassen. Zehntausende brachen mit ihren Autos auf, um die besten Plätze zur Beobachtung aufzusuchen. Das Ganze glich freilich ein wenig einem Picknick samt Himmelsbeobachtung. Ich erinnere mich an diese Minuten, in denen – in einem kleinen französischen Dorf – über gelbblühende Rosenstöcke dieser Schatten fiel, der mich frösteln ließ. Die Vögel verstummten für eine kurze Zeit, und eine tiefe Ruhe breitete sich aus. Ich bekam eine schwache Ahnung davon, welche Ängste Menschen früher angesichts solcher Phänomene überfallen haben. Der Wirt des Hotels, in dem ich übernachtete, öffnete – als die Sonnenfinsternis vorüber war – eine Flasche Champagner, als würden wir unser Überleben feiern. Oder doch nur das Ereignis?

Wenn man in die Geschichte der Menschheit und ihrer Himmelserfahrungen zurückgeht, dann wird sichtbar, wie behäbig wir im Kosmos sitzen. Früher drängten sich Fragen auf, die als lebenswichtig erfahren wurden: Kommt die Sonne wirklich wieder? Warum bewegen sich einige Sterne und andere nicht? Wir haben heute vielleicht den Eindruck, dass die frühen Menschen sich dazu mehr oder weniger wilde Göttergeschichten ausdachten, während wir heute die richtigen Antworten haben. Wir wissen doch, warum die Sonne untergeht und die Planeten ihre Bahnen ziehen. Aber das ist ein sehr schlichtes Bild von den Menschen, die wir als »Primitive« oder als vormodern Unaufgeklärte zu bezeichnen gewohnt sind. Wir unterschätzen die Mythen, die Göttergeschichten, die Schöpfungsberichte dieser unserer Vorfahren, wenn wir sie als pure Spekulationen abtun. Sie sind das Resultat langer Erfahrung und intensiver Beobachtung. Irdischer Realismus und himmelsgewandte Spekulationen greifen da ineinander. Es liegt eine Gefahr darin, dass wir die alten Kosmologien, die alten Welterklärungsversuche abklopfen und herausdestillieren, was unsere Vor-Vor-Vorfahren im heutigen naturwissenschaftlichen Sinne richtig hingekriegt haben. Kommt der Rest ins Museum für erledigte Fälle, in dem der Fortschritt der Menschheit vom mythischen Irrtum zur wissenschaftlichen Wahrheit ausgestellt ist?

Gerade ist zu lesen, dass Wissenschaftler die Daten von über 15 000 Menschen ausgewertet haben, und das Ergebnis lautet: Sternzeichen sagen nichts über den Charakter eines Menschen. Ein Zusammenhang zwischen dem Sternkreiszeichen und den Charaktereigenschaften lässt sich wissenschaftlich nicht belegen.[34] Abgehakt. Es wird alle die, die Horoskope lesen oder die sich ihren Partner dem passenden Sternzeichen entsprechend aussuchen, nicht beeindrucken. Bemerkenswert an solchen Studien ist eigentlich die respektlose Hybris, die kurzerhand als Aberglauben abtut, was den Menschen über Jahrtausende hin und über viele Kulturen hinweg wichtig gewesen ist. Vielleicht haben unsere braven Empiriker ja recht, aber sie schänden mit ihrer banalen Rechnerei uralte kulturelle Traditionen. Die triumphierenden Ergebnisse dieser Studie erinnern ein wenig an Jeremy Bentham, den Begründer des Utilitarismus. Jeremy Bentham, der sich im 19. Jahrhundert dafür aussprach, das indische Taj Mahal niederzureißen, weil dieses Bauwerk ja doch nur der Ausdruck eines religiösen Wahns sei. Seit Jahrtausenden spielen die Beobachtung der Sterne und die Wahrnehmung der Tierkreiszeichen am Firmament eine große religiöse und ästhetische Rolle. Ob Cicero oder Wallenstein: An der Bedeutung der Gestirne für das Leben der Menschen gab es in Babylonien, im Römischen Reich, in der mittelalterlichen Theologie keinen Zweifel. Über Tausende von Texten, von Fresken, von Skulpturen legt sich nun die platte empirische Feststellung, all das sei Aberglaube. Fünfzehntausend Fragebögen, und die Sache ist geklärt. Wie gesagt: Vielleicht haben die Forscher ja recht, aber sie legen ihre banalen Ergebnisse auf eine sprudelnde Quelle kultureller Lebensäußerungen. Vor allem aber bleiben sie blind wie die Maulwürfe für ihren Anthropozentrismus und ihre Verfangenheit in ihren begrenzten Horizont. Ihre geheime Botschaft lautet: »Uns beeinflusst gar nichts. Schon gar nicht der Kosmos.« Die hybride kosmologische Ignoranz rechtfertigt sich aus fünfzehntausend ausgefüllten Fragebögen, in denen viertausend Jahre des Glaubens, des Hoffens, des Zweifelns zu Asche verbrannt werden. »Nacht muss es sein, wo Friedlands Sterne strahlen«, heißt es in Schillers Drama, als Wallenstein sein Geschick noch einmal zu wenden versucht. Mir scheint, dass dieser Satz – auch wenn aus ihm krude abergläubische Astrologie hervorschaut – länger nachhallt als der Satz der zitierten Wissenschaftler: »Wir fanden überhaupt keinen Zusammenhang zwischen dem Zeitpunkt der Geburt und der Persönlichkeit der Menschen. Der Einfluss des Geburtsdatums auf die Intelligenz war allenfalls minimal.«

Die Rede vom Himmel – sie hat sich immer gespeist aus Spekulationen und Beobachtungen. Und das spiegelt sich bis heute in der zweifachen Bedeutung des Begriffs »Himmel«. Sage ich: »Am Himmel sehe ich ein Flugzeug« – dann rede ich vom naturwissenschaftlich-räumlichen Tatbestand. Sage ich: »Der Himmel hängt voller Geigen« – dann rede ich »metaphorisch«, rede sinnbildlich und meine eine andere Wirklichkeit als die der Stratosphäre, des Greifbaren und Fassbaren. Man kann natürlich fragen, ob sich die bildliche Rede vom Himmel noch lange halten kann, wo doch nichts mehr von ihm erwartet wird? Wie lange kann sich das Symbol Himmel noch halten, wenn es doch von den Vorräten zehrt, die seit Urzeiten in ihm aufbewahrt sind? Es ist absehbar, dass der Himmel schrumpft und schrumpft – in dem Maße, wie seine symbolischen Quellen austrocknen. Und irgendwann wäre dann die Ambivalenz aus dem Begriff verschwunden, und es bliebe nichts als der Himmel, der dann zur altmodischen Bezeichnung für das leere Universum degradiert sein wird.

Wenn ich den Abendhimmel mit seinem riesigen rotgoldenen Mond anschaue, wie er gestern zu sehen war, dann denke ich nicht an den Urknall und das sich mit rasender Geschwindigkeit ausdehnende Universum. Mir kommt in solchen Momenten eher Anaximander in den Sinn, der antike Philosoph, der sich den Himmel als dunklen Plafond mit Löchern vorgestellt hat. Durch diese Löcher hindurch scheinen die Sonne und die Sterne – und künden von einer Feuerwelt, die hinter dem Himmel liegt und die durch diese Löcher zu sehen ist.

Die Sehnsucht der Steine

WIR STEHEN UNTER dem Einfluss einer vereinseitigten kopernikanischen Wende, die die Ehrfurcht des Kopernikus vor der Schöpfung, die für ihn grundlegend war, vergessen hat und sich ausschließlich auf den kosmologischen Umsturz bezieht. Wir erklären inzwischen gewohnheitsmäßig Himmelsphänomene rational-naturwissenschaftlich. Das ist unser gegenwärtiges Denkgebäude, das wir gar nicht mehr als nur eine mögliche Sicht auf den Kosmos unter anderen begreifen.

Nehmen wir einen Stein in die Hand und lassen ihn fallen. Wir wissen: Hier wirken die Gravitationsgesetze. Der Gebildete denkt an Isaac Newton und seine physikalischen Experimente. Sehen wir den Stein fallen, dann ist das eine Frage der Schwerkraft: Die Schwerkraft ist die wirkende Ursache. Ein mittelalterlicher Gelehrter hätte ganz anders geredet und gedacht. Er hätte gesagt: Der Stein hat den Wunsch, sich der Erde zu nähern. Warum hat der Stein diesen Wunsch? Nun, der natürliche Wunsch des Steins ist es, so nahe wie möglich am Busen der Natur zur Ruhe zu kommen. Die Erde ist – so hätte der Gelehrte formuliert – die *causa finalis,* die endgültige Ursache für die Bewegung des Steins zur Erde.[35] Unsere Erklärung ist richtig, die des mittelalterlichen Gelehrten ist nach unseren Maßstäben unhaltbar, aber schön. Unser Reden vom Gravitationsgesetz entseelt die Natur, was wohl die Voraussetzung dafür ist, dass wir so mit ihr umgehen, wie wir das heute tun. Die Steine, die in einer gotischen Kathedrale ihre Schwerkraft überwinden und zu einem über uns schwebenden Himmel zusammengefügt sind, sind eben nicht nur Baumaterial, das den Gesetzen der Schwerkraft gehorcht, sondern tragen – so würden es die mittelalterlichen Baumeister gesehen haben – mit ihrem Schweben zum Lob Gottes bei. Diese Sache mit dem Stein macht vielleicht deutlich, wie groß der Unterschied zwischen dem Denken unserer mittelalterlichen Vorfahren und uns ist. Wir sehen allein den Fortschritt und übersehen den Verlust. Das Wunder, dass der Stein da oben schwebt und zum Lobgesang beiträgt, dass er singt, versimpelt sich, ja degeneriert zum architektonischen Kunststück. Versetzt man sich einen Augenblick in die Empfindungen der Vorfahren, dann entdeckt man mit Entsetzen, wie inhaltsleer die Kunststückchen mancher zeitgenössischer Architekten sind, die darum wetteifern, wer das höchste Gebäude der Welt baut – und außer diesem Element der Leistungskonkurrenz ist da nichts. Waren die mittelalterlichen Baumeister nicht doch bewundernswerter, die ihre Steine fugenlos aufeinanderzuschichten wussten, von denen jeder einzelne seine Sehnsucht, zur Erde zurückzukehren, überwinden musste?

Und da kommt dieses Dreigestirn Kopernikus, Galilei, Kepler und nimmt der Erde ihre Stellung in der Mitte des Kosmos – und nimmt den Steinen ihre Sehnsucht und der Kathedrale ihren Sinn und der Schöpfung ihre Beseeltheit.

Diejenigen, die damals den Neuerern widersprochen haben, die erscheinen uns vielleicht als dumm, eigensinnig, verbohrt. Die Zeit – so sagt man wohl – ist über sie hinweggegangen, aber vielleicht ist es uns möglich, den Schmerz zu erahnen, den Zusammenbruch zu spüren, die Angst zu erfassen, die der kosmologische Umsturz mit sich brachte. Da wehrten sich nicht nur diejenigen, die von der alten Ordnung profitierten, sondern auch die, die das Verschwinden der Beseeltheit von Himmel und Erde erahnen konnten.

Die Geschichte von der Sehnsucht der Steine könnte uns eine Lehre sein. Zu sehr sehen wir uns bisweilen als naturwissenschaftliche Supermänner, die das Zeitalter des Aberglaubens überwunden haben und nun an der Schwelle immer neuer Erkenntnisse über Himmel und Erde stehen. Da unterschätzen wir die Menschen, die in früheren Zeiten gelebt haben.

Unterschätzte Weisheit

So EINFACH IST das nicht, dass die Primitiven vor uns den Himmel als Ort der Götter gesehen haben, wo wir heute Raumfähren bauen. Musterhaft für die platte Arroganz ist der Spruch des sowjetischen Astronauten Juri Gagarin: »Ich habe da oben keinen Gott gesehen.« Was von einer immensen Unkenntnis im Blick auf religiöses Denken zeugt, das »Gott« auf die Ebene der sinnlichen Wahrnehmungsfähigkeit des modernen Menschen herunterholt.

Es könnte das stolzgeschwellte, astrophysikalisch munitionierte Bewusstsein der Zeitgenossen ein wenig primitiv wirken, wenn man betrachtet, was die Vorgänger, die vom ausgemessenen Urknall nichts wussten, die keine Raumsonde zum Mars geschickt hatten und die nicht den Mond persönlich ausgeforscht haben, alles bedacht haben. Ein Blick auf ihre Welterklärungsmodelle zeigt sie als weit weniger naiv als den sowjetischen Raumfahrer. Vor allem zeugen die alten Kosmologien von keiner Eiapopeia-Welt. Chaos, Gefahr, Angst, ja Mord und Totschlag zeugen davon, dass die Entzauberung des Kosmos beginnt, sobald die Menschen über die Entstehung der Welt nachzudenken beginnen.

Die Mythen und frühen kosmologischen Theorien kamen ja nicht nur aus der wilden Phantasie der Menschen, sondern aus der Beobachtung – auch wenn sie vielleicht mit anderen Augen beobachtet haben. Wenn der Himmel zum Beispiel als kristallene Kuppel verstanden wird, die riesige Wassermengen zurückhält (und deshalb blau ist), dann erklärt das nicht nur den Regen, der von oben kommt, sondern man weiß sofort, dass die Kuppel auch brechen kann – und dann ist die Sintflut da: eine Mischung aus Beobachtung und Chaosangst, sehr realistisch, wenn man so will. Die alten Mythen und die Kosmologien der Religionen sind immer Versuche gewesen, Erfahrung,

Beobachtung, Daseinsangst, Hoffnung, irdische Endlichkeit und Sehnsucht miteinander zu verknüpfen.

Eine Trennung zwischen naturwissenschaftlichen und religiösen Aspekten konnte es für unsere Vorfahren, so wie wir das für selbstverständlich halten, nicht geben. Die mythischen Erzählungen haben immer auch höchst rationale Dimensionen eingeschlossen. Im Mythos ist beides vereint: der Himmel als Teil der (physikalischen) Welt und der Himmel als Sitz der Götter. Weltwissen und Sinnerfahrung waren verschränkt – etwas, was wir uns kaum noch vorstellen können. Das war auch in die Sprache verschiedener Völker so eingelagert: t'ien bezeichnet im Chinesischen seit vorkonfuzianischer Zeit den Himmel so gut wie den Himmelsgott.[36] Im Englischen allerdings wird sprachlich zwischen *sky* (naturwissenschaftlich) und *heaven* (religiös) unterschieden.

Von den Eskimos wird berichtet, dass sie Dutzende von Bezeichnungen für »Schnee« haben, und man kann sich sogleich vorstellen, warum. Im Altägyptischen finden sich entsprechend drei Dutzend Bezeichnungen für den Himmel, und wir bekommen eine Ahnung davon, wie wichtig das Himmelsgewölbe in diesen Zeiten und für diese Menschen gewesen ist. Es gilt allerdings gleich noch hinzuzufügen, dass Ägypten eine Besonderheit aufweist: Fast in allen Kulturen ist der Himmel männlich und die Erde weiblich. Der Regen wird oft als die Befruchtung der weiblichen Erde durch den männlichen Himmel verstanden. In Ägypten ist das umgekehrt: Der Himmel ist weiblich. Der Himmel kann im Altägyptischen also »die kühle Flut« heißen (der Himmel wird als Ozean vorgestellt), die »Sich-Neigende« (die sich über den Erdgott beugt), die »Erhobene« (das heißt, die vom Luftgott hochgehaltene Himmelsgöttin). Oder: der »Ausgespannte« (will sagen: das Himmelszelt), der »Gebaute« (das Firmament), der »Leuchtende« usw. Das Deutsche kennt diese sprachliche Himmelsvielfalt nicht, aber es verfügt über mehr Bezeichnungen für den Himmel, als man im ersten Augenblick denken würde. Sie lassen sich in eher naturwissenschaftliche Bezeichnungen und in eher religiöse Begriffe unterteilen. Zum Beispiel: Troposphäre, Atmosphäre, All, Äther, Kosmos, Universum, Weltall, Weltraum einerseits und Abrahams Schoß, Jenseits, ewige Jagdgründe, Paradies, ewige Seligkeit andererseits.

Viele frühe Kosmologien haben Himmel und Erde als ein Ganzes gesehen – wie es bei uns in dem Begriff »Welt« eingelagert ist. »Als Himmel und Erde noch nicht getrennt waren«, heißt es oft in China. Auch bei den Ägyptern stand die ungeschiedene Einheit von Himmel und Erde am Anfang. Der Luftgott *Schu*, der auf dem Leib des Erdgottes steht, hebt die Himmelsgöttin, die auf dem Erdgott ruht, in die Höhe – und damit beginnt die Trennung von Himmel und Erde. Im Inneren Afrikas meinte man, der Himmelsgott (Obatalla) habe auf der Erdgöttin (Odudua) gelegen; das Paar befand sich eng gepresst in einem Ei (oder in einem Kürbis). Ein Ehestreit hat die Trennung beider und das Emporsteigen Obatallas ausgelöst.[37] Wer müsste da nicht – ein wenig spöttisch – an den Urknall, von dem unsere Astrophysiker reden, denken?

Die Kosmologien der Völker sind mehr als nur das Ergebnis langer Naturbeobachtung; sie erzählen auch vom bitteren Ernst des Lebens, von Tragödie, Angst und Hoffnung.

Dennoch werden sie oft unterschätzt, auch im Blick auf ihren immer noch gültigen Erkenntniswert. Wir sollten uns vor einer schulterklopfenden Herablassung hüten, die sagt: »Ihr habt ja manches auch schon geahnt, was wir heute wissen. Ihr habt ja im Grunde auch schon vom Urknall geredet.«

Erinnern wir uns an die frühen Zeiten der griechischen Kultur: Die altorphische Kosmogonie redet von einem Ei, das vom Wind befruchtet wird und platzt, um dann Himmel und Erde aus sich herauszusetzen.[38] Man muss nun nicht versuchen, diese Erzählungen vom »Anfang« mit den modernen astronomischen und astrophysikalischen Theorien in Übereinstimmung zu bringen. Dass die Schöpfungsgeschichte, so wie sie in der Bibel berichtet ist, mit den fortgeschrittenen astrophysikalischen Erkenntnissen vereinbar ist, haben manche Wissenschaftler betont. Aber irgendwie ist das für beide Beteiligte ein armseliges Argument, es klingt nach einer kniezitternden Verteidigungsrede. Die Schöpfungsgeschichte und die Urknalltheorie argumentieren auf verschiedenen Ebenen, mögen sie nun kompatibel sein oder nicht: Das sagt über ihre jeweilige Gültigkeit nichts.[39]

Wenn die Menschen – vor der heutigen Astrophysik – über den Ur-Ur-Ur-Anfang von allem nachdenken, dann kommen sie offenbar immer wieder auf das Ei oder eine ähnliche Urform: Bei den griechischen Orphikern im 6. und 5. Jahrhundert v. Chr. zum Beispiel ist es das Ei – in Afrika ist es ein Kürbis. Urbilder der Fruchtbarkeit, des Gebärens, des Entstehens. Das stecknadelkopfgroße Energiebündel, das dem Urknall vorausgeht, von dem die Astrophysik spricht, kann man in dieser Reihe sehen. Selbst die zeitgenössischen Physiker wie Stephen Hawking sind offenbar genötigt, auf dieses Bild von einem energetischen Ur-Ei zurückzugreifen, das nun kleiner ist als ein Stecknadelkopf, aber doch wie die Bibel und wie viele Kosmogonien von einer Entstehung aus dem Nichts spricht. Am Anfang war alles eins, war alles Ruhe, war alles Einheit – ist das der naturwissenschaftlich-religiöse Urgedanke, der alle eint? Bevor das Göttergetümmel anfängt, bevor die Teilchen herumfliegen, bevor Liebe, Hass, Krieg, Frieden möglich werden?

Die Entzauberung des Himmels, das zeigen diese Überlegungen, beginnt also nicht mit dem Dreigestirn Kopernikus, Galileo und Kepler. Sie gehört an den Anfang des Denkens, sie ist in der Kosmologie der Griechen schon spürbar. Und die hebräische Schöpfungsgeschichte setzt ganz an den Anfang – kaum sind Himmel und Erde geschaffen – die Vertreibung aus dem Paradies, und der Mord des Kain an seinem Bruder Abel

folgt auf dem Fuße. Kosmologie, Himmelslehre, ist von Anfang an auch die Lehre von den Schrecken der Welt.

Gehen wir aber noch einen Schritt weiter zurück und schauen
in die Vorgeschichte der Menschen.

Steinzeitliche Klugheit

WIE HAT DAS alles angefangen? Hatten die Steinzeitmenschen einen Begriff von der Welt, vom Kosmos? Sie waren den Naturgewalten direkter ausgeliefert, als wir es uns vorstellen können. Sie hatten sehr viel Zeit, in den Himmel zu schauen, den Frühling und die Wiederkehr der Zugvögel zu beobachten – wir haben keinen Anlass, dieses Wissen aus heutiger Perspektive geringzuschätzen.[40] Wie viel diese Menschen gewusst haben, kann man in Stonehenge sehen, wie viel sie gekonnt haben, an den Felszeichnungen in Südfrankreich, Spanien und anderswo ablesen. Bernulf Kanitscheider vermutet, dass der Mensch der Prähistorie keinen Welt- und keinen Kosmosbegriff hatte.[41] Vielleicht kein Wort dafür hatte, aber vielleicht doch – wie man in Stonehenge und in Altamira sehen kann – eine Vorstellung von Himmel und Erde? Es gibt die lehrreiche Geschichte von der Entdeckung der Zeichnungen aus der Eiszeit: Im 19. Jahrhundert wurden die ersten Zeichnungen dieser Art in Frankreich gefunden. Und in dieser Zeit des überzeugten Evolutionismus wurden diese Höhlenzeichnungen zunächst als Fälschungen angesehen, weil man diesen Steinzeitmenschen so etwas nicht zutraute – man stellte sie sich eher als grunzende Barbaren mit niedriger Stirn und Keule in der Hand vor. Betrachtet man aber die Zeichnungen, könnte der Verdacht aufkommen, dass sie sehr viel klüger, erfahrener, umsichtiger waren, als wir denken. Kanitscheider meint, diese Urmenschen hätten die Umwelt in lebensdienliche und lebensfeindliche Teile gegliedert, »aber es bestand kein Anlass zu einer Begriffsbildung, zur Konstitution einer Menge, die alle sichtbaren Phänomene mit einem sprachlichen Zeichen belegt.«[42] Ja richtig, sie hatten noch kein Statistisches Bundesamt. Aber ob ihre Bobachtungsgabe und ihre Fähigkeit zur Abstraktion nicht doch größer war, als wir denken, steht dahin.

In Stonehenge, angesichts der vielerorts zu findenden Megalithe und Dolmen sowie anderer steinerner Zeugen früher Zeiten, ist der moderne Mensch geneigt, zuerst die Frage zu stellen: Wie haben die das gemacht? Wie haben die den Dolmen, die berühmte Grabstätte von Sotho (bei Sevilla), die eine Länge von 21 Metern hat, gebaut? In Los Millares hat man eine Totenstadt mit hundert riesigen Ganggräbern freigelegt. Die neolithischen Menschen, die diese Nekropole errichtet haben, haben offenbar selber in bescheidenen, vergänglichen Wohnstätten gelebt.[43] Für die Toten die Unverwüstlichkeit des Steins, für die Lebenden Stroh und Lehm. Der moderne Stadtbewohner, der die Asche seiner Verstorbenen in den Friedwald streut und sich ein steinernes Haus gönnt: Wird der nicht ein wenig blamiert von dem Steinzeitmenschen, der alles für seine Toten gibt? Vielleicht wäre der Steinzeitbewohner, könnte er uns sehen, angesichts unserer Verfallenheit an den Augenblick und unseres Besitzes verblüfft und entsetzt? Hans Blumenberg schreibt über den prähistorischen Menschen:

»Wir werden es schwerlich begreifen, was es bedeutete und was dazu gehörte ... den Blick aus der Sphäre der biologischen Signale heraus zu erheben und das Unerreichbare in die Aufmerksamkeit hineinzuziehen. Sterne zu sehen, ist ein Inbegriff des Mehr, das der Mensch als Nebenprodukt seines aufrechten Ganges zu seiner bedrängten Alltäglichkeit hinzuzufügen vermochte. Anders als der flüchtige und gelegentliche, aber auch anders als der auf Positionskataloge und Fotografie vertrauende Blick zum gestirnten Himmel muss die frühe menschliche Wahrnehmung vorgestellt werden als Insistenz von langem Atem, der noch die langsamen Verrückungen der Planeten als Bahnfiguren sich einprägen« kann.[44]
Es geht, wie man sieht, nicht auf: das Bild von dem modernen Fortschrittsmenschen, der zurück-, ja herunterblickt auf die

Vorfahren in allen denkbaren Kulturen als solche, auf die vor allem ein »Noch nicht« zutrifft. Ihre Fähigkeiten, Beobachtungen und Erfahrungen zu verarbeiten, ja man muss sagen: kritisch zu reflektieren – diese Fähigkeiten verlangen uns Respekt ab.

Wer über den Himmel nachdenkt, der könnte versucht sein, sich ganz auf die Linie des Entdeckens und Erforschens zu verlegen und dann eine Evolutionsgeschichte zu präsentieren, die vom Jäger und Sammler, der sich den kosmischen Kräften ausgesetzt sieht, bis zum Astrophysiker des 21. Jahrhunderts, der fast alles über das Universum weiß, zieht. Es könnte indessen auch verlockend sein, die Erzählung umzudrehen und eine Verlustgeschichte zu schreiben, in der am Anfang die Erfahrungsschätze der einfachen Menschen beschrieben sind, die unendlich viel wussten über Gestirne und über den Kosmos, bis zu unserer Gegenwart, in der die, die nicht gerade Fachleute sind, eigentlich nichts mehr wissen, kosmologisch verarmt sind und ihre dürftigen Kenntnisse aus Science-Fiction-Filmen, Magazinen mit Weltraumbildern und Fotografien aus der Raumstation zusammenbasteln. Eine scheinbare Rationalität, hinter der doch die Frage heimlich lauert: Und was ist mit mir? Bin ich mehr als ein Nichts in diesen unendlichen Räumen? Es ist die Frage, ob dieser naturwissenschaftliche Monismus, der Klaustrophobie auslöst, wenn man seiner gewahr wird, ob dieser Monismus brüchig werden könnte, weil er die Sehnsüchte der Menschen systematisch ignoriert. Morgens das neueste Bild vom Saturn und nachmittags heimlich das Horoskop angeschaut: Haben wir es mit einem astrophysikalischen Infantilismus zu tun? Können Fragen, wie sie Kurt Marti formuliert, hinter der nächsten Ecke wieder hervorkommen und die Menschen neu beleben?

»Gibt es Wunder?«, fragte der 1921 geborene Berner Pfarrer. Und fuhr fort: »Uninteressante Frage. Ich kenne ein einziges, an das ich nicht glauben könnte, wenn ich nicht daran Anteil

hätte: das Leben in all seinen Formen, melancholisch und ekstatisch, voller Schrecken und Leichtsinn.«[45]
Die Frage nach einer neuen Auffassung vom Himmel, die eine Wiederentdeckung und Wiederbelebung wäre, stellt sich dringlich, wenn man bemerkt, dass der Himmel, den wir kennen, eigentlich zum Aussterben bestimmt ist.

Der vernutzte Himmel

GROSSMUGL – SO HEISST eine kleine Gemeinde im Weinviertel bei Wien. In klaren Nächten kann man in Großmugl bis zu fünftausend Sterne und sogar die Milchstraße sehen. Auf Satellitenbildern entdeckte Günther Wuchterl, der Leiter des *Vereins Kuffner Sternwarte* in Wien, einen kleinen schwarzen Fleck von wenigen Quadratmetern über diesem Dorf Großmugl. Ein astronomisches Wunder: Der schwarze Fleck bedeutet, dass hier des Nachts keinerlei Lichtquellen der Umgebung hinstrahlen. Dabei ist Wien nur rund vierzig Kilometer entfernt. Die Metropole wird von einer Lichtglocke mit einem Durchmesser von hundert Kilometern umhüllt. In Wien selbst sieht man deshalb höchstens hundert Sterne – »alles ist schon mit Licht zugewachsen«, sagt Wuchterl. Den Himmel nimmt man nur wie durch eine Milchglasscheibe wahr. Doch über Großmugl ist der Himmel unendlich. Die Gemeinde – 1590 Einwohner – wird durch den Bisamberg nach Südosten vor dem Licht geschützt und gen Norden durch den Ernstbrunner Wald vom Großstadtlicht abgeschirmt.

In Großmugl bemüht man sich nun darum, das erste *Sternenlicht-Reservat* in Europa zu werden. Bei der UNESCO hat man angefragt, ob sie Großmugl zum »Starlight Reserve« ernennt. Tatsächlich hat sich die UNESCO schon mit den Sternen beschäftigt. Sie hat eine Studie über den Sternenhimmel in Auftrag gegeben, an der Astronomen aus aller Welt beteiligt sind. Drei Arten von Orten werden in dieser Studie genannt:

- Orte, die schon jetzt zum Weltkulturerbe zählen und die einen astronomischen Bezug haben, zum Beispiel Stonehenge in England.
- »Fenster zum Universum« wie die nordchilenische Atacamawüste; vor dort aus sind etwa 8000 Sterne zu sehen.

144

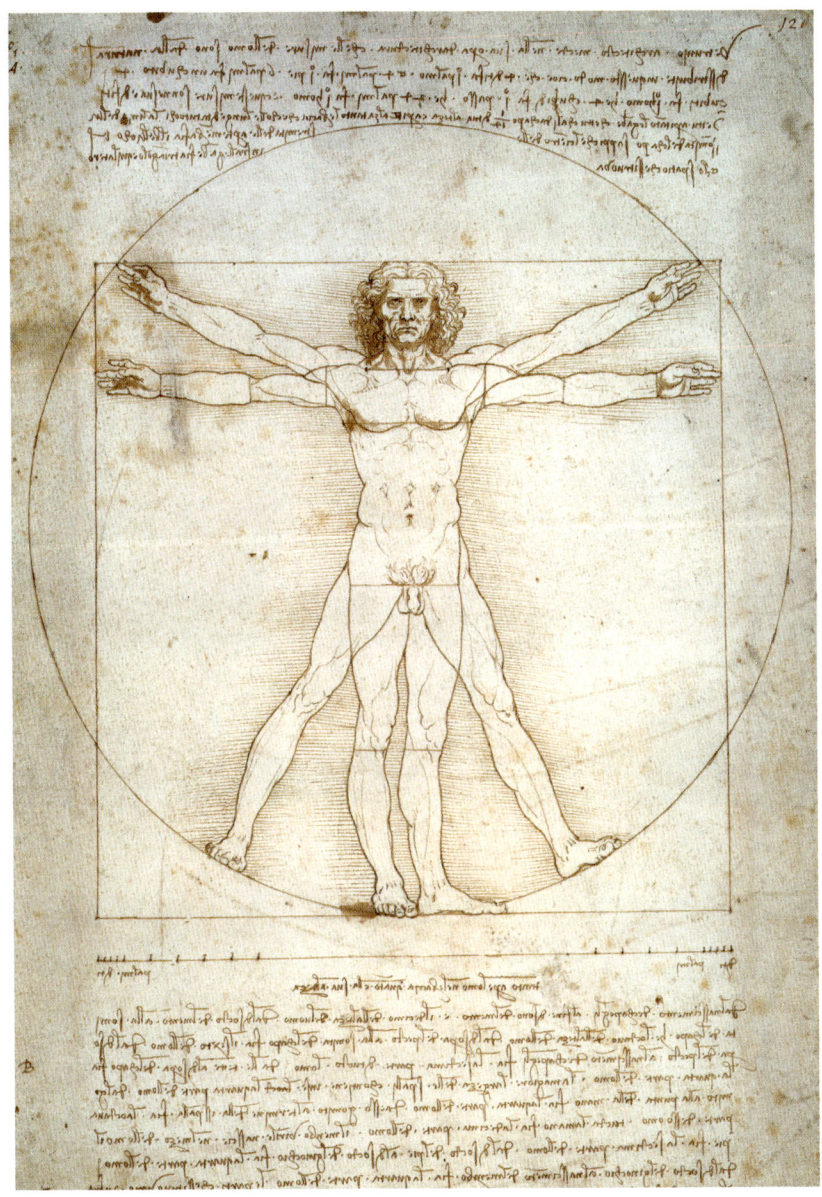

Proportionen
Der vitruvianische Mensch; Zeichnung von Leonardo da Vinci (1492, Galleria dell' Accademia, Venedig): Mikrokosmos und Makrokosmos entsprechen sich, Mensch und Welt stehen in einem proportionalen Verhältnis zueinander.
© Corbis/The Gallery Collection

Der gestirnte Himmel I
Die um den Polarstern kreisenden Sterne; Nachtaufnahme
© Corbis/Scott Smith

Der gestirnte Himmel II
Deckenmosaik im Mausoleum der Galla Placidia in Ravenna (6. Jahrhundert;
Zusammenstellung der beiden Bilder auf dieser Doppelseite nach einer Idee
von G. de Champeux/Dom S. Sterckx: Einführung in die Welt der Symbole,
Würzburg 2. Auflage 1993, Abb.2)
© Corbis/Sandro Vannini

Oben: Kosmologie I
Sarkophag des Butehamun; Ägypten, 21. Dynastie, 1069 bis 945 v. Chr; im Akt der Schöpfung hält der Luftgott die Himmelsgöttin Nut empor und trennt sie damit von ihrem Brudergatten, dem Erdgott Geb: Nut wölbt sich fortan wie das Himmelsgewölbe über die Erde. Bemerkenswert hieran ist die Tatsache, dass der Himmel in den meisten Kosmologien männlich ist.
© *akg-images/Werner Forman*

Oben: Himmelsstadt

Das Himmlische Jerusalem; aus der Apokalypse von Angers (1373–1387), eine Serie von Wandteppichen, gewebt für Ludwig I., Herzog von Anjou; die Christen erwarten am Ende der Zeiten das Himmlische Jerusalem, mit dem dann auch das verlorene Paradies wiederkehrt, das am Anfang aller Geschichte verlorenging.

© akg-images/Erich Lessing

Links: Kosmologie II

Metope aus dem Zeustempel in Olympia; 5. Jahrhundert v. Chr.: Herakles trägt mit Hilfe der Göttin Athene den Himmel. Atlas steht ihm gegenüber und reicht ihm die goldenen Äpfel aus dem Garten der Hesperiden.

© Album/Prisma/AKG

Erde und Kosmos I

Der Sternenhimmel ist auf die Erde projiziert: Die großen Bevölkerungzentren der Erde leuchten heute heller als das Firmament – das in diesen Regionen kaum mehr wahrgenommen werden kann.

© *Corbis/Reuters Photographer*

Erde und Kosmos II

»Er spannt den Norden aus über dem Leeren und hängt die Erde über das Nichts« (aus: Altes Testament, Buch Hiob 26,7): Erde und Mond, am 6. Mai 2010 von der Messenger-Sonde aus 183 Millionen Kilometern Entfernung aufgenommen.

© *NASA/Johns Hopkins University Applied Physics Laboratory, Carnegie Institution of Washington*

Erde und Kosmos III
Allianz-Kai in Frankfurt am Main: Die Grenzen zwischen Himmel und Erde
verschwinden.
© *Corbis/George Hammerstein*

Himmelswesen I
Der Erzengel Michael und der Drache; Illustration in einem Evangeliar aus dem 10. Jahrhundert; Engel sind Boten zwischen Himmel und Erde: deshalb weist ein Flügel des Engels nach unten zur Erde, einer nach oben zum Himmel.
© Corbis/Stapleton Collection

Himmelswesen II
Die Aufnahme aus dem Space-Shuttle Challenger zeigt den Astronauten Bruce
McCandless während eines Außenbord-Manövers auf einem Fluggerät mit
eigenem Antrieb, frei nach Novalis: »Wir träumen von Reisen durch das Weltall: Ist denn das Weltall nicht in uns? Die Tiefe unseres Geistes kennen wir
nicht. Nach innen geht der geheimnisvolle Weg. In uns und nirgends ist die
Ewigkeit mit ihren Welten, die Vergangenheit und Zukunft.« (in: Blüthen-
staub, 1798)
© *Corbis*

Die stymphalischen Vögel I

Die stymphalischen Vögel; Gemälde nach einem Aquarell von Albrecht Dürer (1500, Kunsthistorisches Museum Wien): Diese Ungeheuer besaßen eiserne Schnäbel, Klauen und Flügel und konnten mit ihren metallenen Federn, die sie wie Pfeile abschossen, sogar die Rüstungen der antiken Krieger durchdringen; Herkules hatte die Aufgabe, die stymphalischen Vögel auszurotten – mit zwei Metallklappern scheuchte er die Vögel auf und tötete sie anschließend mit vergifteten Pfeilen.

© Getty Images/Bridgeman Art Library

Die stymphalischen Vögel II
Der amerikanische B29-Bomber *Bockscar* warf am 9. August 1945 die Atombombe *Fat Man* über der japanischen Stadt Nagasaki ab; infolge der unmittelbaren Zerstörungen und der Strahlenbelastung kamen nach späteren Schätzungen etwa 140 000 der 200 000 Einwohner um.
© *Corbis*

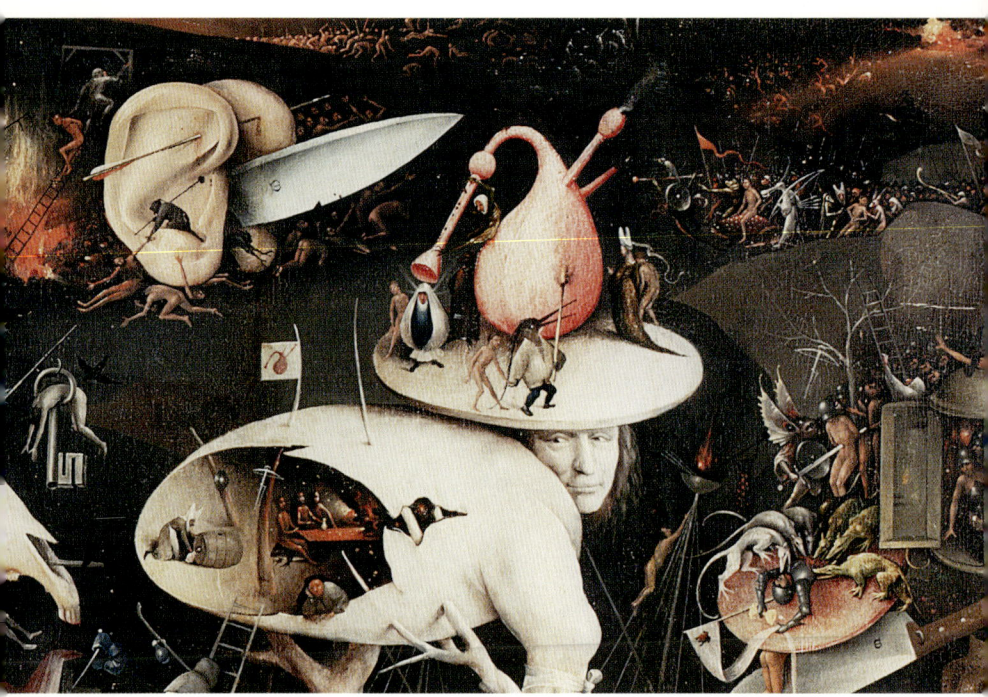

Oben: Ohne Himmel und ohne Horizont I
Die musikalische Hölle; Ausschnitt aus dem rechten Innenflügel des Triptychons *Der Garten der Lüste* von Hieronymus Bosch (um 1500, Museo del Prado, Madrid); Bosch zeigt, was es bedeutet, wenn der Himmel verschwindet: Eine grenzenlose Hölle droht an dessen Stelle zu treten. John Berger meint, in dieser Höllenlandschaft unsere gegenwärtige Lage zu erkennen: »Wir finden … keinen Horizont. Es gibt keine Kontinuität zwischen den Handlungen, keine Pausen, keine Wege, keine Muster, keine Vergangenheit und keine Zukunft.« (in: Gegen die Abwertung der Welt, München 2001, S. 160)
© *Corbis/Francis G. Mayer*

Rechts: Ohne Himmel und ohne Horizont II
Hoffnungslosigkeit: Hunderttausende von Kindern leben auf den Müllkippen der Dritten Welt – wie dieser Junge in Mexico City.
© *Corbis/Owen Franken*

Der Himmel und das Überleben I
Die Taube bringt Noah einen Olivenzweig – ein sichtbares Zeichen für das
Ende der Sintflut; Buchmalerei aus dem Beatus von Gerona (10. Jahrhundert,
Kloster San Salvador de Tábara/Spanien)
© *akg-images/Erich Lessing*

Der Himmel und das Überleben II
US-amerikanische B29-Bomber werfen am 29. Mai 1945 Hunderte von Brand-
bomben über der japanischen Stadt Yokohama ab.
© *Corbis*

Der gefundene Himmel

»Wäre einem die Gnade gewährt, den Himmel zu finden, dann wäre nichts weiter nötig, als etwas so Kleines und Naheliegendes wie einen Kiesel oder einen Salzstreuer vom Tisch in die Hand zu nehmen.« (aus: John Berger: *Gegen die Abwertung der Welt*, München 2001, S. 11)

– »Oasen des Lichts« wie Großmugl – Orte, die für Menschen leicht erreichbar sind und einen besonderen Anblick des Sternenhimmels erlauben.

Großmugl will ein »Recht auf Sternenlicht« durchsetzen und hat bereits die *La Palma Deklaration* unterzeichnet: ein Maßnahmenkatalog, den Astronomen erarbeitet haben, um der zunehmenden Lichtverschmutzung zu begegnen.

Aber ist der Sternenhimmel ein »Weltkulturerbe«? Das wäre doch wohl ein Ausdruck menschlichen Größenwahns. Die Sterne sind ja kein Besitz der Menschen, den sie vererben könnten. Aber vielleicht kann man dem österreichischen Kulturministerium zustimmen, aus dem verlautet: »Es ist sehr wohl ein Kulturgut, seinen Blick gen Himmel zu erheben.«

Dieser Blick in das helle Blau des Tages oder das sanfte Blau der Nacht ist längst selten geworden.

Wann haben Sie zum letzten Mal die Milchstraße gesehen? Die Antwort dürfte vom Alter abhängen: Nur alte Menschen erinnern sich in der Regel noch an die leuchtende Lichtbrücke, die sich einst über dem samtblauen Himmel wölbte. Junge Menschen dagegen kennen die Milchstraße oft nur noch vom Hörensagen. Sie ist verschwunden, verschluckt von der Lichtflut unserer Zivilisation, die den Himmel überschwemmt.[46]

Man muss heute schon an das Ende der Welt fliehen, um die Milchstraße in ihrer betörenden Pracht zu sehen.

Ich fliehe von Zeit zu Zeit an einen solchen Ort, ein Wüstengebirge im südlichen Afrika, in Namibia. Man muss sich einen Rucksack auf den Rücken schnallen, für ein paar Tage Essen einpacken, eine Schlafmatte und vier Liter Wasser. Die muss ich bei mir haben: Es gibt keine Quellen in diesem Gebirge, sondern nur Höhlungen, in denen Wasser aus der letzten Regenzeit übrig geblieben ist. Und so muss ich viel Wasser mit mir tragen, damit das nächste Wasserloch erreicht wird. Viele Stunden steige ich bergauf durch – wie man so sagt – »unwegsames« Gelände. Wege gibt es nicht wirklich. Hier und da kann ich im Schatten eines Drachenbaums ausruhen und wieder langsam atmen. Am dritten Abend dann habe ich die Höhe erreicht und liege unter dem Baldachin des Himmels. In der kurzen Tropendämmerung spiegelt sich der Himmel auf den glatten Felsplatten, so dass sie in ein zartes Violett getaucht sind. Wenn es zuvor geregnet hat, wächst zwischen den Felsplatten eine rauschhafte Fülle von Wüstenblumen, als würde die Erde aufplatzen und sagen wollen: Diese rote, blaue, gelbe Pracht verbirgt sich in dem kargen Sand, ich zeige sie euch nur kurz. Wasser aus den kleinen Höhlungen, ein bisschen Suppe, sonst lenkt nichts den Blick vom Himmel ab. Zwischen zwei Bergkanten, die ein V bilden, versinkt die riesenhafte Sonne, so schnell, dass ich meine, ihre Bewegung sehen zu können. Wenn ich den Kopf drehe, sehe ich direkt gegenüber, nur Minuten später, den Vollmond aufsteigen, schneeweiß und ebenfalls riesengroß. Wer wäre da nicht ergriffen? Und als wäre das nicht genug, blitzen wenig später die ersten Sterne am samtblauen Firmament auf. Ich liege und schaue in den Himmel, wie ein Licht nach dem anderen aufgeht – in stillem Wettkampf mit dem Licht des gelblicher werdenden Vollmondes. Wenn der Mond verschwunden ist, bricht geradezu die Pracht der Milchstraße über mir herein; ich kann ihr weißes Band sehen, die Planeten, die Fixsterne, das eine oder andere Sternbild.

Den Blick in den Himmel, die Wahrnehmung des Kosmos hat sich der Mensch mit der Zeit immer schwerer gemacht. Das hat schon Seneca in seinen *Moralischen Briefen an Lucilius* genau beschrieben. Seneca war der Lehrer des römischen Kaisers Nero und musste sich im Jahr 65 n. Chr. auf dessen Befehl hin das Leben nehmen: Die Menschen früher – so meint er – verbrachten ruhige, von keinem Klagelaut gestörten Nächte.

Uns unter unseren Purpurdecken schüttelt quälende Unruhe, scheucht uns auf und peinigt uns auf grausamste

146

Weise: Welch sanften Schlaf schenkte dagegen jenen anderen der harte Erdboden! Über ihnen schwebte keine kunstvoll verzierte Zimmerdecke; hoch über ihrem Lager zogen unter freiem Himmel die Sterne ihre Bahn, schweigend vollzog das Weltgebäude seinen gewaltigen Umschwung: welch herrliches nächtliche Schauspiel! Bei Tag und bei Nacht bot sich ihnen gleicherweise der Anblick dieses herrlichsten aller Gebäude. Welch Vergnügen, zuzusehen, wie Sternenbilder aus dem Zenit zum Horizont herabsinken, während andere aus dem Verborgenen auftauchen![47]

Nur unter ungewöhnlichen Umständen, die fast ein wenig Mut erfordern, schlafen wir noch unter freiem Himmel, schirmt die Zimmerdecke nicht den Blick auf das Himmelszelt ab. Und wahrscheinlich hat Seneca mit der Vermutung recht, dass die Schlaflosigkeit der Menschen heute, die sich in Sorgen in ihren Betten wälzen, etwas ist, was erst mit dem Prozess der Zivilisation in die Häuser kriecht. Ganz abgesehen von der Frage, ob man unter freiem Himmel anders träumt als in den selbstgeschaffenen Häusern und Hütten.

Vielleicht ist diese selbstgemachte Verhüllung des Himmels auch der Grund dafür, dass Menschen auf Berge steigen, um dem Himmel näher zu sein? Jedenfalls sind Berge in vielen Kulturen heilige Orte, auf denen die Götter wohnen, Orte, an denen man den Göttern begegnen kann, Orte der religiösen Erfahrung. Moses bekommt die Gebotstafeln von Jahwe auf dem Sinai, Jesus betet auf dem Ölberg, und natürlich wohnen die Götter Griechenlands auf dem Olymp. Berge als Orte der gesteigerten Empfindsamkeit. Sind das nur die Reste einer primitiven Kultur, in der man sich auf dem Berg den Göttern näher fühlen durfte, Reste eines Kinderglaubens? Wohl nicht: Der Berg ist eben auch der Ort der Abgeschiedenheit, auf dem man nicht nur geographisch dem Himmel näher ist, sondern zugleich ist der Berg der Ort der Entrückung. Simon, der Säulenheilige, der im 2. Jahrhundert n. Chr. viele Jahre auf seiner Säule verbracht hat, fand sich dort dem Himmel näher, weil er dem Irdischen ein Stück weit entrückt war. Petrarca, 1304 im italienischen Arezzo geboren, steigt auf den französischen Mont Ventoux und fasst seine Empfindungen in die schönsten Worte (Petrarca: Die Besteigung des Mount Ventoux, Stuttgart 1995), während wir auf unserem Wüstenberg vergeblich versuchen, den Augenblick fotografisch festzuhalten:

Und es gehen die Menschen zu bestaunen die Gipfel
  der Berge
und die ungeheuren Fluten des Meeres
und den Saum des Ozeans
und die Kreisbahnen der Gestirne,
und haben nicht acht ihrer selbst.

Am 21. Oktober 1879 begann die Vertreibung des Menschen aus dem Paradies pechschwarzer Nächte: Thomas Alva Edison gelang es an diesem Tag zum ersten Mal, eine verkohlte Baumwollfaser in einem luftleeren Glaskolben mit Hilfe von elektrischem Strom so stark zu erhitzen, dass die Faser zu leuchten begann: Die Glühlampe war erfunden. Nur drei Jahre später verwandelten schon vierhundert Edisonlampen in einem Stadtteil New Yorks die Nacht zum Tag und verkündeten den Sieg des elektrischen Lichts über die Finsternis.[48]
Heute ist der himmlische Raum über uns zunehmend mit Lichtmüll (neben dem Raumfahrtmüll und dem Chemiemüll) angefüllt, ja vielleicht irgendwann ›gesättigt‹. Dann würden wir ihn nachts gar nicht mehr sehen, nur noch unsere eigenen Beleuchtungskörper, vor denen Venus, der Orion oder der Große Wagen verblasst sind. Dieses Verblassen des Himmels ist eines der vielen Menetekel unserer Zivilisation. Klimawandel, das Aussterben von Tier- und Pflanzenarten und eben auch das Ver-

schwinden der Sterne führen uns vor Augen, wie stark die Gegenwart von sieben Milliarden Menschen die Welt verändert:

Dieser Sternenhimmel, den wir Menschen des 21. Jahrhunderts nun allmählich aus den Augen verlieren, war einmal das gemeinsame, kulturstiftende Erlebnis aller Menschen zu allen Zeiten und auf allen Kontinenten. Der Sternhimmel, der alte Philosophenprovokateur, der Sitz der Götter und später des einen Gottes, der Kalender und die Uhr der Menschheit, der Kompass aller Entdecker und Eroberer, das universale Labor der Naturwissenschaftler, kurz: Der kosmische Kulturkreisel unserer Zivilisation ist verschwunden.[49]

Aus dem Weltall erkennt man, dass diese Lichthauben mehr und mehr zu einem einzigen Lichtdom verschmelzen: Der Himmel über unserer Zivilisation leuchtet heutzutage heller als die meisten Sterne. Das Naturschauspiel eines pechschwarzen Himmels mit einigen tausend Sternen und der Milchstraße, mit Planeten und Sternschnuppen und manchmal sogar mit einem Kometen, dieses gemeinsame Naturschauspiel aller Menschen ist verloren.

Slowenien bekämpft übrigens als weltweit erstes Land die Lichtverschmutzung per Gesetz. Nicht zielgerichtet strahlende Lampen sollen mit Reflektoren versehen werden, die das gelbliche Licht nicht streuen und nur die Straße erhellen. Die Regierung in Ljubljana will damit mehrere Ziele erreichen: Weniger Lichtverschmutzung lässt Menschen besser schlafen, schützt nachtaktive Tiere, macht den Sternenhimmel sichtbar und spart obendrein viel Energie.[50]

Seltsam: Wir können den Himmel nur mehr erahnen, aber wir wissen zumindest, dass sich jenseits der Dunst- und Lichtglocke eine blaue Unendlichkeit auftut. Ja, wir wissen auch alles über das Blau des Himmels: Das Sonnenlicht muss erst die

Atmosphäre durchqueren, bis es auf der Erdoberfläche auftrifft. Auf dem Weg dorthin trifft es auf vielerlei Teilchen – Staub, Wassstertröpfchen, die in der Luft schweben, usw. Das Licht wird von diesen Teilchen umgeleitet und in verschiedene Strahlen zerlegt – den Vorgang nennt man Lichtstreuung. Wenn man einen Regenbogen anschaut, sieht man ja, dass das Licht der Sonne – hier durch die herunterfallenden Regentropfen – in seine einzelnen Farben zerlegt wird – rot, orange, gelb, grün, blau, violett. Blaues Licht ist kurzwelliger als (zum Beispiel) rotes Licht und wird deshalb stärker gestreut: Sonst könnte der Himmel rot sein. Wenn die Luft sauber und trocken ist, leuchtet es intensiver blau. Das ist vor allem dann der Fall, wenn es kalt ist. Bei feuchter Witterung oder wenn sich viele Staubpartikel in der Atmosphäre befinden, ist der Himmel eher weißlich oder trüb – so wie wir ihn in unseren Stadtlandschaften mit ihrer Luftverschmutzung an den meisten Tagen des Jahres erleben.

Der Kampf gegen diese Luftverschmutzung wird in den nächsten Jahren – so sagt der Ökonom Ottmar Edenhofer – das Weltvermögen neu verteilen. Die Versteppung von Landschaften oder das Abschmelzen von Gletschern wird da fast zur Nebensache.[51] Warum? Nicht die fossilen Energieträger werden im Laufe des 21. Jahrhunderts knapp, sondern die Aufnahmefähigkeit der Atmosphäre stößt an Grenzen. Wird die Atmosphäre weiterhin eine wilde Deponie sein, in der jeder ablagern kann, was er will – wie bisher –, oder werden wir für unsere Schadstoff-Emissionen zur Kasse gebeten? »Wir haben mehr fossile Energieträger im Boden, als wir in der Atmosphäre ablagern dürfen, wenn wir gefährlichen Klimawandel vermeiden wollen.« Die Konsequenz: Es muss dafür gesorgt werden, dass ein großer Teil der fossilen Vorkommen im Boden bleibt und nicht genutzt wird. Es lagern noch ca. 12 000 Gigatonnen Kohlenstoff im Boden. Wenn das Ziel erreicht werden soll, dass sich die Erde keinesfalls um mehr als zwei Grad er-

wärmt, dann dürfen – so Edenhofer – nicht mehr als 230 Gigatonnen in die Atmosphäre gelangen.

Bisher haben die Industrieländer die Atmosphäre kostenlos
als Sphären-Müllplatz genutzt. Wo unsere antiken und mittelalterlichen Vorfahren die Sphären zunehmender Reinheit
vermutet haben, da lagern die Menschen heute ihren CO_2-
Schmutz ab. Eine radikale Umkehrung. Aus zunehmender
Reinheit ist zunehmender Schmutz geworden.

Und deshalb ist eine Umkehr wichtig: »So wie die Steinzeit
nicht an einem Mangel an Steinen zu Ende gegangen ist, so wird
auch die Ära der fossilen Brennstoffe nicht mangels Ressourcen
auslaufen«, sagt Ottmar Edenhofer. Die fossilen Brennstoffe
werden vielmehr verdrängt von neuen Technologien wie den
erneuerbaren Energien. Und es wird darum gehen, die Ungerechtigkeit, dass die europäischen Industrieländer gewissermaßen den Himmel über Afrika mitbenutzen, zu beenden. Vom
Gelingen dieses New Deal wird vielleicht das Überleben der
Menschen abhängen, und es wird mit einer Umverteilung des
Weltvermögens einhergehen – das jedenfalls prognostiziert
Ottmar Edenhofer. Die Verschmutzung des Himmels erzwingt
eine Revolution. Auch wenn da oben nicht mehr die Götter
wohnen, so scheint doch der Himmel auf eine verquere Weise
eine neue Ordnung der Weltverhältnisse zu erwirken.

Klimakonferenz in Kopenhagen 2009: Eine Erwärmung der
Erdatmosphäre um 3,9 Grad steht bevor und ist wohl nicht
mehr abwendbar. Matthew Stilwell vom *Institute for Gover-
nance and Sustainable Development* stellt fest: Bei der Klimakonferenz geht es gar nicht wirklich um Maßnahmen gegen
den Klimawandel, sondern um die »Atmosphäre als Wertstoffquelle«.[52] Der Kohlenmonoxidausstoß, den die Atmosphäre
vertragen kann, ist begrenzt. Wenn die reichen Länder ihre
Emissionen nicht drastisch reduzieren, verbrauchen sie auch
die »Anteilsrechte« der Südhalbkugel. »Es geht also darum«,
so Stilwell, »den Himmel gerecht zu verteilen.«

Wie kompliziert: Da ergreift jemand die Partei für die armen Regionen, da kritisiert jemand die planetarischen Ausbeutungsmethoden der Industrieländer – und gleichzeitig wird damit eine Ungeheuerlichkeit eingeschleust, die den Himmel börsenfähig macht: Die Menschen verteilen den Himmel! Der Himmel wird zur Wertstoffquelle! Im Grunde kann man sagen: Hier ist der Endpunkt aller Kosmologien erreicht: Himmelsanteile werden zu Wertpapieren, das Geld hat die Anbetung, die Verehrung, das Staunen der Menschen abgelöst. Am Anfang der abendländischen Kosmologie steht Zeus, der den Uranos, »der als Erster die Herrschaft über den Himmel führte«, entmannt.[53] Jetzt – am Ende der Geschichte des Himmels – wird er zu Dollar, Yen und Euro umgemünzt.

Stilwell hat mit seiner Diagnose ja recht: Jeder Europäer (und die anderen Bewohner von Industrieregionen) trägt auf seinem Kopf einen Kubus von einem Kilometer Kantenlänge, und dieser Kubus entspricht seinem (durchschnittlichen) Kohlendioxid-Ausstoß.

Enttäuschte Hoffnungen

DIE MENSCHEN HABEN versucht, den Himmel auf die Erde herunterzuholen. Lange, lange Zeiten war der Himmel als das neue Paradies gesehen worden, als der Ort, an dem irdisches Leid kompensiert werden würde – ebenso wie sich irdische Sünde unten, in der Hölle, rächen würde. Solange es diesen Himmel gab, konnte es auf Erden ruhig zugehen. Niemand anderer als Dante Alighieri hat so bildreich und konkret die Höllenstrafen einerseits und die himmlische Seligkeit andererseits beschrieben. Der Blick in den Himmel und in die Hölle lenkte den Blick von der Gegenwart ab.

Jedenfalls lebten gerade die Benachteiligten in der Vorstellung, dass die irdischen Beschränkungen und Entbehrungen dereinst eine Kompensation im Himmel finden würden. Religion und Kirche haben diesen – für die Herrschenden und Besitzenden bequemen – himmlischen Verschiebebahnhof oft genug genutzt, um irdisches Leid nicht zur Kenntnis nehmen zu müssen oder es sogar zu rechtfertigen. Die Ständegesellschaft wurde so für die Ausgebeuteten, die Hungernden, die Geschundenen erträglich gemacht. Der Versuch, auf der sozialen Leiter nach oben zu klettern, war nicht besonders naheliegend: Die Himmelsleiter versprach doch nach dem Ende der irdischen Mühen den Aufstieg in eine neue Welt, in der die alten Ungerechtigkeiten aufgehoben sein würden.

Doch mit dem Ende des Mittelalters gerät die traditionale Gesellschaft in Bewegung, die himmlische Kompensation ist nicht mehr akzeptiert. Der soziale Konsens (wenn er denn einer war) kommt ins Rutschen, der Himmel bricht im gleichen Augenblick ein – und aus dieser doppelten Krise entstehen die irdischen Utopien der Neuzeit. Zwar sehen die Individuen ihre Benachteiligungen gar nicht sogleich abgeschafft. Aber die in die Geschichte gesetzten Hoffnungen treten an die Stelle der alten himmlischen Belohnungen. Das prominenteste und am längsten wirksamste Modell dafür ist die von Karl Marx in die Zukunft verlegte »klassenlose Gesellschaft«. Sie ist ein Ersatzhimmel. Die Verwirklichung einer vollkommenen Gesellschaft wird aber auf kommende Generationen verschoben, und das rechtfertigt die Opfer, die von den gegenwärtigen Generationen verlangt werden. Im Namen dieses erwarteten irdischen Himmels werden Millionen Menschen ermordet – im sowjetischen Gulag, in chinesischen Umerziehungslagern, in den Blutorgien der Roten Khmer.

Der Himmel war nun nicht mehr oben, sondern in der Zukunft![54] Der Geschichte wird ein kollektiver Sinn verliehen – und das erlaubt es, den Individuen Verzicht abzunötigen. Die Vollkommenheit ist nicht mehr im (Himmels-)Raum angesiedelt, sondern in der Zeit, in der Zukunft.

Alle diese Versuche, den Himmel auf die Erde zu zwingen und den Himmel zu einem Thema der zukünftigen Geschichte zu machen, scheinen heute gescheitert: Eine tiefe Skepsis hat die Menschen ergriffen, die großen Utopien sind zerschmolzen, die Ambivalenz des Fortschritts wird begriffen – und die Zukunft gerät mehr und mehr in den Blick als der Ort, an dem allenfalls das Schlimmste zu verhindern ist und wo sich das Individuum die Frage stellt, ob es die richtigen Policen für die Alterssicherung hat.

Die Beschleunigung des Lebens und die Flexibilisierung aller Lebensverhältnisse zwingt das Individuum in eine hektische Gegenwart, die es immer weniger zu bewältigen imstande ist. Mit der Beschleunigung der Ereignisse nimmt die Bedeutung von Erfahrung ab: Erfahrung heißt ja, das in der Vergangenheit Erlebte zu verarbeiten. Die Gegenwart aber ist mit der Vergangenheit kaum noch kompatibel, Erfahrung wird geradezu zur Fessel. Wer mit der Software von gestern zu vertraut und mit ihr zu fest verbunden ist, läuft Gefahr, den Einstieg in die nächste Software-Generation zu versäumen. Weder die

Erfahrungen der Vergangenheit noch die Vorhersehbarkeit der Zukunft bestimmen heute unser Leben. Aus der Vergangenheit können wir fast keine Handlungsnormen mehr beziehen, und die Zukunft wird undurchschaubar, weil sie kaum noch Züge der Vergangenheit oder der Gegenwart trägt – trotz intensiver Anstrengungen, sie in den Griff zu bekommen.[55] Die Gegenwart wird eher zu einer hektischen, druckgeladenen Augenblicklichkeit – eine Kultur der Dringlichkeit setzt sich durch, die der Vergangenheit und der Zukunft gegenüber stumpf wird – obwohl die Menschen von der Idee durchdrungen sind, mehr über die Vergangenheit und die Zukunft zu wissen als je zuvor.

Aber das ist eben ein taubes Wissen, das von der eigenen Erfahrung abgetrennt auf Festplatten abgelagert ist. Die Zukunft erscheint allenfalls als die Aufgabe, sie zu entkünftigen – was in der gesamten Präventionsmanie, in einer Fülle von Statistiken und Prognosen den Niederschlag findet, die dazu dienen sollen, die Zukunft vorhersehbar zu machen – und sie so zugleich mundtot zu machen.

Was heißt das für den einzelnen Menschen? Der Untergang der großen kollektiven Erwartungen führt zur Privatisierung der Zukunft: Kaum einer erwartet noch die zukünftige Abschaffung von Ungleichheiten, den Himmel auf Erden oder so etwas. Stattdessen werden die Individuen darauf verpflichtet, ihre Zukunft selbst zu gestalten, sie selbst in die Hand zu nehmen. An die Stelle der traditionellen utopischen Hoffnungen tritt der banale individualisierte Doppelpack aus Gesundheitsprävention und privater Altersvorsorge. Fast könnte man sagen, der Himmel (als Ort der Erwartungen) ist zu einem neoliberalen Projekt des Individuums abgewertet. Belohnt werden nicht mehr die guten Taten im Himmel, sondern belohnt wird, wer für sein Alter selbst vorgesorgt hat. Belohnt, wer es schafft, sich durchzusetzen und seinen Himmel (oder das, was er dafür hält) zu verwirklichen. Die Selbstverwirklichung ist in diesem

Sinne der individualisierte Himmel, der Himmel, der sich im Hedonismus des Singles auflöst.

Und das ist dann im Grunde ein privatisierter Himmel, der auf sieben Milliarden Akteure bezogen wird, die sich auf zweihundert Staaten verteilen. Jeder soll sich – das verspricht der Kapitalismus – diesen Privathimmel leisten können, wenn er sich nur anstrengt. Der Einzelne ist dabei einer Dynamik ausgeliefert, die an indianische Folter erinnert: Da wurden die Arme an jeweils einen heruntergebogenen jungen Baum gebunden, die man dann gleichzeitig hochschnellen ließ: Die Prozesse der Globalisierung auf der einen Seite, die Prozesse der Isolation des Individuums auf der anderen Seite – sie drohen ebendieses Individuum auseinanderzureißen. Der Folter ausgeliefert, bleibt dem Opfer nur die Konzentration auf den Augenblick: Vergangenheit und Zukunft verschwinden.

Die Zeit, um die Krisen, von denen wir täglich lesen können, zu bewältigen, scheint immer kürzer zu werden. Und sie greifen auf den Menschen in ebendieser Doppelheit zu: als globale Krise der Finanzmärkte, in bereits spürbaren Klimaveränderungen, im Verschwinden biologischer Vielfalt und in dem damit drohenden weltweiten Hunger. Das ist die eine, die Makroebene. Auf der anderen, der Mikroebene, beginnt die Biotechnologie alles zu vernichten, was den Menschen in Jahrhunderten, man muss sogar sagen: in Jahrtausenden als gesichert galt. Das Netz der Verwandtschaftsbeziehungen verschwindet – wie man es am Beispiel des Popstars Elton John sehen kann. »Wir sind überwältigt von Freude und Glück« – teilen Elton John und David Furnish im Dezember 2010 der Presse mit. Sir Elton John und David Furnish sind seit 2005 verheiratet. Ihr Sohn Zachary Jackson Levon Furnish-John erblickte am 25.12. in Kalifornien die Welt. Zachary wurde von einer Leihmutter ausgetragen.

Die künstliche Befruchtung verdreifacht die Figur der Mutter, die nun biologische, austragende und rechtliche Mutter sein kann. Sie verändert die Figur der Eltern, die nun ihre Rolle über Samenbanken, fremde Eizellen und die Einpflanzung von Embryonen in den Uterus von Leihmüttern bekommen können. Geburt, Tod, Vater- und Mutterschaft verlieren ihre alten Leidenschaften, Ängste und die mit ihnen verbundenen kosmischen Gefühle. Der Körper selbst verliert mit der Einführung von Prothesen und Transplantationen seine klassische Rolle als abgegrenzter, einmaliger Organismus. »Die einzelnen Organe können jetzt von einem Organismus zum anderen gelangen und somit unterschiedliche menschliche Existenzen und Geschichten in Beziehung bringen, die sich jenseits des Todes begegnen«, sagt der italienische Philosoph Remo Bodei.[56] Wie soll dieses Wesen noch vom Himmel reden können? Von der Beziehung des Makrokosmos zum Mikrokosmos? Der Himmel ist nicht nur als den Kosmos schützende Glocke verschwunden, sondern auch als Orientierung für Maßstäblichkeit. Ohne den Himmel als Grenze ist alles möglich, und es wird auch alles gemacht. Was durch die strengen Gesetze der Notwendigkeit oder den unergründlichen Willen Gottes geregelt war – die Verwandtschaft zum Beispiel, bald wohl auch die Grenze zwischen der Spezies Mensch und der Spezies Tier –, wandelt sich zum Gegenstand freier Wahl. Das Ganze kann man auch lesen als ein Programm, mit dem das »Antischicksal« verwirklicht wird. Es entsteht vor unseren Augen eine posthumane Perspektive:

In dieser wird der Mensch mit einem Körper versehen, der die Grenzen zwischen Organischem und Anorganischem, zwischen Biologischem und Mechanischem überschreitet und damit nicht nur dem natürlichen Schicksal von Missbildungen, Krankheiten oder individuellen Mängeln, sondern der vererbten physischen Beschaffenheit überhaupt entflieht.[57]

Diese biotechnologische Perfektion des Menschen kombiniert sich mit zunehmender politischer Infantilität: Der Mensch wird anfällig gegenüber Manipulationen aller Art. Die biotechnologischen Fortschritte schließen eine künftige herdenartige Unterjochung – so fürchtet Remo Bodei – ebenso wenig aus wie die Konsequenz, dass diese »Optimierung« des Menschen im Wesentlichen zu einer Geldfrage wird – wie sie es ja teilweise schon jetzt ist.

Cloud Computing –
der elektronische Himmel

ANFANG MÄRZ – EIN Vorfrühlingstag. Am Himmel ziehen Kraniche entlang. Ein Schwarm neben dem anderen, manche scheinen kilometerlang zu sein. Sie verständigen sich offenbar mit einem geradezu sehnsuchtsvoll-ruhigen Gesang, der auf uns Erdenbürger herabfällt. Der lang vorgestreckte Hals scheint auf das Ziel hinzuweisen. Der Flug wirkt durch den regelmäßigen, andauernden Flügelschlag geradezu mühelos. Ich denke an *Die wunderbare Reise des kleinen Nils Holgersson mit den Wildgänsen,* den Roman von Selma Lagerlöf, in dem beschrieben wird, wie ein Junge auf dem Rücken der Zugvögel von Südschweden nach Lappland reist.

Die Schwärme am Horizont machen mir deutlich, wie schwer und unwiderruflich ich an den Boden gebunden bin; das ist eine Freiheit da oben, die kein Flug mit dem Airbus mir je wird geben können. Vom Boden aus kann ich beobachten, dass von Zeit zu Zeit in den Schwärmen die Verantwortung wechselt – es schiebt sich ein anderer Vogel an die Spitze und übernimmt die Leitung. Sowie der eine kommt, weicht der andere in einer Art stillem Einverständnis, wenn das nicht zu ›menschlich‹ gedacht ist. Ergreifende Schönheit, die ich zugleich nicht begreifen kann: Wie geht das, dass sich Tausende fliegende Individuen zugleich auf den Weg aus Afrika nach Nordeuropa machen? Dass jeder Schwarm seine innere Ordnung hat, dass mehrere Schwärme nebeneinander, hintereinander auf dem Weg sind, so dass ich die Stimmen von Tausenden Vögeln gleichzeitig hören kann? Welch überwältigende Schönheit!

Am selben Morgen habe ich in der Tageszeitung gelesen, dass das Thema der diesjährigen CeBIT, der großen Elektronikmesse in Hannover, *Cloud Computing* heißt. Das sind abstrahierte IT-Infrastrukturen, die man sich als Rechnerwolke über uns vorstellen kann. Rechenkapazitäten, Datenspeicher, Software finden sich künftig nicht mehr auf dem Schreibtisch oder in der Firma, sondern sind dynamisch an den Bedarf angepasste Dienstleistungen. Die Verarbeitung der Daten durch Anwendungen wird dabei für den Nutzer intransparent, die Verarbeitung verblasst in einer »Wolke«.

Cloud Computing umfasst On-Demand-Infrastruktur (Rechner, Speicher, Netze) und On-Demand-Software (Betriebssysteme, Anwendungen, Middleware, Management- und Entwicklungs-Tools), die jeweils dynamisch an die Erfordernisse von Geschäftsprozessen angepasst werden. Dazu gehört auch die Fähigkeit, komplette Prozesse zu betreiben und zu managen.[58] Die Wolken, die da entstehen, werden so unterschiedlich sein wie die Wolkenformationen, die am Himmel zu sehen sind: Vier »Liefermodelle« sind jetzt schon auszumachen: private clouds, public clouds, hybrid clouds und community clouds.

Die Kraniche sind umgeben von Cumulus- oder Schäfchenwolken, Federwolken und Schleierwolken. Wir werden künftig davon ausgehen müssen, dass die in langen Reihen über den Himmel ziehenden Kraniche und Wildgänse immer seltener werden. Die Rechnerwolken werden sich dagegen gewaltig aufblähen. Es geschieht heute etwas mit der Welt – so sagt John Berger –, das falsch ist. Und vieles, was man darüber hört, ist eine Lüge.

Der Himmel – das wird am Beispiel *Cloud Computing* ja spürbar – ist zur Projektionsfläche unseres elektronisch gefärbten Alltags geworden. Der Himmel ist in gewisser Weise anthropologisiert, er ist uns dienstbar geworden, degradiert zur Umwelt: der Himmel, dessen GPS-Impulse mich mit dem Navigationsgerät durch die unbekannte Stadt leiten; der Himmel, von dem die digitalen Medienprogramme zur Erde strahlen; der Himmel, der es mir erlaubt, in abgelegenen Winkeln der Erde das Telefon zu nutzen, das über Satelliten mit Informationen gefüttert wird.

Unser Alltagsleben ist ohne den Himmel fast gar nicht mehr denkbar, ohne ihn finde ich mich nicht zurecht, ohne himmlisches Satellitenfernsehen langweile ich mich, ohne das Internet, das den Himmel braucht, bin ich von meinen E-Mails, den Nachrichten, den Börsenkursen abgeschnitten. Dass dort oben helfende Engel und tatkräftige Götter sitzen, das glaubten die Vorfahren nur. Wir wissen heute: Jetzt sitzen sie da wirklich im radikal säkularisierten Himmel und lenken die Geschicke der Menschen.

Das führt noch einmal vor Augen, was sich geändert hat: Der alte Himmel war ein äußerer und ein innerer. Er war »da oben«, und er konnte zugleich eine innere Erfahrung sein. Wenn Jakob im Traum sieht, dass sich der Himmel öffnet und die Engel auf einer Leiter, die zum Himmel führt, auf und nieder schweben und er diesen Ort daraufhin »Bethel«, »Haus Gottes« nennt, dann treffen der äußere und der innere Himmel aufeinander. Heutzutage ist dieser Himmel entkräftet und aufgeteilt: in den äußeren Himmel, in dem sich Raumfahrer, ihre Sonden und ihre Raumstationen befinden, und den vagen Nachhall des inneren Himmels, den sich die Menschen in Therapie, in Kreativworkshops oder Selbsterfahrungsgruppen öffnen lassen müssen. Es wächst da nicht zusammen, was zusammengehört, sondern es strebt auseinander. Man kann sogar den Verdacht schöpfen, dass in dem Maße, wie der äußere und der innere Himmel auseinanderfallen, Mensch und Planet dem Zerfall und der Zerstörung ausgesetzt sind. Der astronomische Himmel ist so groß, so weit und so leer, dass die irdischen Verhältnisse gleichgültig zu werden drohen. Was soll es uns scheren, dass immer mehr Menschen verhungern? Wen kümmert es, dass der Planet zur Schürfstelle für Ressourcen wird? Warum sollte man sich um Gerechtigkeit auf Erden bemühen, da sie keine himmlische Korrespondenz mehr hat? Weil der Himmel als Ort, an dem Hoffnung, Gerechtigkeit und Liebe eine Wohnung haben, zertrümmert ist, können diese museal gewordenen Objekte eigentlich verschwinden. Was soll das Gerede über Gerechtigkeit in diesem unendlichen Raum, in dieser unendlichen Zeit, in der der Mensch noch nicht mal die Würde eines Staubkorns hat?

Wir können in die Zeit des Himmels, dessen Existenz den Menschen vor uns selbstverständlich war, nicht zurück. Die schiere Beschwörung des alten Himmels kann nicht funktionieren. Als solche, die den Himmel abgeschafft haben und erledigt glauben, sind wir aber mit der Frage konfrontiert, woher wir wissen wollen, was oben und unten ist, was gut und böse, was gerecht und ungerecht. Festen Grund scheint es da nicht zu geben. Leo Tolstoi hat diesen Zustand, in dem wir uns befinden, als ein Schweben beschrieben. Wir befinden uns in der Schwebe, unter uns Abgrund und über uns – auch Abgrund. Und der Blick irrt über diese Abgründe auf der Suche nach einem Stück Himmel, der Hoffnung verheißt, und einem Boden, auf dem man stehen kann.

Zwischen Himmel und Erde

IM TRAUM KANN man in den Himmel entrückt werden oder
in die Hölle versinken. Das hat jeder wohl schon erfahren – sei
es in einem schönen oder in einem schrecklichen Traum. Die
Ängste und die Sehnsucht und die Panik und das Glück: Im
Traum sind sie unzensiert da. Warren Buffett, drittreichster
Mann der Welt, hat gesagt: »Es herrscht Klassenkampf, richtig,
aber es ist meine Klasse, die Klasse der Reichen, die den Krieg
betreibt, und wir gewinnen.« Man fragt sich, was so ein Mann
wohl träumt? Ob ihm nachts die im Traum erscheinen, die
Hunger leiden, die von einer entfesselten Ökonomie an den
Rand gedrängt werden? Oder kann man sein Gewissen so
»veräußern«, dass es einen nachts nicht quält? Was träumen die
Hungrigen? Was träumen die Reichen? Heraklit, der griechische Philosoph, hat gesagt, dass die Wachenden eine gemeinsame Welt hätten, doch im Schlummer wende sich jeder von
dieser ab und an seine eigene.
Manchmal ist die Welt ja im wachen Zustand kaum zu ertragen, aber der Traum gibt die Möglichkeit, dieser Wirklichkeit
zu entfliehen. Im Traum gehorchen die Menschen nicht der
Aufforderung, sich nach der Decke zu strecken, sich in die
schlechte Wirklichkeit zu fügen. Kein Träumen darf stehen-
bleiben, das tut nicht gut, hat Ernst Bloch festgestellt. Im
Träumen kann man desertieren, kann aus dem bewusstlosen
Gänsemarsch austreten. Da scheint uns jemand aufzufordern:
»Treten Sie unauffällig aus der Reihe – jetzt!«[59]
Die Welt, in der wir leben, hat die Hoffnungslosigkeit zum
Daseinsprinzip gemacht. Vom Himmel erwarten nur Tölpel,
Unaufgeklärte, Rückwärtsgewandte noch etwas: Die Sehn-
sucht nach Sinn, nach etwas, was über mich, den jetzt existie-
renden Menschen, hinausweist, ist als lächerlich abgetan.
Leo Tolstoi hat einen Traum aufgeschrieben, in dem sich ihm

der Himmel öffnet. Das ist kein Traum, der ihn kurzerhand aus der schlechten Wirklichkeit in eine paradiesische Vollkommenheit entrückt. Sondern dieser Traum hält ihn in der Schwebe zwischen panischem Absturz und tröstlicher Entrückung.

Nachdem Tolstoi seine großen erfolgreichen Romane geschrieben hat *(Krieg und Frieden, Anna Karenina)*, ist er in eine tiefe Glaubens- und Lebenskrise gestürzt. Weder sein Ruhm noch sein Vermögen können darüber hinwegtäuschen, dass er vor dem Nichts steht. In einem bewegenden Rückblick *(Meine Beichte)* beschreibt er den Verlust des Kirchenglaubens und den darauf folgenden Versuch, sich selbst an die Stelle Gottes zu setzen, indem er sich aus eigener Kraft vervollkommnet. Er folgt dem Ziel, »stärker zu sein als die anderen Menschen, das heißt berühmter, bedeutender, reicher zu sein als die anderen«. Das gelingt: Er bewirtschaftet seine Güter erfolgreich, er heiratet, wird Vater – und irgendwann erfolgt der radikale Absturz, in dem er diesen Satz formuliert: Das Leben ist nichts als ein dummer, böser Spaß, den sich jemand mit mir erlaubt.

Tolstoi denkt an Selbstmord. Fragt sich und beantwortet sich gleich selbst die Frage: »Was ist der Sinn meines Lebens?« – »Es hat keinen.« Oder: »Was kommt heraus aus meinem Leben?« – »Nichts.«

Während eines ganzen Jahres fragt sich Tolstoi fast jede Minute, ob er seinem Leben nicht mit einem Strick oder einer Kugel ein Ende bereiten soll. 1879 schreibt er die letzten Sätze zu dieser erschütternden Lebensbeichte. Aber da hatte sich das Blatt gewendet: Er war nach langem Suchen und Herumirren zu einer Antwort auf die Frage nach dem Sinn des Lebens gelangt. Die fand er in der Abkehr von irdischer Eitelkeit und in der Zuwendung zur himmlischen Liebe. Später, 1901, wurde er von der orthodoxen Kirche exkommuniziert, und er schrieb an den Heiligen Synod über seine Lebenskrise und ihr Ende:

»Ich liebte zuerst meinen orthodoxen Glauben mehr als meine Ruhe, liebte nachher das Christentum mehr als meine Kirche und liebe jetzt die Wahrheit mehr als alles in der Welt. Und bis jetzt noch fällt für mich die Wahrheit mit dem Christentum, wie ich es verstehe, zusammen. Und ich bekenne dieses Christentum, und in dem Maße, wie ich es bekenne, lebe ich ruhig und freudig und gehe ruhig und freudig dem Tod entgegen.«[60]

Die Wirklichkeit Tolstois war weit weniger ruhig und freudig. Er lebte als reicher Aristokrat mit dem Habitus des armen Mannes, wachsende Zerwürfnisse mit der Familie spiegelten diese Zerrissenheit zwischen dem Leben, das er führte, und dem Leben, das er führen wollte. In der Nacht vom 10. auf den 11. November 1910 verließ er heimlich das Haus, schrieb im Abschiedsbrief an seine Frau: »Mein Aufenthalt hier im Hause ist *unerträglich* geworden. Von allem anderen abgesehen, kann ich nicht mehr in dieser luxuriösen Umgebung leben, in der ich bis jetzt gelebt habe …« Aber die Flucht scheitert – oder vielleicht auch nicht: Er erkrankt an einer Lungenentzündung und nimmt Zuflucht in der Wohnung des Vorstehers der kleinen Eisenbahnstation Astápowo, die heute Leo Tolstoi heißt. Am 20. November 1910 stirbt er dort im Alter von zweiundneunzig Jahren. Ein Gescheiterter? Einer, der die Erlösung aus seinen Qualen nur im Aufbruch mit tödlichem Ausgang findet? Tolstoi wurde von seinen Zeitgenossen für seine großen Romane gerühmt, aber seine Wende zum einfachen Leben, vor allem aber sein (kirchenferner) Glaube rief zeitgenössische Schmähungen aller Art hervor. Als »alter Tepp« wurde er von einem russischen Abgeordneten bezeichnet. Besonders wutschäumend reagierte man auf Tolstois Satz, dass die Wohnung eines anständigen Menschen nur das Gefängnis sein könne. Max Nordau, schriftsternder Zeitgenosse Tolstois (er veröffentlichte 1892 das folgenreiche Buch *Entartung*) schrieb im Jahre 1901, dass Tolstoi für »Millionen hochgebildeter Russen« nichts sei als ein »absurder Konfusionsrat, der nur lächerlich wäre, wenn sein mystisch-anarchistisches Geschwätz Schwachköpfen nicht gefährlich werden könnte«.[61] Bis heute sind die großen Romane Tolstois hochgeschätzt, aber sein quälender, zerrissener Versuch, »anders zu leben« und sich aus der rüden, um nicht zu sagen: platten Diesseitigkeit herauszuwinden, wird als eher peinlich wahrgenommen und eingeordnet. Es sind Analphabeten des Gefühls, die heute jeden zum Narren stempeln, der die Frage nach dem Sinn des Lebens zu stellen wagt. Die transzendentale Heimatlosigkeit, die selbstgewiss grinsende Hoffnungslosigkeit öffnet – so scheint es – nur zwei Auswege: in den Wahnsinn, der viele Facetten hat, oder in die technokratische Kälte, die sich Realismus nennt.

Der Traum, den Tolstoi am Ende seiner großen Lebenskrise träumt und erzählt, bringt die Zerrissenheit, das Schweben zwischen Hoffnung und Verzweiflung auf den Begriff. Der Traum beschreibt, was er durchlebt und durchlitten hat, und öffnet den Himmelsblick. Der ist aber nur möglich in der Schwebe über den Abgründen, indem er sich als bodenlos wahrnimmt:

Ich sehe mich, wie ich im Bett liege. Ich fühle weder Behagen noch Unbehagen. Ich liege auf dem Rücken. Aber ich fange an, darüber nachzudenken, ob ich mich beim Liegen behaglich fühle. Bald habe ich das Gefühl, dass meine Beine unbequem liegen, bald ist das Bett zu kurz, bald scheint es mir passend genug. Irgendetwas ist mir unbequem. Ich mache eine Bewegung mit den Beinen und in dem Augenblick beginne ich darüber nachzudenken, wie und worauf ich liege, was mir bisher gar nicht in den Sinn gekommen war. Wie ich nun mein Bett betrachte, sehe ich, dass ich auf geflochtenen Querbändern liege, die an den Betträndern befestigt sind. Meine Sohlen liegen auf einem

solchen Band, die Knie auf einem anderen – unbequem
für die Beine. Mir ist, ich weiß nicht woher – bekannt, dass
man diese Bänder verschieben kann. Und ich stoße mit
einer Bewegung der Beine das äußerste Band unter den
Füßen fort und denke, dass es nun besser sein wird. Ich
hatte es aber zu weit fort gestoßen; ich will es mit den Beinen wieder greifen, aber bei dieser Bewegung schlüpft unter meinen Knien auch das andere Band fort, und meine
Beine hängen herab. Ich mache mit dem ganzen Körper
eine Bewegung, um mich zurechtzulegen und bin fest
überzeugt, dass das ohne Schwierigkeiten gelingen muss;
aber bei dieser Bewegung schlüpfen unter mir auch die
anderen Bänder fort und verschieben sich, und ich sehe,
ich habe alles zerstört. Mein ganzer Unterkörper schiebt
sich hinunter und hängt herab, die Füße reichen nicht bis
zum Boden. Ich halte mich nur mit dem oberen Teil des
Rückens, und mir wird unbehaglich, ja sogar unerträglich.
Erst jetzt fällt mir eine Frage ein, die mir bis dahin nicht in
den Sinn gekommen. Ich frage mich: Wo bin ich und worauf liege ich? Und ich schaue mich um und sehe vor allem
nach unten, dahin, wo mein Körper herabhängt und wohin er – ich fühle es – im nächsten Augenblick hinunterfal-
len muss. Ich blicke nach unten und traue meinen Augen
kaum; ich befinde mich nicht nur in einer Höhe, die der
Höhe eines sehr hohen Turms oder Berges gleicht – ich befinde mich in einer Höhe, die ich mir niemals hätte vorstellen können.

Tolstoi beschreibt sich als schwebend – schwebend über einem
bodenlosen Abgrund, in den es ihn hinabzieht. Schauder ergreift ihn. Wenn er hinunterblicken würde, glitte er vom letzten Band, das ihn noch hält. Verloren! Er spürt, wie er den letzten Halt verliert und immer tiefer und tiefer gleitet. Im letzten
Augenblick kommt ihm der Gedanke: Das kann nicht wirklich

sein. Das muss ein Traum sein, und er macht den Versuch aufzuwachen. Aber das geht nicht. Was tun? Was tun? Er schaut nach oben, und oben ist ebenfalls Abgrund:

Ich blicke in diesen Abgrund des Himmels und gebe mir Mühe, den Abgrund unten zu vergessen, und vergesse ihn auch wirklich. Die Unendlichkeit unten stößt mich ab und macht mich schaudern; die Unendlichkeit oben zieht mich an und gibt mir Halt.

Er weiß, er hängt über dem Abgrund, aber er schaut nach oben – und die Furcht hört auf. Er schaut länger und länger in die Unendlichkeit, er wird ruhiger, erinnert sich der Schrecken und fragt sich dann: Hänge ich immer noch in der gleichen Lage? Da wird er sich des Stützpunktes bewusst, an dem er sich hält. Unter der Mitte seines Körpers bemerkt er ein Tragband, auf dem er in sicherstem Gleichgewicht liegt. Zu seinen Häupten steht eine Säule, an deren Festigkeit kein Zweifel besteht, obwohl die dünne Säule gar keine Unterlage hat, auf der sie steht. Diese Säule hält das Tragband, auf dem er in Sicherheit liegt. Von Fallen kann keine Rede mehr sein.

Höllenfahrt statt Himmelfahrt?

VIELLEICHT VERSCHWIMMT UNS der Himmel. Vielleicht sogar so sehr, dass wir ihn verschwunden glauben. Es ist ja allemal leichter, die Hölle anschaulich zu machen als den Himmel. Wie auch der Teufel immer konkreter beschrieben werden konnte als Gott. Wohl deshalb hat der Kirchenvater Augustinus im 4. Jahrhundert gesagt: Von Gott können wir nur wissen, was er nicht ist. Die Schrecken der Hölle können sich die Menschen ausmalen und haben das in der Kunst oft genug getan. Der Himmel dagegen ist schwer vorstellbar. Das gilt sogar, wenn man den Versuch macht, sich den »Himmel auf Erden« vorzustellen – mit der Hölle ist das einfacher. Das bezeugt diese Geschichte des neunundfünfzigjährigen Thomas Silverstein, der schreibt: »In bin seit 10 220 Tagen in Isolationshaft. Das sind 336 Monate oder 28 Jahre.« Silverstein sitzt im Supermax-Bundesgefängnis in Florence in der Abteilung ADM – Administrative Maximum. Seine Entlassung ist für den 22. Februar 2095 vorgesehen. Wer dort inhaftiert ist, ist zweiundzwanzig, dreiundzwanzig oder vierundzwanzig Stunden am Tag weggesperrt in Einzelzellen aus Stahl oder Beton. »Abgesehen von gelegentlichem Haareschneiden, von Leibesvisitationen und medizinischen Untersuchungen beschränkt sich mein Kontakt seit achtundzwanzig Jahren auf das Anlegen der Handschellen und auf Schließer, wenn sie mich führen«, schreibt Silverstein, der um Hafterleichterung bittet. ADX Florence liegt in Colorado, USA. Rund zwanzigtausend Häftlinge sitzen in den USA in solcher Isolationshaft. Der kurze Hofgang findet auf kleinstem Raum, der von hohen Mauern umschlossen ist, statt. Im ersten Jahr sei er in einer fensterlosen Stahlzelle im Keller untergebracht gewesen, die Zelle war weiß gestrichen, gerade groß genug für die Matratze. Er hat gemordet, hat sogar einen Gefängniswärter getötet. Silverstein behauptet allerdings, der

Beamte habe ihn besonders drangsaliert. Die Todesstrafe gab es damals bei solchen Fällen nicht, ein Vertreter des *Bureau of Prison* sagt: »Wir können Silverstein nicht hinrichten, also müssen wir sein Leben zu einem Leben in der Hölle machen.«[62] Gerade jetzt, da ich diese Zeilen schreibe, schaue ich aus meinem Fenster in eine sonnendurchflutete italienische Landschaft. Alte Dachziegel, Zypressen, das Blau des Sees, das mit dem rätselhaften Blau des Himmels verschmilzt, kleine weiße Schaumkronen auf dem Wasser, die mit kleinen weißen Wölkchen im Gespräch zu sein scheinen. Und gleichzeitig sitzt dieser Mann, der schlimmste Verbrechen begangen hat, seit 28 Jahren in fensterloser Isolationshaft. Habe ich diesen nahezu himmlischen Augenblick verdient, hat er seine irdische Höllenstrafe verdient? Trifft hier der Satz von Tolstoi zu, dass die Wohnung eines anständigen Menschen nur das Gefängnis sein könne? Sind die Organisatoren dieser Hölle die wirklichen Höllenbewohner, weil sie dem Inhaftierten Silverstein die Möglichkeit absprechen, dass etwas anderes aus ihm werden könnte? Ist das nicht die Teilnahme an industrieller Menschenvernichtung? Könnte unser beider Lebensgeschichte vertauscht werden? Kann man leben ohne die Hoffnung, dass das vergeudete und verschüttete Lebensglück von Thomas Silverstein irgendwo und irgendwann ein Erbarmen findet? Muss man ohne Himmelshoffnung leben und meinen Himmelsblick und seine Höllenstrafe als das letzte Wort ansehen? Verharren wir für einen Moment bei einer Geschichte, die von einem Pfarrer und vom Leid und von der Himmelshoffnung erzählt, und jeder muss für sich entscheiden, was die Geschichte ihm sagt oder nicht sagt.

Vorbemerkung: Schon die Tatsache, dass Menschen mit körperlichen oder auch geistigen Mängeln auf die Welt kommen, ist letztlich eine große Ungerechtigkeit. Die Kräftigen, Schönen und Gescheiten kriegen im Leben meistens alles. Die anderen fristen ihr Dasein am unteren Ende unserer Gesellschaft, bis zum Tod.

Und nun die Geschichte: In Graz lebten seit Jahrzehnten vierzig Männer Tag und Nacht auf Parkbänken, unter Brücken oder in Abbruchhäusern. Ihr einziger »Trost« war der Alkohol. Puchmann, ein Pfarrer, beginnt, diese Männer in einer notdürftigen Containersiedlung zu beherbergen – im »Vinzi-Dorf«. Die ehrenamtlichen Helfer enthalten sich jedweder Beurteilung. Sie lassen die Männer so sein, wie sie sind. Mancher der Männer erzählt irgendwann von seinem Schicksal. Und man erkennt dann, dass es nicht gerecht zugeht auf der Welt. Der Pfarrer:

Gerechtigkeit hat es nie gegeben und wird es nie geben. Wir müssen sie einfordern. Sie besteht in erster Linie darin, mit großer Vorsicht und Feingefühl unseren Mitmenschen zu begegnen und sich, wie die Schrift sagt, jeden Urteils zu enthalten. Sie besteht auch darin, dass dort, wo offensichtlich schweres Unrecht geschieht, jeder, der davon weiß, mit Energie mithilft, dieses zu beseitigen. Letztlich besteht sie aber darin, hoffnungsvoll an den gerechten, ewigen Richter zu glauben. Jesus hat in seiner Bergpredigt darauf hingewiesen, dass eines Tages jenen das Himmelreich geschenkt wird, die um der Gerechtigkeit willen Nachteile oder gar Verfolgung auf sich nehmen. Mit unserem festen Willen, sich für Gerechtigkeit einzusetzen, und im Glauben an die von Gott verheißene letzte Gerechtigkeit können wir leben.[63]

Den meisten Menschen sind solche Sätze und solche Hoffnungen fremd geworden. Aber vielleicht mag man sich an die alte jüdische Weisheit erinnern, dass die Welt nur so lange existiert, als zwanzig Gerechte auf der Erde leben. Dass der Kosmos über Nacht verschwindet, wenn es diese zwanzig Gerechten nicht mehr gibt. Vielleicht ist das eine handhabbare Hoffnung? Und man kann sich vorstellen, dass dieser Grazer Pfarrer und seine Helfer den Versuch machen, ein Stück Himmel auf die Erde herunterzuholen. Denn das dürfte klar sein: Dem Himmel ist das *VinziDorf* ähnlicher als jeder Palast oder jedes Penthouse.

[Abschied und Sehnsucht]

Können wir ohne Himmel leben?

Der Dichter will nichts weiter, als den Kopf in den Himmel zu stecken. Der Logiker sucht den Himmel in seinen Kopf zu stecken. Und dabei platzt ihm sein Kopf.

Gilbert Keith Chesterton

Vom Himmel schweigen?

Es SIEHT SO aus, als habe die moderne Naturwissenschaft all die Kosmologien, mit denen der Mensch sich seine Heimat im Universum erklärt hat, hinfällig gemacht. Ist der Himmel mithin endgültig in nichts aufgelöst? Und brachten nicht die Schrecken des 20. Jahrhunderts – von Auschwitz bis Hiroshima – die Rede vom Himmel und die Hoffnungen, die mit dem Himmel verbunden waren, endgültig zum Scheitern? Müssen wir darum nicht endgültig vom »guten alten Himmel« schweigen, von dem die Menschen in früheren Zeiten Gerechtigkeit und Erlösung erhofft haben?

Also fragen wir, ob der Himmel und das, was er bedeutet hat, noch zu retten ist. Müssen die Menschen endlich lernen, ohne den Himmel leben? Das heißt ja: Leben ohne Hoffnung, ohne Sinn und ohne Moral – denn der Himmel war die Quelle des Hoffens, der Ursprung des Sinns und der Anker der Moral. Die Himmelstore schließen sich. Oder?

Ich stelle die Behauptung auf (und kann dafür schlüssige Argumente ins Feld führen), dass zumindest die Himmels*sehnsucht* bleibt – weil sie zum Menschen gehört: als Sehnsucht nach Sinn, nach Gerechtigkeit, nach Wahrheit, nach Erlösung, nach Trost, nach Leben, das über den Augenblick hinausreicht.

Nun kann man den Himmel nicht wieder aus dem Zylinder hervorzuzaubern – wie das Kaninchen. Man kann gegen die Erkenntnisse der Naturwissenschaft nicht zur Tagesordnung übergehen, man kann die unsagbaren Schrecken, die Menschen verursacht haben, nicht vergessen, man kann nicht kurzerhand vom Himmel reden, wie wir es als Kinder vielleicht noch konnten.

Aber wir dürfen fragen, ob der Himmel seine Verächter überleben kann. Kann der tote Himmel wieder zum Leben erweckt werden? Robert Musil hat gesagt: »Seele. Was ist das? Es ist leicht negativ bestimmt: Es ist eben das, was sich verkriecht, wenn man von algebraischen Reihen hört.« So dürfte man auch sagen: Der Himmel verkriecht sich, wenn er vom Urknall hört. Aber das heißt weder, dass es die Seele nicht gibt, noch heißt es, dass der Himmel zum alten Eisen gehört. Wir müssen nur versuchen, seinen Gesang zu hören. Wir müssen unsere Sinne wach halten für das, was der Diktatur der Wirklichkeit widerspricht.

Deshalb gehen wir der Frage nach, ob sich der Himmel wiederfinden lässt? Vielleicht ist längst eine Flaschenpost unterwegs, die den Himmel irgendwann und irgendwo wieder an eine Küste spült, an der Menschen wohnen und diese Flaschenpost erwarten?

Eine sichere Antwort haben wir hier nicht zu erwarten, aber wir können – so wie Hölderlin vom »kommenden Gott« spricht – vielleicht von dem ersehnten Himmel reden. Wir können den erwarteten Himmel umkreisen, der sich verkrochen hat, um ihn in seinen Verstecken aufzusuchen. Vielleicht ist er da, wo das Sein und nicht das Haben die Aufmerksamkeit der Menschen erweckt? Im Widerstand mutiger Menschen gegen Barbarei? Vielleicht kehrt er in Traum und Tanz wieder? Kann man ihn durch Erzählung wieder holen? Vielleicht in der Musik oder in der Hoffnung seine Umrisse sichtbar machen? Bricht nicht die Himmelssehnsucht immer wieder in Schlagern, in der Pop- und Rockmusik auf – und macht so deutlich, dass die aus dem Zentrum der Gesellschaft und des Denkens vertriebene Himmelssehnsucht nicht totzukriegen ist? Wir sind zwar himmelsblind geworden, und darum ist es schwierig, ihn wiederzuerkennen. Und es ist eine ständige Versuchung, den Himmel selbst – mit Menschenhand – neu erschaffen zu wollen: in der Hingabe an die Imperative der Gesundheitsindustrie, in der Anbetung des Konsums, des Erfolgs, des Geldes. Aber so, wie man sich Liebe nicht selbst schenken kann, sondern auf ein Du angewiesen ist, so kann man sich den Himmel auch nicht selbst machen, sondern muss ihn ersehnen, erwarten, erhoffen.

Jedoch kann man sich sehr wohl gegen das endgültige Verschwinden des Himmels zur Wehr setzen. Zum Beispiel in dem Respekt vor der Vielfalt des Lebens angesichts der überall erkennbaren eindimensionalen Verödung. In der Kultivierung der Erinnerung gegen die übermächtige Tendenz zum Vergessen. In der Pflege von Grenzen gegenüber der gierigen Entfesselung. In der Feier des Einfachen gegenüber der tödlichen konsumistischen Fülle. Das sind Hoffnungsblitze an einem dunklen Himmel, der – auf den ersten Blick – keinen Sinn mehr zu schenken scheint.

Wie notwendig die Wiederentdeckung des Himmels für das Überleben der Menschen ist, hat Albert Einstein mit seinen Worten gesagt: »Liebe Nachwelt! Wenn ihr nicht gerechter, friedlicher und überhaupt vernünftiger sein werdet, als wir sind bzw. gewesen sind, so soll euch der Teufel holen.«

Aber unser Argument wird ein wenig aussehen wie die Echternacher Springprozession: Wir hüpfen zwei Schritte vor und einen zurück. Wir werden vorsichtig von der Wiederentdeckung des Himmels reden, aber versuchen, nicht vollmundig die ernsten Bedenken zu übergehen: weder die naturwissenschaftlich-astronomische Erkenntnis, die den Himmel entleert hat, noch die Schreie der Ermordeten und die Klage der Hungernden, deren Leiden in einem offenbar leeren Himmel widerhallen.

Als Dante in der *Göttlichen Komödie* seine Himmelsreise beschrieb, malte er das Bild eines vollkommenen Himmelsgebäudes. Seitdem ist dieses Gebäude, das bei Dante aus kristallinen Sphären und immer stärker werdendem Licht gestaltet war, Stück für Stück verschwunden. Unsere Himmelsreise heute kann darum nur eine Reise sein, die sich auf die Suche nach den Bruchstücken des Himmels macht: Bruchstücke des Himmels in der Trümmerlandschaft der Gegenwart wiederfinden – das ist die Aufgabe. Wir irren in diesem letzten Kapitel also ein Stück weit umher – und hoffen, dieses und jenes Bruchstück finden und aufheben zu können. Es wird weitere Himmelsstücke geben, die hier übersehen wurden. Die Fortsetzung der Suche bleibt eine fortdauernde Aufgabe, für jeden von uns.

Die beiden Wegmarken für unsere Suche nach dem Himmel heißen: Bescheidenheit und Hoffnung. Beide Wegmarken sind sehr unmodern. Versuchen wir, einen Pfad in der Trümmerlandschaft zu finden.

Himmel oder Erde, Sein oder Haben?

ES IST EINE bekannte, oft erzählte Geschichte, aber wir tauchen sie hier in ein anderes Licht. Alexander der Große begegnet Diogenes, dem Philosophen, der in einer Tonne lebt. Einerseits der mächtige Mann, der die Welt bis nach Indien hin erobert hat. Andererseits Diogenes, der Bettler in der Tonne. Von Alexander haben wir viele Zeugnisse, Geschichten, Bilder – auf mancherlei Münzen ist der strahlende junge König zu sehen. Von Diogenes ist uns mehr oder weniger nur ein Echo geblieben, es gibt ein paar unsichere Quellen. Aber Diogenes hat eine philosophische Wirkung, die bis heute lebendig ist.

Was wissen wir von ihm? Dass er wohl um 400 v. Chr. in Sinope am Schwarzen Meer geboren wurde; er wurde verbannt – warum, das ist nicht ganz klar – und ging nach Athen. Von Piraten bei einer Seereise gefangen, wurde er als Sklave nach Korinth verkauft und lebte dort als Erzieher. Er trug offenbar kurzes Haar und Bart. Eine Marmorstatuette zeigt ihn nackt, gebückt, mit dickem Bauch, aber muskulösen Armen und Beinen. In der Rechten hält er den Wanderstab, in der Linken eine Schale. Neben ihm sieht man den Hund, der zu seinem Wahrzeichen wurde und seiner philosophischen Schule den Namen gab: »Kynos« ist der Hund, daher heißen diese Philosophen *Kyniker* – und wenn man jemandem heute Zynismus vorwirft, dann denkt kaum noch einer daran, dass da von Diogenes und seiner hündischen Philosophie die Rede ist.

Die berühmte Anekdote erzählt: Als Alexander der Große zu Diogenes trat und ihm einen Wunsch freistellte, antwortete dieser: »Geh mir ein wenig aus der Sonne.« Worauf Alexander entgegnete: »Wäre ich nicht Alexander, wollte ich Diogenes sein.«

Diogenes lässt Alexander schrumpfen, reduziert ihn auf ein störendes Element, das zwischen ihm und der Sonne steht.

Kurz: Die irdische Macht ist nichts gegen das Licht der Sonne. Die beiden, Alexander und Diogenes, leben in einer Zeit, in der das klassische Griechenland endet und in den Hellenismus übergeht. Der Blick weitet sich in dieser Zeit – nicht zuletzt durch die Feldzüge Alexanders. Man ist als Grieche nun nicht mehr der Bürger einer kleinen Stadtgemeinschaft, sondern wohnt in einem weltweit gewordenen Kosmos. Darum vielleicht hat auch Diogenes – als er nach seinem Heimatort gefragt wurde – gesagt: »Ich bin ein Weltbürger«, ein Kosmopolit. Und zugleich ist das eine Polemik gegen satte athenische Sesshaftigkeit. Alexander und Diogenes sind auf unterschiedliche Weise in der ganzen Welt zu Hause. Alexander durchstreift als Feldherr die Welt, um sie sich anzueignen. Diogenes haust in seiner Tonne und genießt den Kosmos, aber eher wie ein bedürfnisloser Gast. Hier begegnen uns zwei Symbolfiguren. Sie markieren den unterschiedlichen Umgang mit dem Kosmos und mit dem Leben in der Welt – mit Himmel und Erde. In den kommenden Jahrhunderten wird dieses Gegenüber immer gegenwärtig sein und die Weltgeschichte prägen. Himmel oder Erde – die Menschen werden vor der Entscheidung stehen, wohin sie gehören wollen. Zu dem Eroberer, der Siege, Gold und Macht sammelt, der auf den Kosmos zugreift wie auf einen Besitz? Stephen Hawking ist in diesem Sinne der direkte Nachkomme Alexanders: *Mein ist der Kosmos* ist seine Botschaft, und die kennzeichnet seinen Verfasser als Eroberer oder Entdecker. Dagegen erkennt man in Diogenes den Apologeten des einfachen Lebens, der die Sonne nicht besitzen, sondern sie genießen will – weshalb er Alexander beiseiteschiebt. Denn sein Glück liegt im einfachen Leben, in der Askese – die »einzig wahre Staatsordnung findet sich nur im Kosmos«, sagt Diogenes. Der Wanderstab, der Rucksack, die Essensschale – die Erkennungszeichen der Kyniker – deuten auf die philosophischen Prinzipien dieser »hündischen« Philosophie: Kosmopolitismus, Autarkie, Bedürfnislosigkeit und Parrhesie – die freie Rede. Darum war Diogenes auch der Meinung, das Feuer, das Prometheus den Menschen gebracht hatte, sei der Anfang von allem Übel gewesen, sei der Ursprung für die Verweichlichung und Luxussucht der Menschen. Pflichtideen, Erlösungsversprechen, Hoffnungen auf Unsterblichkeit, Ziele des Ehrgeizes, Machtpositionen, Karrieren, Künste, Reichtümer – das alles (so hat Peter Sloterdijk gesagt) sind bei Diogenes Kompensationen für etwas, was der sich erst gar nicht rauben lässt: Freiheit, Bewusstheit, Freude am Leben.[1]

In Alexander und Diogenes stehen sich die beiden Optionen gegenüber, die jedes Leben bietet: der Realist, der in der Erde wühlt, und der Idealist, der seiner Himmelssehnsucht folgt.

Eine unendliche Geschichte, in der sich die Himmelssüchtigen, die nach dem Sinn fragen, und die Erdsüchtigen, die die Sinnfrage beiseitefegen, gegenüberstehen. Da sind die, die den Kosmos in Besitz zu nehmen versuchen. Und da sind die Gestalten, die in Diogenes beispielhaft anschaulich werden, solche – anders gesagt –, die den Kosmos gestalten, die vom Himmelsreichtum statt von materiellem Reichtum reden: Laotse, Gautama Buddha, Jesus von Nazareth, Franziskus von Assisi, Elisabeth von Thüringen – die Reihe ist lang. Sie wissen, dass das Glück und das richtige Leben nicht in Besitz und Macht zu finden sind, sondern im einfachen Leben. Sie wissen im Herzen, was wichtig ist: dass Alexander aus der Sonne gehen soll. Dass die Kosmoserfahrung wichtiger ist als die goldglitzernde Macht der Feldherren, Päpste, Könige, Aufsichtsratsvorsitzenden, Milliardäre. Das zieht sich durch die Geschichte der Menschheit – dieses Gegenüber von Habgierigen einerseits und Weisen andererseits, die beide auf unterschiedliche Weise an ihren Zielen scheitern. Die Habgierigen bekommen nie genug, die Weisheitssucher kommen im Himmel nicht an. Aber ihnen gehört die Zuneigung der Nachdenklichen.

Diogenes geht am helllichten Tag mit einer Laterne in der Hand über den Markt von Athen. Er leuchtet hier einem, dort einem ins Gesicht, schüttelt den Kopf, geht weiter, so lange, bis ihn einer fragt, was er am helllichten Tag mit seiner Laterne wolle.

»Ich suche«, sagt Diogenes, »einen Menschen.«

Das soll ja wohl heißen: Die Welt ist bevölkert von Nichtmenschen, von Automaten, von menschlichen Stümpfen, die noch gar nicht wissen, was Menschsein bedeuten könnte. Jesus und Sokrates haben beide den Finger in diese Wunde gelegt, und es hat beide das Leben gekostet. Weil die Menschen, die noch keine sind, auf die Möglichkeit lauern, zurückzuschlagen gegen die, die sie auf ihre innere Taubheit hinweisen. Die daran rühren, dass sie den Menschen in sich zum Schweigen gebracht haben. Wer wie Diogenes sucht, wer an dieses Tabu rührt, lockt die Gewalt hervor.

Es scheint da immer um den Versuch zu gehen, die Götter im Himmel und das Leben der Menschen sorgfältig, ja geradezu fanatisch voneinander zu trennen. Wer Verbindungen zu stiften versucht, wer diese gemütliche Trennung angreift, gerät ins Fadenkreuz der Mordgesellen. Jesus, der behauptet, dass das Reich Gottes dort schon anbricht und gegenwärtig ist, wo jemand den Fremden als Nächsten ansieht und ihm hilft: Der zerbricht die Schranken, die die Priester zwischen Himmel und Erde zu errichten versuchen.

Sokrates wird als Verführer der Jugend zum Tode verurteilt. Warum? Weil er den Himmel auf die Erde holt, weil er die Suche nach dem guten Leben nicht in die himmlischen Sphären abschiebt, sondern sagt, dass das Gute hier und jetzt zu tun und zu treiben ist und dass seine Ankläger das zu vertuschen versuchen. Die Anklage gegen Sokrates lautet eigentlich, er bringe die Ordnung von Himmel und Erde durcheinander (und das ist nichts anderes als die Ordnung, von der die herrschenden Priesterkasten, die Mächtigen und die Reichen profitieren). »Mit was für Reden also verleumdeten mich meine Verleumder?«, fragt Sokrates in seiner von Plato niedergeschriebenen Verteidigungsrede. Sie sagen: »Sokrates frevelt und treibt Torheit, indem er unterirdische und himmlische Dinge untersucht und Unrecht zu Recht macht und dies auch andere lehrt.« Er untersuche die »Dinge am Himmel und unter der Erde«, er glaube an »keine Götter« und sage, die Sonne sei ein Stein, der Mond Erde – und beide seien keine Götter. Diejenigen, die sich als Himmelsverwalter sehen und von der gewohnten Ordnung profitieren, fühlen sich gestört durch Männer wie Jesus oder Sokrates. Die sagen zwar, Sokrates verkehre Recht in Unrecht, aber sie meinen damit, er würde die Ordnung von Oben und Unten durcheinanderbringen, würde die versteinerte rechthaberische Sitte erschüttern. Seine Gegner, sagt Sokrates, geben vor, etwas zu wissen, sie wissen aber nichts. Daran rühren heißt, die Fundamente der Himmelsverwalter ins Wanken zu bringen. Die Macht der Herrschenden gründet darin, dass sie sich zu Himmelsverwaltern aufgespielt haben. Wer daran kratzt, macht unweigerlich mit dem Kreuz oder dem Schierlingsbecher Bekanntschaft. Was tue ich denn, fragt Sokrates. Und gibt die Antwort gleich mit: Ich gehe umher, um Jung und Alt unter euch zu überreden, ja nicht für den Leib und für das Vermögen so sehr zu sorgen als für die Seele, dass diese aufs Beste gedeihe: Denn die Tugend entsteht nicht aus dem Reichtum. So sagt er und redet sich um Kopf und Kragen.

Und Sokrates fügt noch hinzu: Sprecht mich frei oder nicht, ich werde auf keinen Fall anders handeln und müsste ich noch so oft sterben. Als er das sagt, entsteht während seiner Verteidigungsrede offenbar bei den athenischen Zuhörern ein Getümmel. Sokrates: Ihr könnt toben und schreien, so viel ihr wollt, aber wenn ihr mich hinrichtet, werdet ihr *euch* schaden. Sokrates sieht sich als einen von Gott geschickten Störer, der die Athener aus dem Schlaf aufwecken will. Wenn man aber einen Schlummernden aufweckt, kann es geschehen, dass der um sich stößt oder schlägt. Und so kann es passieren, dass die

Athener als aus dem Schlaf Gerissene den Sokrates hinrichten – sagt der Angeklagte. Aber sie würden – wenn Sokrates beseitigt ist – das übrige Leben schlafend verbringen. Der Tod, sagt Sokrates, kümmert mich nicht im mindesten, aber nichts Ruchloses und nichts Ungerechtes zu begehen, darum will ich mich mehr kümmern als um alles andere.

Atemberaubend ist es zu sehen, wie Sokrates den Himmel auf die Erde holt und daraus nicht ein eigenes Verdienst zu machen versucht. Keine Selbststeigerung: »Eigentlich aber bin ich nie irgendjemandes Lehrer gewesen. Wenn man jemand, wie ich rede und mein Geschäft verrichte, Lust hat zu hören, jung oder alt, das habe ich nie jemandem missgönnt.« Sokrates steht für die Armen wie für die Reichen bereit. Sie können ihn fragen, und wer da will, kann hören, was er in der *Apologie* des Platon sagt:

> *Und ob nun jemand von diesen besser wird oder nicht, davon bin ich nicht schuldig, die Verantwortung zu tragen, da ich Unterweisung hierin weder jemals jemandem versprochen noch auch erteilt habe. Wenn aber einer behauptet, jemals etwas von mir gelernt oder gehört zu haben, insbesondere, was nicht auch alle anderen, so wisst, dass er nicht die Wahrheit redet.*

Ein Radikaler ist das, der da spricht, kein Wissensverwalter, der seine Kenntnisse in andere Menschen implantiert. Das ist die radikale Absage an alle Himmelspädagogik, an Himmelsmissionare und an das Wirkenwollen. Sokrates fragt und ermöglicht die Entdeckung des Selbst, der Tugend, des Lebenssinnes. Er deckt auf – nicht mehr und nicht weniger. Und so ist er eine Hebamme, die die Geburt des Menschen, der kein Stumpf bleiben will, ermöglicht und so recht eigentlich den Weg zum Himmel weist.

Diogenes, Sokrates, Jesus: Das sind Himmelswissende, sie gehen unterschiedliche Wege, aber auf Pfaden, die sich ähneln. Immer, so kann man sagen, handelt es sich um Sein oder Haben, um irdisches oder himmlisches Leben. Und immer sind sie konfrontiert mit den am Haben Orientierten, die den Himmel abspalten und so weit wegschieben, dass man sich um ihn nicht kümmern muss. Der Himmel ist da stets auf praktische Weise geographisch oder zeitlich in die Ferne gerückt. Eine Drohkulisse, die jederzeit herbeizitiert werden kann, vor der die Priesterkaste tanzt und Erlösung oder Verdammnis ansagt. Sokrates und Jesus ärgern, weil sie behaupten, das himmlisch Gute ist nicht in der Ferne, sondern kann hier und jetzt wirklich werden. Das Paradies ist da, kann da sein. Und diese Zecken im Pelz der Habenden – die gibt es überall auf der Welt und immer wieder in der Geschichte. Zum Beispiel Laotse, der im 6. Jahrhundert vor Christus den Taoismus gründet und der das immer alte und neue Wissen um das Sein so beschreibt:

Ich habe drei Schätze, die ich hüte und hege. Der eine ist die Liebe, der zweite ist die Genügsamkeit, der dritte ist die Demut. Nur der Liebende ist mutig, nur der Genügsame ist großzügig, nur der Demütige ist fähig zu herrschen.

2500 Jahre später hat Erich Fromm dieses Thema aufgenommen und über *Haben oder Sein* nachgedacht. Er hofft auf Menschen, die vom Haften am Haben zur Sehnsucht nach dem Sein übergehen:

Ich glaube, dass sich eine ziemlich große Zahl von Gruppen und Einzelnen in diese Richtung bewegt und dass ihnen historische Bedeutung zukommt. Sie repräsentieren einen neuen Trend, der die Habenorientierung der Macht transzendiert. Es wäre nicht das erste Mal in der Geschichte, dass eine Minorität den Kurs anzeigt, den die historische Entwicklung nehmen wird, und das Vorhandensein dieser Minorität ist einer der Faktoren, die hoffen lassen, dass es zu einer allgemeinen Abkehr von der heute vorherrschenden Lebenseinstellung vom Haben zum Sein hin kommen könnte.[2]

Eigentlich wissen das die Menschen, dass sie ihr Leben verlieren, wenn sie es gewinnen wollen. Dass man nicht nach Schätzen in der Erde wühlen darf, sondern die Schätze des Himmels suchen muss – die bei Laotse Liebe, Genügsamkeit und Demut heißen. Der Himmel ist in aller Philosophie und Religion gegenwärtig – als Ort der Gerechtigkeit, als Heimat der Liebe, als Enthüllung des Sinns. Manchmal sehr realistisch, geographisch geradezu – der Himmel da oben über uns. Manchmal eher symbolisch, dann kommt der Himmel auf die Erde und siedelt gewissermaßen nebenan. Und wehe einer Zeit, die meint, keinen solchen Himmel, keinen Ort der Sehnsucht und der Hoffnung, mehr zu brauchen: Sie muss im Haben statt im Sein, in der Gier statt in der Genügsamkeit, im Krieg statt in der Liebe ihr Glück suchen und wird es doch nicht finden.

Wir haben gesagt, der Himmel sei in allen Religionen und in der Philosophie gegenwärtig. Natürlich trägt er viele Namen: Jenseits, Nirvana, Transzendenz, ewige Jagdgründe, Paradies …

Und wir behaupten nicht, das sei im Grunde alles das Gleiche. Die Himmelsbilder sind sehr unterschiedlich, vielleicht darf man aber sagen, dass es die Sehnsucht ist, die alle diese Bilder umfasst. Selbst der radikale Skeptiker Arthur Schopenhauer sehnt sich – wenn auch nach dem Nichts. »Das Leben ist, was es nicht sein sollte, ein Übel, und der Übergang ins Nichts ist das einzige Glück im Leben.«

Die Unterschiedlichkeit der himmlischen Ideen also ist zu respektieren. Ein Beispiel: Dem christlichen Himmelsbild nahe und zugleich doch weit entfernt ist das buddhistische

Gedankengebäude. Nahe in den asketischen Zügen, fern in der Vorstellung, es gehe darum, in das Nichts einzugehen – also schopenhauerisch. Ziel ist es, sich vom Leben zu befreien, so dass es sich in keiner Form erneuern kann. Weil das Leben das größte Übel sei. Das ist die Botschaft, die in der biographisch gefärbten Gründungsgeschichte des Buddhismus, der Erzählung von Sakja-Muni, dargeboten wird. (Sakja-Muni wird später zum Buddha, zum »Erwachenden«.)

Sakja-Muni ist der junge, glückliche Königssohn. Ihm sind Krankheit, Alter und Tod unbekannt. Da begegnet er auf einer Lustfahrt einem entsetzlich aussehenden, zahnlosen Greis, dem der Speichel aus dem Munde fließt. Der Königssohn, dem das Alter bis dahin unbekannt ist, fragt seinen Wagenlenker, wie der Mann in einen so kläglichen Zustand geraten sei. Der Wagenlenker erklärt ihm, dass dies das allen Menschen gemeinsame Schicksal sei und dass ihm, dem Königssohn, das gleiche Schicksal bevorstehe. Er bricht die Fahrt ab, kehrt heim, denkt nach, beruhigt sich und unternimmt nach einiger Zeit wieder eine Lustfahrt. Dieses Mal begegnet ihm ein Kranker. Er sieht den kraftlosen, geschwollenen, zitternden Mann mit trübem Blick. Dem Königssohn war auch Krankheit bis zu diesem Tag unbekannt. Er fragt, was das sei, und erfährt, dass alle Menschen der Krankheit unterworfen seien und dass er, der Königssohn, auch morgen von Krankheit befallen werden könne. Wieder verliert er den Mut und die Heiterkeit, befiehlt heimzukehren und sucht, sich zu beruhigen. Er findet seine Ruhe wieder und geht zum dritten Mal auf Lustfahrt. Diesmal sieht er, dass da etwas getragen wird. »Was ist das?«, fragt er.

»Ein toter Mensch«, wird ihm geantwortet.

»Was ist das: ein Toter?«

Man sagt ihm: »Tot sein heißt das sein, was dieser Mensch ist.«

Sakja-Muni tritt an den Toten heran, enthüllt ihn und schaut ihn an. »Was wird nun mit ihm?«

»Man wird ihn in der Erde verscharren.«

»Warum?«

»Weil er bestimmt nie mehr lebendig sein wird und weil in Zukunft nichts von ihm bleiben wird als Gestank und Gewürm.«

»Und das ist das Schicksal aller Menschen? Auch das meine? Auch mich wird man einscharren, und auch von mir wird nichts übrig bleiben als Gestank? Auch mich werden die Würmer fressen?«

»Ja.«

»Kehr um, ich will die Lustfahrt nicht, ich mache nie wieder eine.«

Und von nun an wendet Sakja-Muni alle Seelenkräfte darauf, sich von dem Leben zu befreien.[3]

Durch die Religionen und Philosophien zieht sich dieses Wissen der Erleuchteten: auf der einen Seite die, die am Haben orientiert sind und versuchen, die Erde diesem Prinzip zu unterwerfen; auf der anderen Seite die, die begriffen haben, dass Glück und Sinn gerade verschwinden, wo das Habenwollen herrscht. Haben oder Sein – das begreifen sie als das Gegenüber von Erde und Himmel. Der Himmel siegt, wenn das Haben verschwindet. Aber darüber zu sprechen – das kann zum tödlichen Risiko werden. Sokrates und Jesus haben das erfahren. Insofern kann man auch sagen: Der Himmel ist da, wo alles einfach ist, der Ort der Gelassenheit. Die Erde dagegen ist der Ort des unübersichtlichen Getümmels.

Wenn man ernsthaft vom Himmel zu reden beginnt, dann verschwinden die Kitsch-Engel, dann lösen sich die Wolken-Petrus-Karikaturen in nichts auf, dann geht es um Haben oder Sein, um Humanität oder Barbarei, um Leben oder Tod.

Diese Rede vom Himmel, die ja eine Sehnsucht nach dem Paradies ist, die gerät uns aber sogleich ins Stolpern. Geht das denn noch? Nach all dem, was wir erlebt haben?

Wie kommt der Mensch
in den Himmel?

DER NATIONALSOZIALISMUS HAT auf die Frage, wie man in den Himmel kommt, eine schauderhafte, manchmal denkt man endgültige Antwort gefunden: auf dem Weg durch den Schornstein des Krematoriums, aus dem Millionen ermordete Menschen als Rauch in den Himmel stiegen. Für viele Menschen ist der Holocaust das Brandopfer, das den Glauben an einen gütigen Gott endgültig zunichtegemacht hat. Und für viele hat sich deshalb die Sehnsucht nach dem Himmel erledigt, weil sie nur Hohn und Spott auf das Leiden der »vollständig Verbrannten« (das ist die Übersetzung von Holo-Caust) ist. Die Rauchwolken aus den Krematorien haben den Blick in den Himmel verdeckt. Vielleicht sogar für immer unmöglich gemacht?

Die Geschichte des polnischen Kinderarztes Janusz Korczak erspart einem nichts. Aber zugleich – so möchte man zu behaupten wagen – bricht sich in diesem Mann und seinen Taten das Andere, das Erlösende Bahn: ein himmlisches Tun. Es ist nicht nur eine Geschichte zum Verzweifeln, sondern auch eine Geschichte der Hoffnung gegen alle Hoffnung. Korczak lebt und stirbt, weil dieser kleine machtlose polnische Kinderarzt unbeirrt inmitten des Schreckens das Gute zu tun nicht aufhört und sich bis zur Selbstaufgabe gegen die Barbarei stemmt. Er schreibt:

Das Kind, das du geboren hast, wiegt zehn Pfund.
Das sind acht Pfund Wasser und eine Handvoll Kohle,
Kalk, Stickstoff, Schwefel, Phosphor, Pottasche, Eisen. Du
hast acht Pfund Wasser und zwei Pfund Asche geboren.
Und jeder Tropfen dieses deines Kindes war einmal Was-
serdampf einer Wolke, Schneekristall, Nebel, Tau, Quelle,

Bodensatz des städtischen Kanals. Und jedes Atom Kohle oder Stickstoff hat sich in millionenfachen Verbindungen vereinigt.

Du hast nur all das zusammengefügt, was schon da war ...

Die Erde pendelnd im unendlichen Raum.

Ihr naher Gefährte – die Sonne – 50 Millionen Meilen entfernt. Der Durchmesser unserer winzigen Erde, das sind nur 3000 Meilen Feuer, von einer dünnen, erstarrten Haut von 10 Meilen umgeben.

Auf diese dünne, von Feuer erfüllte Schale, zwischen Ozeanen – eine Handvoll Land geworfen.

Auf dem Land, zwischen Bäumen und Sträuchern, Insekten, Vögeln und allerlei Getier – wimmeln die Menschen wie Ameisen.

Unter Millionen Menschen hast du noch etwas geboren – was? – ein Hälmchen, ein Stäubchen – ein Nichts.

So zerbrechlich, dass eine Bakterie es töten kann, die unter tausendfacher Vergrößerung immer noch nur einen Punkt im Blickfeld darstellt ...

Aber dieses Nichts ist ein leibhaftiger Bruder der Meereswelle, des Sturms, des Blitzes, der Sonne, der Milchstraße.

Dieses Staubkorn ist ein Bruder der Ähre, des Grases, der Eiche, der Palme – des Kükens, des Löwenjungen, des Füllens, des Hündchens.

In ihm ist etwas, das fühlt, fragend forscht – leidet, wünscht, sich freut, liebt, vertraut, hasst – glaubt, zweifelt, an sich zieht und abstößt.

Dieses Stäubchen umfasst mit dem Gedanken alles: Sterne und Ozeane, Berge und Abgründe. Und was ist der Inhalt der Seele anders als ein Universum, aber ohne Maß?

Da haben wir den Widerspruch im menschlichen Wesen: Aus Staub ist es entstanden, aber Gott hat in ihm Wohnung genommen.[4]

Janusz Korczak, ein polnischer Kinderarzt, 1878 geboren, ist ein Heiliger unserer Tage. Ihm gelingt es, in dieser Beschreibung des Säuglings mit den Worten des modernen Menschen und eingebettet in die Erfahrungen unserer Zeit die Einheit des Menschen mit dem Kosmos zu beschreiben: Der Mensch ist nicht mehr als ein Staubkorn, und doch ist in ihm das ganze Universum präsent. Die Alten haben vom »Mikrokosmos« und dem »Makrokosmos« gesprochen. Das große All und das kleine Staubkorn entsprechen einander, sie sind aufeinander bezogen. Noch einmal sei an Goethes Satz erinnert: »Wär nicht das Auge sonnenhaft, die Sonne könnt es nie erblicken.« Diese Erfahrung, diese Geschichte erzählt Korczak und spricht in naturwissenschaftlichen Kategorien in unsere Zeit hinein.

Seinem Buch, aus dem diese Worte stammen, hat er den Titel gegeben: *Wie man ein Kind lieben soll.* Erstmals in der Geschichte der Erziehung werden darin von Korczak Rechte eingefordert, die das Kind dem Erwachsenen gegenüber ebenbürtig sein lassen. Dem Kind wird das Recht auf den Tod, das Recht auf den heutigen Tag und das Recht, das zu sein, was es ist, zugesprochen:

Die heiße, einsichtsvolle, ausgewogene Liebe der Mutter zum Kind muss ihm das Recht auf einen vorzeitigen Tod zugestehen, auf die Beendigung des Lebenslaufs, nicht nachdem die Erde die Sonne sechzigmal umkreist hat, sondern nachdem sie nur einen oder drei Frühlinge durchlaufen hat.

Auch in diesen Worten klingt noch einmal die Himmelsbezogenheit des menschlichen Lebens an. Und er nimmt ahnungsvoll die kommende Zerstörung des kindlichen Lebens vorweg, die sich mit der konsumistischen Fülle, der heute Kinder ausgeliefert sind, durchgesetzt hat:

Unser Kinderzimmer mit den symmetrisch aufgestellten
Möbeln und unsere geschleckten städtischen Gärten sind
weder das Terrain, in dem sich swoboda (polnisch: die
Freiheit) offenbaren kann, noch die Werkstatt, in wel-
cher der tätige Wille des Kindes seine Werkzeuge finden
könnte.[5]

Aus Furcht, der Tod könnte uns das Kind entreißen, entreißen
wir das Kind dem Leben, sagt Korczak: Wir wollen nicht, dass
es stirbt, und erlauben es ihm deshalb nicht, zu leben. Und in
den Spielen der Kinder manifestiert sich viel bitteres Wissen
um den Mangel an wirklichem Leben, resümiert der Kinderarzt – man müsste aus den Kinderzimmern die krankenhaus-
artige Stille und Sauberkeit und die Furcht vor einem aufge-
schürften Finger verjagen.

Ein Jahrhundert nachdem diese Zeilen geschrieben wurden,
sind Kinderzimmer nicht mehr still, sondern meist Orte stän-
digen Gedudels, in denen Kinder zwischen Plastikmüll herum-
waten. Aber das Leben ist erst recht aus ihnen vertrieben. Der
Inbegriff dieser Lebensvermeidung begegnete mir neulich in
jenem Playmobil-Lastwagen, der mit vorgefertigten und käuf-
lichen Plastikkrümeln statt mit wirklichem Sand beladen war.
Die Wirklichkeit ist immer mehr aus dem Leben der Kinder
ausgeschlossen – wahrscheinlich deshalb, weil sie auf diese
Weise darauf vorbereitet werden sollen, dass ihnen auch später
der Zugang zum wirklichen Leben versperrt bleiben wird.

Janusz Korczak leitete viele Jahre das Waisenhaus *Dom Sierrot*
(Haus der Waisen) in Warschau in der Krochmalnastraße 92,
das nach seinen Plänen konzipiert war. 1940 ordnen die Deutschen an, das Waisenhaus in das Warschauer Ghetto zu verlegen. 1942 wurde Korczak zusammen mit etwa 200 Kindern,
seiner Mitarbeiterin Stefania Wilczynska und dem Personal
aus dem Waisenhaus nach Treblinka gebracht und dort – vermutlich am 5. August 1942 – vergast und verbrannt. Er hatte

verschiedene Versuche, ihn zu retten, abgelehnt. Die Schriftstellerin Elfriede Jelinek scheint angesichts solcher Verluste zu resignieren:

> … diese Menschen gibt es nicht mehr und wird es, wie alle Toten, auch nie wieder geben, und zwar gibt es sie nicht mehr in einem viel umfangreicheren Sinn des Wortes, denn sie sind doch spurlos entfernt worden, keine Gräber vorhanden, nur die Gräber in den Lüften, und auch das ist schon zu poetisch gesagt, und das Verschwundensein dieser Leute ist ihre eigene Spur …

Das spitzt die eingangs gestellte Frage zu. Ist nicht nach Auschwitz weniger nach dem Wie, sondern vielmehr nach dem Ob zu fragen?

Ist gelingendes Leben unmöglich?

DAS 20. JAHRHUNDERT, in dem die moderne Zeit ihren (vorläufigen?) Kulminationspunkt erreicht, hat ungeheure technische und medizinische Fortschritte mit sich gebracht. Aber dieser Fortschritt hat auf seiner Rückseite auch Hiroshima und Auschwitz aus sich herausgesetzt. Die Atombomben, die über Japan abgeworfen wurden, und die industrielle Vernichtung von Menschen im Nationalsozialismus sind Ableger der Fortschrittsgesellschaft. Die Bomben kamen aus dem Himmel, der Rauch der Verbrannten stieg in den Himmel.

Die Kriege des 20. Jahrhunderts haben Millionen Menschen das Leben gekostet, Millionen auch sind in Lagern und Gulags zugrunde gegangen, die vernichtenden Angriffe auf die Natur haben im 20. Jahrhundert den entscheidenden Schub bekommen und ergänzen gewissermaßen mit Raubbau und Gift die Massenvernichtung von Menschen. Traditionelle Orientierungen und Milieus der Menschen sind in diesen Strudel der Barbarei mit hineingerissen, so dass die Menschen des 21. Jahrhunderts von allen guten Geistern verlassene Einzelgänger geworden sind. Das 20. Jahrhundert hat verbrannte Erde hinterlassen, auf der keine Schutzhütten mehr stehen – und der Himmel über den Menschen ist abgebrannt. Er lodert in Flammen, wie es die Feuerstürme in Hamburg und Dresden nach den Bombennächten des Zweiten Weltkriegs in lokalen Apokalypsen schon sichtbar gemacht haben. Dieser Feuersturm hat die Orientierungen, die Sinnfragen, die Beheimatung der Menschen abgefackelt. Bei dem Blick auf die Lebenslage der Jugend ist das vielleicht am schmerzlichsten spürbar. Das hat ein in Dänemark erschienenes Jugendbuch besonders drastisch zu erzählen gewusst. Ein Buch, das erst verboten wurde und sich dann zum Weltbestseller entwickelte. Es beschreibt ein Leben ohne Himmel.

»Nichts bedeutet irgendetwas, das weiß ich seit langem. Deshalb lohnt es sich nicht, irgendetwas zu tun. Das habe ich gerade herausgefunden.« Pierre Anthon, ein dänischer Schüler, sagt das in dem Roman *Nichts. Was im Leben wichtig ist,* den Janne Teller geschrieben hat. Das Jugendbuch wurde, als es 2001 in Dänemark erschien, zunächst verboten, dann mit Preisen überhäuft und ist nun in mehr als zehn Sprachen übersetzt.[6] Pierre Anthon verlässt mit den Worten »Nichts bedeutet etwas ...« den Unterricht und die Schule, für immer. Seine Klassenkameraden versuchen, ihrem nihilistischen Mitschüler das Gegenteil zu beweisen. Sie sammeln in einem verlassenen Sägewerk alles, was Bedeutung hat. Jeder soll etwas abgeben, was ihm besonders wichtig ist, damit so ein »Berg der Bedeutung« wächst, der Pierre vom Gegenteil überzeugen soll. Sie versuchen, mit dem Berg der Bedeutung den Himmel wieder zu erschaffen. Von Ole werden die Boxhandschuhe gefordert, von Hans das neue Rennrad. Hussein soll den Gebetsteppich hergeben. Aber die Sache eskaliert, die Forderungen werden radikaler. Rieke verliert so ihre sechs blauen Zöpfe, Gerda ihren Hamster. Aber die beiden Mädchen rächen sich mit noch grausameren Forderungen: Der Sarg des kleinen Emil muss auf dem Friedhof ausgegraben werden, und der Pastorensohn soll die Jesusstatue rauben. Sofie soll ihre Unschuld, der Gitarre spielende Johan seinen Zeigefinger opfern. Schließlich fliegt die Sache auf, Eltern und Polizei schreiten ein. Die Öffentlichkeit stürzt sich auf diesen »Berg der Bedeutung«, auf dem Hundeschädel, abgehackte Finger und ein stinkender Sarg liegen. Ein New Yorker Museum bietet schließlich viel Geld für den »Berg der Bedeutung«. Und die Jugendlichen verkaufen das, was nun zum Kunstwerk geworden ist.

Pierre hatte während dieser Geschehnisse im Pflaumenbaum gesessen und in den Himmel geschaut: Er übt sich darin, nichts zu tun, bewirft die Klassenkameraden mit Pflaumenkernen und ruft ihnen zu: »Wenn es etwas gibt, über das es sich lohnt, sauer zu werden, gibt es auch etwas, worüber es sich lohnt, sich zu freuen. Wenn es etwas gibt, über das es sich lohnt, sich zu freuen, gibt es auch etwas, was etwas bedeutet. Aber das gibt es nicht! … In wenigen Jahren seid ihr alle tot und vergessen und nichts, also könnt ihr genauso gut sofort damit anfangen, euch darin zu üben«, spricht er den vorübergehenden ehemaligen Mitschülern zu.

Pierre Anthons Sätze dringen in die Jungen und Mädchen ein. Sterblichkeit, Endlichkeit überall. Nur die Bahnen der Planeten über den Himmel sind ewig – aber auch das können sie nur trotzig vorbringen, bis Pierre Anthon ihnen zuruft: Das Universum ist dabei, sich zusammenzuziehen, und eines Tages kommt der totale Kollaps, ein umgekehrter Big Bang. Alles wird dann so klein und so verdichtet, dass es wie nichts sein wird.

Kurz bevor der »Berg der Bedeutung« für das Museum verpackt werden soll, gelingt es, Pierre in das Sägewerk zu locken, damit er den Berg der Bedeutung anschaut. Er lacht sie aus: »Also das ist die Bedeutung? Und deshalb habt ihr sie verkauft? Wenn das wirklich etwas bedeutet hat, dann hättet ihr das doch wohl nicht verkauft?« Sie prügeln Pierre in rasender Wut zu Tode und brennen das Sägewerk ab. Die Asche des Bergs der Bedeutung graben sie schließlich aus und füllen die Asche in Streichholzschachteln und in kleine Flaschen, um sie mitzunehmen. Und sie hören, was Pierre ihnen zugerufen hat: »Wenn sterben so leicht ist, dann deshalb, weil der Tod keine Bedeutung hat, dann deshalb, weil das Leben keine Bedeutung hat. Aber amüsiert euch gut.« Acht Jahre später schaut die Erzählerin immer noch dann und wann in ihre Streichholzschachtel und ahnt, dass das etwas ist, was Bedeutung hat. »Und ich weiß, dass man mit der Bedeutung nicht spaßen soll.« Die Jugendgeschichte spricht von der Verzweiflung in einer Welt, die einer wachsenden Zahl von Menschen die Erkenntnis aufzwingt, dass es keinen Sinn gibt: nicht im Kosmos, nicht im Leben, nicht im Großen, nicht im Kleinen. Jeder ahnt, dass die angebotenen Ersatzstoffe – Erfolg, Geld, Sex, Amüsement – nichts sind als Tünche über die vom Schrecken gezeichneten tödlich blassen Gesichter.

Es gibt ein ›Himmelsgedicht‹, in dem diese Nichtigkeit einen erschütternden Ausdruck gefunden hat. Das ist Paul Celans *Todesfuge*, vermutlich im Mai 1945 geschrieben:

Schwarze Milch der Frühe wir trinken sie abends
Wir trinken sie mittags und morgens wir trinken sie nachts
Wir trinken und trinken
Wir schaufeln ein Grab in den Lüften da liegt man nicht
 eng

Das Gedicht spricht von der Ermordung der Juden im Nationalsozialismus. Es geht zurück auf einen Artikel, der 1944 in der sowjetischen Regierungszeitung *Iswestija* erschien und über Verbrechen nach dem Einmarsch der deutschen Wehrmacht in Lemberg (damals Ukraine) berichtete. Häftlinge mussten Folter und Erschießungen mit einem eigens dafür komponierten »Todestango« begleiten: »Streicht dunkler die Geigen dann steigt ihr als Rauch in die Luft dann habt ihr ein Grab in den Wolken da liegt man nicht eng.« Massenerschießungen, Vergasung: Die Deutschen auf dem Rückzug versuchten, die Spuren ihrer Untaten zu löschen – auch deshalb »nur« ein Grab in den Lüften, ein Himmelsgrab. In einem Brief schreibt Paul Celan 1961: »Das ›Grab in der Luft‹ – lieber Walter Jens, das ist in diesem Gedicht weiß Gott weder Entlehnung noch Metapher.«[7]

Kann man, um die alte Frage in neuem Gewand noch einmal aufleben zu lassen, nach Auschwitz noch in den Himmel schauen, ohne den Rauch, der aus den Krematorien aufstieg, zu sehen? Ohne derer ansichtig zu werden, die ihr Grab in den Lüften haben? Man kann, wie wir wissen. Die Erinnerung an diese Untaten verblasst heute. Und nur Menschen wie Janusz

Korczak können vor der Verzweiflung bewahren. Der Verzweiflung, die daraus erwächst, dass diese ungeheuren Taten nicht Anlass waren, die Welt endlich zu einem gastfreundlichen Ort zu machen. Die Nichtigkeit des Menschen im Universum, die uns die Astrophysik vor Augen führt, die hat der Nationalsozialismus (und dazu kann man den Stalinismus, die Ermordung der Armenier und andere genozidale Verbrechen hinzuzählen) uns hier auf Erden vor Augen geführt. Gerade sind vor meinen Augen in der Tagesschau Bilder gezeigt worden, die sichtbar machen, wie syrische Soldaten einen Demonstranten niederschlagen, ihn treten und immer wieder treten, bis er tot ist. Das heißt ja: Es geht immer weiter. Dagegen kann man sich nur wehren, indem man die Geschichte von Janusz Korczak erinnert. Mnemosyne, die griechische Göttin der Erinnerung, ist heute vielleicht der wichtigste Zufluchtsort für den Himmel. Der schon in die Unterwelt verbannte Himmel kann vielleicht über unsere Erinnerung zurückkehren? In Zeiten der Informationsflut wird es aber für Mnemosyne, für die Erinnerung, immer schwerer, zu Gehör zu kommen. Andere Zeiten haben ihre sehr verschiedenen Weisen gehabt, das, was geschehen ist, in Erinnerung zu rufen. Griechen nutzten die Lyra, Azteken die Flöte, Buschmänner die Trommel, um den ganzen Körper Erinnerung werden zu lassen. Der Rhythmus der Vergangenheit holt in Afrika die Ahnen herbei, lockt in Mexiko die Toten.[8] Nur eine erinnungsabstinente Zeit wie die unsere hat alle Löcher verstopft und lässt Erinnerung verwehen. Die Erinnerung wird in der Lösch-Taste begraben, löst sich in der Kurzfristigkeit des elektronischen Massenaustauschs von Informationen wie in einem Säurebad auf. Darum ist Erinnerung die stärkste Stütze, die den Himmel daran hindern kann, einzustürzen.

Erinnerung, um die gekämpft wird wie in dieser Geschichte, in der Menschen nicht davon ablassen wollen, der in die Erde Verscharrten zu gedenken.

An der Himmelssehnsucht festhalten

Die Wüste Atacama ist ein besonderer Ort, eine Pforte in die Vergangenheit. Und das in doppelter Hinsicht. Atacama liegt im Norden Chiles, im Regenschatten der Anden. Diese Wüste gilt als die trockenste der Erde. Sie ist wegen der klaren Luftverhältnisse als Aussichtspunkt in den Himmel besonders geeignet. Deshalb stehen hier internationale Observatorien, die die größten Teleskope der Welt beherbergen. Sie erlauben einen Blick in das Universum, der Milliarden von Lichtjahren umfasst. Die extreme Trockenheit und der hohe Salzgehalt der Atacama-Wüste konservieren zugleich die Zeugnisse menschlicher Vergangenheit. Die ältesten Mumien der Welt wurden hier gefunden und die Überreste menschlicher Ansiedlungen, die vor 10 000 Jahren existiert haben.[9]

Während in ihren Observatorien oben die Astronomen in den Kosmos schauen, suchen unten Menschen mit den bloßen Händen und kleinen Schaufeln nach den Knochen ihrer Angehörigen. Die Atacama-Wüste bewahrt auch die Spuren der jüngeren chilenischen Vergangenheit. Massengräber, Konzentrationslager – die Knochen der Desaparecidos, der Verschwundenen – jener Regimegegner, die zwischen 1973 und 1990 während der Militärdiktatur des Augusto Pinochet verschleppt, gefoltert und getötet wurden. In seinem Film *Nostalgia de la Luz* – Sehnsucht nach Licht – hat Patricio Guzmán dem Nebeneinander von Sternenstaub und Knochensplittern ein bewegendes Denkmal gesetzt. Die einen suchen nach Sternen, die anderen nach Knochen. Die Astronomen schauen in die Vergangenheit, die Sucher in der Wüste auch. »Wie soll man erklären, dass das Kalzium, aus dem unser Skelett besteht, das gleiche Kalzium ist, das man in Sternen findet? Wie soll man darüber sprechen, dass chilenische Astronomen Sterne beobachten, die Millionen von Lichtjahren entfernt sind, während die Kinder in ihren Schulbüchern nichts über die Ereignisse in ihrem Land erfahren, die gerade mal dreißig Jahre zurückliegen?«, fragt Guzmán. In dem Film spricht er mit Victoria und Violeta, die seit achtundzwanzig Jahren in der Atacama nach ihren Angehörigen suchen. Auch mit Luís, einem Hobbyastronomen, für den der Blick in die Sterne im Gefängnis die Freiheit bedeutete.

Und wieder taucht die uralte Beziehung zwischen Himmel und Erde auf, die uns hier beschäftigt, nun in einer Weise, die die milliardenalte Geschichte des Universums mit der modernen Zeitgeschichte noch einmal in Beziehung setzt: In beiden wird uns die Nichtigkeit des Menschen vor Augen geführt. Und doch berührt uns die Erzählung von Victoria und Violeta wahrscheinlich mehr als das Schwarze Loch, das chilenische Astronomen in der Milchstraße entdeckt haben. Die Unendlichkeit des Raumes ist mit unseren Sinnen nicht erfahrbar, sie muss ein Spiel mit Zahlen bleiben. Victoria, die im Sand der Wüste mit bloßen Händen nach den Knochen ihrer Liebsten sucht: Die kann ich mir vorstellen. Ich kann ihren Kummer erahnen.

Jene Victoria sucht den Himmel in der Erde, versucht mit ihren Händen, den Himmel auszugraben und die Knochen ihrer Angehörigen wiederzufinden. Ein Aufstand gegen die Nichtigkeit, gegen die himmelslose Resignation, die sich aufdrängt mit dem Satz: Hat doch alles keinen Sinn.

Ein Streitgespräch mit den Verächtern der Himmelssehnsucht

Es IST AN der Zeit, das bisher Gesagte noch einmal mit den Aussagen der Astrophysik zu konfrontieren. Wenn wir von der Sehnsucht nach dem Himmel reden – entlarvt sich das nicht schnell als Schwärmerei angesichts der sicheren Ergebnisse der Naturwissenschaft, die allen Sinn- und Sehnsuchtsspekulationen doch längst ein Ende gesetzt hat? Schluss mit lustig: Die Sehnsucht nach Sinn gehört ins Museum oder zum Psychiater. Stephen Hawking und andere haben vor die altbackenen Fragen der Menschheit doch einen Riegel geschoben.

Die Schreckensbilanz des 20. Jahrhunderts hat nicht dazu geführt, dass die Menschen einen grundsätzlich anderen Weg eingeschlagen haben. Eine friedliche, sich selbst begrenzende, eroberungsmüde Welt ist nicht entstanden. Die Beherrschung und Eroberung der Erde hat stärker noch als zuvor den absoluten Vorrang bekommen – ergänzt um die Versuche, sich den Weltraum anzueignen. Der Blick in die kleinsten Teile des Universums und der Blick in die Weiten des Universums haben gigantische Fortschritte gemacht und erwecken doch den Eindruck, zuerst Eroberungsfeldzüge zu sein. Die Kolonisierung des Planeten wird ergänzt durch die Kolonisierung des Mikrokosmos und des Makrokosmos. Die Gene werden ebenso gemustert und zur Ressource erniedrigt wie die (schon ins Visier genommenen) Bodenschätze des Mondes.

Der ungeheure Aufschwung des rationalen Denkens, die explosive Vermehrung wissenschaftlicher Erkenntnisse haben dazu geführt, dass die Religionen immer mehr verdrängt wurden: Was braucht es noch Gott und die Religionen, wenn doch die Wissenschaftler die Menschen geworden sind, die als einzige noch berechtigt sind, über das wirklich Wahre zu sprechen?[10]

Wir haben uns schon mit den astrophysikalischen Positionen des Stephen Hawking auseinandergesetzt. Wir müssen dieses Gespräch hier noch einmal aufnehmen – und uns mit seinen »philosophischen« Reflexionen beschäftigen. Kaum jemand hat diesen Dominanzanspruch der Wissenschaft so radikal formuliert wie Stephen Hawking, der Astrophysiker im Rollstuhl, dreißig Jahre lang Lucasischer Professor für Mathematik an der Universität Cambridge – ein Lehrstuhl, den im 17. Jahrhundert Isaac Newton innehatte. Mit dem Physiker Leonard Mlodinow zusammen hat er das Buch *Der große Entwurf* geschrieben.[11] Die Lektüre dieses durchaus aufregenden Buches hinterlässt den Eindruck, dass der Mensch im Universum unvorstellbar nichtig ist – und dennoch zugleich ein ungeheuer schlaues Wesen, das imstande ist, die immense Weite des Kosmos zu beschreiben, zu berechnen und zu erkennen. Eine Zerreißprobe: Er, der Mensch, nein: der Wissenschaftler bleibt (mit seiner Erkenntnisfähigkeit) die Krone der Schöpfung und ist doch zugleich nicht einmal ein Staubkorn im Universum – genauer: in den Universen, denn davon gibt es offenbar mehrere. »Obwohl wir nach kosmischen Maßstäben nur winzig und unbedeutend sind, werden wir ... in gewissem Sinne zu den Herren der Schöpfung.«[12] Alle religiöse, kulturelle und wissenschaftliche Tradition vor unserer Zeit zerfällt aus der Sicht von Stephen Hawking und Leonard Mlodinow unter diesen Umständen zu nichts. Wie können wir die Welt verstehen, in der wir leben? Wie verhält sich das Universum? Was ist das Wesen der Wirklichkeit? Woher kommt das alles? Braucht das Universum einen Schöpfer? Das sind – so Hawking und Mlodinow – traditionell Fragen für die Philosophie. »Doch die Philosophie ist tot. Sie hat mit den neueren Entwicklungen in der Naturwissenschaft, vor allem in der Physik, nicht Schritt gehalten. Jetzt sind es die Naturwissenschaftler, die mit ihren Entdeckungen die Suche nach Erkenntnis voranbringen.«[13] Plato, Aristoteles, Thomas von Aquin, Kant, Hegel, Schopenhauer: alles erledigte Fälle. Schon deshalb, weil die Quantenphysik deutlich gemacht hat, dass nichts mehr von dem stimmt, wovon die Menschen einmal in ihren kosmologischen Betrachtungen ausgegangen sind. Ihr meint immer noch, dass die Objekte – die Sterne, hätte man früher gesagt – sich auf genau bestimmten Bahnen bewegen und genau bestimmte Geschichten haben? Richard Feynman, der am California Institute of Technology arbeitete (und angeblich einige Häuser weiter in einem Striplokal die Bongotrommel schlug), hat es besonders drastisch formuliert: Ein System hat nicht nur eine Geschichte, sondern jede mögliche Geschichte. »Das Universum selbst (hat) keine einmalige Geschichte und noch nicht einmal eine unabhängige Existenz.«[14]

Der Laie kann ja zu diesen radikalen Sätzen kaum etwas sagen, er steht mit offenem Munde da. Das naive Wirklichkeitsverständnis, mit dem wir durch den Alltag schlittern – so wird erläutert – ist mit der modernen Physik nicht zu vereinbaren. Die Dinge sind nicht so, wie sie scheinen, durch direkte Beobachtung lässt sich das aber nicht erkennen. Will sagen: Unsere Sinne trügen uns oder reichen nicht aus, um die wahre Wirklichkeit zu erfassen. Es ist allein die Unkenntnis der Naturgesetze, die Menschen in früherer Zeit veranlasste, Götter zu erfinden, die in das menschliche Leben hineinregieren. Die Griechen haben – so die Physiker – die wissenschaftliche Methode nicht erfunden, haben ihre Ansichten experimentell nicht verifiziert und sind so ihren Irrtümern anheimgefallen: »Obwohl die Theorien des Aristoteles oft nur geringe Vorhersagekraft besaßen, beherrschte sein Wissenschaftsbegriff das abendländische Denken fast zweitausend Jahre lang.«[15] Fast zweitausend Jahre, in denen Aristoteles das Denken der Menschen beeinflusst hat, in denen um Erkenntnis gerungen wurde, werden hier mit einem astrophysikalischen Knopfdruck in die Kläranlage gespült. Maßstab: die Vorhersagekraft. Der schöne alte Satz: »Wir sind Zwerge, die auf den Schultern von

Riesen sitzen (und deshalb sehen wir weiter)« wird außer Kraft gesetzt, ins Gegenteil verkehrt: Die Zwerge vor uns machen nur deutlich, dass wir Erkenntnisriesen sind. Auf ihren Schultern können wir nicht sitzen, wir treten sie in den Staub. Was die beiden Astro-Theoretiker hier vortragen, wirkt dann unter dem Strich doch wie Selbstanbetung. Die Welt des Denkens, der Theologen und Philosophen, versinkt und weicht dem Herrschaftsanspruch einer entfesselten Wissenschaft, die das Gespräch mit der Tradition kurzerhand abbricht. Die Beobachtung hat das Denken abgelöst. Die Hirntätigkeit hat die Augen und die Ohren, hat das Fühlen und das Schmecken überboten. Im *Guardian* hat Stephen Hawking noch einmal hinzugefügt: »Ich sehe das Gehirn als einen Computer, der aufhört zu arbeiten, wenn seine Bestandteile versagen.« Es gibt »keinen Himmel oder Leben nach dem Tod für kaputte Computer«. Das ist – so fügt er hinzu – ein Märchen für Leute, die sich im Dunklen fürchten. Aufgrund neuer physikalischer Erkenntnisse gebe es in den Theorien zur Entstehung des Universums keinen Platz mehr für Gott.[16]

Das Buch von Hawking und Mlodinow ist eine Abrechnung: mit der Religion sowieso, mit der Philosophie folgerichtig auch, aber letztlich auch mit den Menschen, die auf das, was sie sehen, vertrauen: Menschen, die ihren Sinnen folgen, obwohl ihnen doch gesagt ist: alles Lug und Trug. Der Mensch ist sinnlich – so sollen wir begreifen – impotent, nur sein Gehirn ist ein einigermaßen verlässliches Organ.

Aber dieser Gedanke wird noch weiter getrieben: Dieser Mensch, der da beobachtet, ist selber nichts als ein ausführendes Organ. Die Erkenntnisse der Molekularbiologie zeigen, dass biologische Prozesse den Gesetzen der Physik und Chemie unterworfen sind und daher genauso determiniert sind wie die Planetenbahnen. Neurowissenschaftliche Experimente bestätigen – so Hawking und Mlodinow –, »dass unser materielles, den bekannten naturwissenschaftlichen Gesetzen unterworfenes Gehirn ... unser Handeln bestimmt«. Einen freien Willen gibt es nicht, weil unser Verhalten von physikalischen Gesetzen bestimmt ist. Wir sind »biologische Maschinen«, und der freie Wille ist eine Illusion.[17] Man kann mit der Idee des freien Willens – dem Arbeitsbereich der Psychologie und der Wirtschaftswissenschaft – vorläufig noch hantieren, heißt es, weil es uns noch nicht möglich ist, alle Daten zu berechnen, die zu dieser oder jener Entscheidung eines Menschen führen. Die Welt ist in einem so lausigen Zustand, weil an so vielen Punkten noch nicht zu Ende gerechnet worden ist. Aber die beiden, Hawking und Mlodinow, gehen vom wissenschaftlichen Determinismus aus, und deshalb »gibt es natürlich auch keine Wunder oder so etwas«. Der sogenannte freie Wille ist der Ausdruck einer Berechnungsschwierigkeit: »Deshalb müssen wir sagen, dass jedes komplexe Wesen einen freien Willen hat, womit wir keine fundamentale Eigenschaft postulieren, sondern eine praktische Theorie formulieren, mit der wir eingestehen, dass wir die zu Vorhersagen seiner Handlungen erforderlichen Rechnungen nicht durchführen können.«[18]

13,7 Milliarden Jahre sind seit dem Urknall vergangen. Die Quantenphysik hat ein neues Wirklichkeitsmodell entwickelt. Kernaussage: Was wir intuitiv als Wirklichkeit ansehen, verliert an Bedeutung. Dazu gehören solche Aussagen wie: »Je genauer man die Geschwindigkeit misst, desto weniger genau kann man den Aufenthaltsort messen und umgekehrt.«[19]

In den Erkenntnissen der Quantenphysik stecken ja, das kann auch der Laie erahnen, große philosophische Möglichkeiten. Nach Newton existiert die Vergangenheit als eine eindeutige Ereignisfolge. Die Quantenphysik sagt, dass die (unbeobachtete) Vergangenheit unbestimmt ist wie die Zukunft: Sie existiert als ein Spektrum von Möglichkeiten. Das Universum hat nicht nur eine einzige Vergangenheit, nicht nur eine einzige Geschichte. Und noch mehr: Beobachtungen, die man an einem System vornimmt, können sich auf seine Vergangenheit auswirken. Das Universum – so Hawking und Mlodinow – hat nicht nur eine, sondern jede mögliche Geschichte.[20]

Man kann – so sagen die Fachleute selbst – die Quantenphysik nicht verstehen. Sie ist gewissermaßen da. Aber die Konsequenzen der Quantenphysik können wir erahnen. Seit Galileo Galilei ist alles ins Rutschen geraten: erst die Auffassung, dass die Sonne sich um die Erde dreht. Dann die Vorstellung, dass es nur ein Universum gibt. Dann die Idee, dass diese Universen eine fixe, berechenbare Vergangenheit und Zukunft haben. Konsequenz: Nun flimmert alles, nun ist alles flexibilisiert, es gibt nichts Festes mehr. Der Himmel, der sich über die Alten wölbte, Symbol für Dauer und Ewigkeit, ist eine Sinnestäuschung. Es ist der Inbegriff des Unzuverlässigen geworden, eine Bündelung der Sinnestäuschungen, denen sich der Mensch ausgesetzt sieht. Im Alltag denken wir uns noch den Himmel, der irgendwie da ist. Wir existieren, denken und fühlen an den Erkenntnissen der Quantenphysik vorbei.

Nach vorsichtigen Schätzungen expandierte der Kosmos bei seiner Entstehung (die Fachleute nennen das kosmologische Inflation) innerhalb von 0, 000 000 000 000 000 000 000 000 001 Sekunden um einen Faktor von 1 000 000 000 000 000 000 000 000 000.[21]

Die ungeheure Bedeutung, die sich die moderne Naturwissenschaft selbst zuschreibt, die zugleich ihre Bodenlosigkeit deutlich macht, findet sich in dem Satz:

»Nicht die Geschichte macht uns, sondern wir machen Geschichte durch unsere Beobachtung.«[22]

Wenn man da richtig hinhört, dann zieht sich der Mensch – in diesem Fall mit dem Namen Hawking und Mlodinow – die Attribute Gottes an: Wir machen die Geschichte. Der Physiker Hans-Peter Dürr, ein Dissident in seinem Fach, hat dagegen angeführt: »Auch die Wissenschaft ist nur eine Metapher. Im Augenblick sind wir in der Situation, dass die Wissenschaft sich aufspielt wie die Inquisition zu Zeiten Galileis, wo es hieß:

Wir wissen die Wahrheit, und du bist der Abtrünnige. Wir haben gelernt, dass die katholische Kirche darin falschlag.«[23] Im Grunde betrachtet der Mensch – der naturwissenschaftlich orientierte zumal – die Welt als etwas Äußeres, das von strengen Gesetzen bestimmt sei. Der vergöttlichte Mensch nimmt sich selbst – als Beobachter – da heraus.

Täuscht das, oder könnte es sein, dass da etwas kippt? Der naturwissenschaftliche Größenwahn diskreditiert die Sehnsucht nach Sinn, nach Erlösung, nach Ewigkeit als vormodernen Rest im Individuum, der vernünftigerweise von selbst verdorren müsse. Machen nicht die neueren Entwicklungen in der Physik einen Strich durch diese Rechnung? Die von Heisenberg entdeckte Unschärferelation besagt, dass Ort und Geschwindigkeit kleinster Teilchen nicht gleichzeitig festgelegt werden können. Das Atom – so kann man vereinfachend formulieren – verlor seine Form, man muss es wie eine Schwingung auffassen. »Wenn aber das Atom eine Schwingung ist, wo ist dann die Materie geblieben? Wir kommen zu der zentralen Aussage, dass Materie nicht aus Materie aufgebaut ist. Materie ist eine Als-ob-Erscheinung.«[24] Die Welt ist nicht Realität, sondern Potenzialität, sagt Hans-Peter Dürr. Man könnte auch (reichlich ungeschützt, wie Dürr anmerkt) sagen, sie sei Geist, sie sei reine Verbundenheit, reine Form, die aber dann, wenn die Verbundenheit sich überkreuzt, Knoten bilden kann, und dann passiert das, was wir Materie nennen. Damit wollen wir nicht das alte Spiel erneut spielen und Gott in der naturwissenschaftlichen Lücke suchen. Wohl aber wollen wir uns gegen die Diktatur der Wirklichkeit, gegen eine Monokultur des Denkens zur Wehr setzen.

Die naturwissenschaftliche Betrachtungsweise, wie sie Hawking vertritt, suggeriert: Die Sinnfrage ist abgeschlossen, sie ist überholt. Was wir noch nicht wissen, das sind Lücken, die über kurz oder lang durch Berechnung und Beobachtung geschlossen werden können. Dissidenten wie Dürr lassen ahnen, dass es auch andere Betrachtungsweisen geben könnte. Die herrschende Naturwissenschaft sagt: Der Himmel über uns, im alten Sinne des Wortes, als Ort der Hoffnung und der Paradiessehnsüchte, ist als Unsinn abzutun. Man darf vermuten, dass diese Sicherheit ungefähr die Qualität hat, die die Inquisitionskardinäle des 16. Jahrhunderts hatten: Das Ende dieser Arroganz war absehbar, auf das Ende der naturwissenschaftlichen Alleinvertretungsansprüche muss man hoffen, so wie man in den Kellern der Inquisition auf Licht im Dunkeln und den Zusammenbruch der Folterherrschaft hoffen musste. Es hat gedauert, aber der Zusammenbruch kam. In jedem geschlossenen System kann man auf einen Riss hoffen, durch den Licht von außen hereindringen kann. Vielleicht muss man nur warten auf die Risse in der naturwissenschaftlichen Selbstgefälligkeit. Merkwürdig ist ja, dass das »unwissende« Volk auf anderen Spuren wandelt. Milliarden geben die Deutschen an der Biomedizin vorbei für Alternativmedizin aus. Die Sehnsucht nach Spiritualität hat Millionen erfasst und lockt sie in bisweilen dubiose Sekten und esoterische Kreise, in Selbsterfahrungsgruppen; einschlägige Zeitschriften bieten Workshops aller Art an, die der verordneten Rationalität ins Gesicht schlagen. Es quillt die Sehnsucht nach dem Anderen auf oft schräge Weise aus den Ritzen. Welcher Schlager kommt ohne die Himmelssehnsucht aus? Sie ist nicht totzukriegen, diese Sehnsucht, und wahrscheinlich sind es nicht nur Hartz-IV-Empfänger, sondern auch Wissenschaftler, Banker und Manager, die heimlich und im Dunklen von der schönen Sentimentalität hinweggeschwemmt werden, wo man an irgendein Happy End glauben darf, das man dann am helllichten Tag als Volksverdummung diskreditiert.

Diese Phänomene zeigen zumindest, dass das Individuum der verordneten Weltanschauung skeptisch gegenübersteht, sich da nicht gänzlich einfangen lassen will. Sind das irrationale Reste, die in der nächsten Generation endlich verschwunden sind, oder ist es doch eine ungelenke Opposition gegen die Kälte einer durchrationalisierten Weltzumutung?

Der amerikanische Astrophysiker Carl Sagan hat die Entstehung des Universums und dessen Entwicklung bis zum gegenwärtigen Zeitpunkt in die Spanne eines Jahres eingezeichnet – und damit einen Schritt in die Anschaulichkeit getan. Eine Anschaulichkeit, die die nackten astronomischen Zahlen nicht erlauben. Seine Erzählung lässt uns ahnen, wo der Mensch seinen Platz im Kosmos hat. Während Hawking dem Menschen unablässig seine Bedeutungslosigkeit auf die Nase bindet, erlaubt Sagans Darstellung eine Besinnung: dass wir Menschen späte Phänomene sind, dazu aufgefordert, uns unserer Herkunft, unserer Geschichte und unserer Mischung aus Bedeutung und Bedeutungslosigkeit bewusst zu werden.

Der Preis der Vergesslichkeit
und die Kraft der Erinnerung

UM NULL UHR null am 1. Januar entsteht das Weltall – vielleicht durch einen Urknall. Am 1. Mai bildet sich die Milchstraße, am 14. September entsteht die Erde. Am 25. September entwickelt sich erstes Leben aus der Ursuppe. Zum 1. November wird die Sexualität erfunden, am 12. November die Fotosynthese. Die ersten Fische erscheinen am 19. Dezember, am 24. Dezember haben die ersten Saurier Premiere. Sie sterben vier Tage vor Jahresende wieder aus. Einen Tag später sind die Primaten auf der Bildfläche.

Der Mensch findet sich in diesem Szenario erst am letzten Tag des kosmischen Kalenders ein. Am 31. Dezember um 13.30 Uhr regt sich *Ramapithecus*. Der erste »Mensch« steht eineinhalb Stunden vor Mitternacht auf dem Planeten. Der Pekingmensch beherrscht um 23.46 Uhr das Feuer. Der *Cromagnon*-Mensch malt seine Höhlenbilder um 23.59 Uhr – eine Minute vor Mitternacht. 20 Sekunden später wird die Landwirtschaft erfunden. Zehn Sekunden vor Mitternacht ist die Blütezeit der ersten Hochkulturen. Sechs Sekunden danach findet Christi Geburt statt, und es ist 23.59 Uhr und 59 Sekunden, als durch die kopernikanische Wende die modernen Zeiten ihren Auftakt erfahren.

Es ist diese letzte Sekunde, die alle unsere Aufregungen umfasst. Das ebenso geniale wie aggressive Wesen Mensch hat in dieser Sekunde die Matthäuspassion komponiert und die Atombombe gebaut. Es hat aus Marmor den David gehauen und ist zum Mond geflogen. Die Französische Revolution hat stattgefunden und Kants Kritik der reinen Vernunft ist gedruckt worden.

So weit Carl Sagan. Und man könnte hinzufügen: In dieser Sekunde wird in Chile das Schwarze Loch in der Milchstraße entdeckt und sind die Konzentrationslager in Pinochets Chile entstanden.

Man darf vermuten, dass das Verschwinden des Himmels eine unsagbare Wut in den Menschen auslöst, die heute dazu führt, dass alle Erinnerungen an das, was vor uns gewesen ist, ausgelöscht werden muss. In dieser letzten Sekunde, die Sagan beschreibt, werden die Wurzeln gekappt, die uns mit unserer Vorgeschichte verknüpfen, um alles freizuräumen für die Beschleunigungsgesellschaft, die zwar alles dem Augenblick opfert, ohne jedoch wirklich im Hier und Jetzt leben zu können. Die modernen Gesellschaften sind damit beschäftigt, die Erinnerung an die letzten Sekunden vor Mitternacht auszutilgen. Sie zerstören systematisch die Lebensbedingungen der letzten Jäger und Sammler. Ob es die Aborigines sind oder die Pygmäen, die Buschmänner oder die Indios im Amazonasbecken. Sie werden vertrieben, zwangsumgesiedelt, ihrer traditionellen Lebensweise beraubt. Nicht wenige enden im Alkoholismus, in der Prostitution, als Quasi-Sklaven oder als Handlanger. Ein großer Reichtum an Sprachen, an Kenntnissen, an Lebensweisen geht für immer verloren. Und eine Weltsicht, die Himmel und Erde miteinander verschränkt – wie diese Erzählung der südafrikanischen *San*, die wir die Buschmänner nennen, auf anrührende Weise zeigt:

Der Mantis, jenes Insekt, das wir Gottesanbeterin nennen, hatte nasse Schuhe, und so rief er seine Tochter – die später die Eule geworden ist – und befahl ihr, die nassen Schuhe neben das Feuer zu legen, um sie zu trocknen. Damit war die Sonne sehr unzufrieden, dass Mantis es wagte, die schmutzigen Schuhe neben das Feuer zu legen. So ließ sie das Feuer heftig aufflammen, um die Schuhe zu verbrennen.
Als Mantis seine Schuhe holen wollte, waren sie verbrannt. Er schalt mit der Eule. Und die Eule hat sich selbst ge-

ärgert und nahm aus dem Feuer die glühenden Kohlen, warf sie hoch in die Luft und rief aus: »Da, glühende Kohlen, werdet zu Sternen, damit wir nachts Licht haben, wenn Mond und Sonne nicht scheinen!« Und zur glühenden Asche sagte sie: »Da, Asche, werde zur Milchstraße, um den Sternen leuchten zu helfen. Gib Licht, damit die Menschen nachts sehen können und nicht zu Hause sitzen zu brauchen.«

Da kam ein starker Wirbelwind und trug die Kohlen und die Asche hoch über die Wolken: Die schimmernden Kohlen wurden zu funkelnden Sternen, und die glühende Asche wurde zur Milchstraße, die über der Erde steht wie ein leuchtender Bogen. Nun gab es genug Licht, um nachts umherzugehen.

Als die Sonne am folgenden Tag hinter den Bergen hervorkam, sah sie die Eule sitzen und fragte: »Wer hat den Himmel voll glühender Kohlen und Asche geworfen?«

Die Eule antwortete: »Ich, denn es ist nachts so dunkel, dass niemand sieht, wo er läuft.«

Darauf sagte die Sonne: »Weißt du, welch großes Unheil du angerichtet hast? Nun werden die Menschen sich nachts herumtreiben, um Böses zu tun. Ich habe die Nächte mit Absicht so dunkel gemacht, damit die Menschen ihre Hände nicht vor Augen sehen können und sie zu Hause bleiben müssen und schlafen; der Tag ist doch lang genug zum Jagen, Erzählen und Feiern, aber nun wirst du sehen, dass du Untaten Tür und Tor geöffnet hast. ... Fortan sollst du nur nachts bei Sternenlicht fliegen, denn wenn ich dich bei Tage erblicke, werde ich dich, so wie die Schuhe, zu Asche verbrennen. Wer dich auch sieht, wird dich für deine dumme Handlung verspotten. Da, geh mir aus den Augen und bewohne die Nacht! Du wirst sehen, dass die Sterne dir traurig wenig Licht spenden werden – gerade genug für Übeltäter, um Böses zu tun. Die Sterne sind zu *gering, um euch Wärme zu geben; deshalb werdet ihr nachts vor Kälte zittern und beben.«*

Da flog die Eule weg, um sich zu verstecken, denn wenn sie bei Tage herumfliegt, wird sie verspottet.

Und nun sitzt sie und denkt darüber nach, was sie getan hat – ob es recht oder verkehrt war. Wo sie sitzt, ruft sie aus: Ho, hoa (was in der Sprache der San aufheben, hochheben bedeutet). Damit fragt sie sich, ob sie Unrecht getan hat, die Kohlen und die Asche in den Himmel geworfen – oder hochgehoben – zu haben.

Die Sonne blendet tagsüber die Eule, die Eule hat deshalb seit diesem Tag ihren Bruder, die Sonne, nicht wiedergesehen. Sie freut sich nur an der Milchstraße und an den Sternen, die sie selbst erschaffen hat.

Und so ist es gekommen, wie die Sonne vorhergesagt hatte, denn seit dieser Zeit treiben sich Löwe, Leopard, Schakal und Hyäne wieder nachts zum Rauben und Morden herum. Seitdem vermehren sich die Übeltäter, denn nun haben sie nachts genug Licht für ihr Treiben, können aber von anderen nicht rechtzeitig ausgemacht werden.[25]

Wie wunderbar in dieser Erzählung Naturerfahrung, Beobachtung, Fabulierlust, Moral und Welterklärung miteinander verschränkt sind! Die Himmelserscheinungen Milchstraße und Sterne entstehen direkt aus dem Feuer, um das man sitzt und erzählt. Die Glut des Feuers und die Glut der Sterne sind miteinander verwandt. Die Eule, die nur nachts jagt, wird als Bestrafte, die über ihre Tat nachdenken muss, beschrieben. Die Angst vor der Nacht, vor der Kälte, vor den gefährlichen Tieren wird anschaulich, wird in Worte und in Himmelstheorie gefasst. Der Zauber des Himmels verlangt nach Erklärung, nach Beruhigung. Was die moderne Naturwissenschaft auseinandernimmt, ist hier ineinander verschlungen. Die Kohle im Feuer und der leuchtende Stern am Himmel.

Südafrikanische Regierungen agitieren gegen die *San*, zentral-afrikanische Regierungen gegen die Pygmäen; die Nuba am Blauen Nil werden von arabisch-sudanesischen Milizen ver-gewaltigt, getötet oder in Lager verschleppt: Gier auf Land, auf Rohstoffe beflügeln die Vernichtungsfeldzüge, aber das Vorgehen wird mit dem Kampf gegen Rückständigkeit, gegen die Nichtsesshaftigkeit, die angebliche Unbildung und Unor-dentlichkeit gerechtfertigt, die der Modernisierung der Nation im Wege stehe.

Dabei gerät völlig in Vergessenheit, dass die Menschen, seit sie existieren, vor allem als Jäger und Sammler gelebt haben. Hun-derttausende von Jahren sind sie so unterwegs gewesen – die moderne Zeit, die technische Zivilisation ist demgegenüber – im Bild von Carl Sagan – eine Sache von Sekundenbruchteilen. Wir vernichten unsere Vergangenheit. Schon bald wird es keine lebenden Zeugen und Kenner der Zivilisation der Jäger und Sammler mehr geben: Und mit ihnen verschwinden ihre Welt-kenntnisse, ihre besonderen Weisen des Umgangs mit Kosmos und Natur. Christoph Türcke hat darauf hingewiesen, dass es der Traum ist, der eine Art Zeitfenster ist, durch das wir in das Seelenleben der Steinzeit zurückschauen können. Von dort aus lassen sich praktisch alle großen Fragen der Menschheit beant-worten: das Rätsel des Bewusstseins und des Menschenopfers, die Entstehung von Sprache, Religion und Kunst, die Wand-lung der Sexualität zum Eros und die Tabuisierung des In-zests.[26] Vielleicht rührt ja der Vernichtungswille gegen die überlebenden Zeugen der Steinzeit daher? Ausradiert wird jedenfalls die lebende Erinnerung an die Urzeit der Menschen, in denen Kosmoserfahrungen und menschliche Erfahrungen miteinander verknüpft waren. Das zeigen die Religion, die Märchen, die Alltagshandlungen dieser zum Untergang ver-urteilten Völker.

Vielen südamerikanischen Waldindianern ist ihr Haus ein ver-kleinertes Abbild der Welt. Der Mittelpfosten entspricht der

Weltachse zwischen Himmel, Erde und Unterwelt. Die Ordnung des Hauses bildet die Ordnung der Erde ab. Es ist aufgeteilt in einen Raum für Männer und Besucher und einen für die Frauen und die eigene Familie – entsprechend der Arbeitsteilung zwischen den Geschlechtern, die sich durch alle religiösen und profanen Bereiche zieht. Der Indianer baut sein Haus: Damit wiederholt er den Schöpfungsakt, baut ein religiöses Symbol, vollzieht eine Art tätigen Gottesdienst.[27] Welch ein kultureller Reichtum – verglichen mit dem Fertighaus, das der Pendler irgendwo auf ein erschlossenes Feld stellt, neben einem Dutzend ähnlicher Häuser, die kein Woher und kein Wohin kennen – außer vielleicht dem der ökologischen Korrektheit. (Da ist der Besucher willkommen, weil er zur positiven Wärmebilanz im Hause beiträgt ...) In diesen Boxen schläft er neben seinem Auto, beobachtet, ob seine Kleinfamilie den Zerfallsprozessen standhält, fragt sich, ob die Hypotheken abgezahlt werden können, auch wenn der Job in Gefahr ist, ärgert sich über die Nachbarn, führt den Hund aus und lässt die Zukunft über sich rollen, bis Alter und Tod ihm den Garaus machen. Von welchem Fortschritt ist da die Rede?

Im Tanz den Himmel wiederfinden?

DIE ERINNERUNG AN andere Himmels*konzepte* mag geeignet sein, unsere Gegenwart zu relativieren. Im Tanz haben – zum Beispiel – die alten Kulturen den Kosmos, seine Erschaffung und seine Gefährdung gefeiert. Wahrscheinlich ist der Tanz das älteste Mittel zur Wiederverzauberung des Himmels. Im alten Ägypten führten Priester in astronomischen Tänzen Tod und Wiedergeburt des Gottes Osiris auf. Shivas kosmischer Tanz im Flammenkreis des Lebens ist das Symbol eines dynamischen Universums, Symbol der Bewegung und des ewigen Kreislaufs von Werden und Vergehen.[28]

Shiva hat vier Arme – dargestellt auf einer Bronzestatue aus dem 12. Jahrhundert: Er hält in der rechten oberen Hand die Trommel. Mit einem Trommelschlag hat Shiva die Welt erschaffen, und mit dem Rhythmus der Trommel bestimmt und erhält er den Gang der Schöpfung, den kosmischen Tanz. In seiner linken oberen Hand hält er eine Flamme, das Symbol der Zerstörung und des Weltendes. Die untere rechte Hand zeigt die Geste des Schutzes und der Ermutigung. Mit der unteren linken Hand weist Shiva auf seinen zum Tanz erhobenen und von der Haftung an den Boden befreiten linken Fuß.

Der Tanz verbindet ursprünglich wohl irdische Aktivitäten mit der kosmischen Ordnung. Und natürlich bildet sich darin wieder der große Kosmos (Makrokosmos) im tanzenden menschlichen Körper (Mikrokosmos) ab. Und immer wieder – auch in der abendländischen Antike – bildet der Tanz den Reigen der Gestirne ab. Lukian von Samosata (120 bis 180) schreibt über die Tanzkunst, sie habe mit dem Weltall einen gemeinsamen Ursprung. »Was ist jener Reigen der Gestirne und jene regelmäßige Verflechtung der Planeten mit den Fixsternen … und die schöne Harmonie ihrer Bewegungen anders als Proben jenes uranfänglichen Tanzes?«

Ein anonymer Text aus der Spätantike – manchmal Augustinus zugeschrieben – schreibt dem Tanz die Kraft der Verzauberung zu:

Ich lobe den Tanz, denn er befreit den Menschen von der Schwere der Dinge; bindet den Vereinzelten zu Gemeinschaft. Ich lobe den Tanz, der alles fordert und fördert: Gesundheit und klaren Geist und eine beschwingte Seele. Tanz ist Verwandlung des Raumes, der Zeit, des Menschen, der dauernd in der Gefahr ist, zu zerfallen, ganz Hirn, Wille oder Gefühl zu werden. Der Tanz fordert den befreiten, den schwingenden Menschen im Gleichgewicht aller Kräfte. Ich lobe den Tanz! O Mensch, lerne tanzen, sonst wissen die Engel im Himmel mit dir nichts anzufangen.[29]

Das Gegengift der Sehnsucht

Sind wir dabei, den Himmel zur Metapher für die Wünsche des Menschen werden zu lassen? Verflüchtigt sich der Himmel zu einer nebelhaften Idee, in der die heimatlos gewordenen Sinnfragen und die Suche nach dem Guten noch ein verlöschendes Dasein fristen? Der Himmel ist ja von diesen beiden Seiten her aufgefressen: von der modernen Erfahrung, dass vom Himmel nichts Schützendes ausgeht, und von der Erkenntnis, dass das Blau des Himmels eine optische Täuschung ist. Und kommt nicht ein Drittes hinzu? Sind wir nicht gerade im Begriff, den Himmel zu erobern, zu zerstören und auszubeuten? Was vom Himmel bleibt – das scheint ein Arbeitsfeld für Astrophysiker, Rohstoffexperten, Prospekteure mit Goldgräbermentalität und für Extrem-Touristen zu sein. Aus dem Himmel als dem Wohnort der Götter wird ein Umschlagplatz für menschliche Geschäfte. Nebenbei auch ein idealer Müllplatz.

Geben wir den Himmel also auf, mag er Zuflucht finden in einer unaufgeklärten Pädagogik, die Kinder in die Irre führt; etwas für Menschen, die sich weigern, den Tatsachen ins Auge zu schauen. Etwas liebevoller gesagt: für die europäischen Aborigines unter uns, die weißen Buschmänner, die traditionsverhafteten deutschen oder abendländischen Eingeborenen, die sich in süßen Illusionen abseits der säkularisierten Moderne wiegen? Der Himmel – ist das nur noch etwas für den Feierabend? Etwas, was sich allenfalls noch in Vorabendserien, Schlagern, Urlaubsträumen spiegelt?

Gegen die Ökonomisierung des Blauen über uns steht die Sehnsucht nach Sinn, nach Bedeutung, nach Fülle, nach Erklärung, nach Erzählung.

Wohl niemand hat so wie Matthias Claudius 1804 in seinem

Gedicht *Die Sternseherin Lise* die Weltharmonie, die beglü-
ckend-bestürzende Anschauung der Schönheit des Himmels
beschrieben – und wir müssen uns fragen, ob das nur mehr
Retrospektive sein kann, die wir – vielleicht mit einer Träne im
Auge – als verloren verabschieden müssen:

Ich sehe oft um Mitternacht,
Wenn ich mein Werk getan,
Und niemand mehr im Hause wacht,
Die Stern' am Himmel an.

Sie gehn da, hin und her zerstreut
Als Lämmer auf der Flur;
In Rudeln auch und aufgereiht
Wie Perlen auf der Schnur.

Und funkeln alle weit und breit,
Und funkeln rein und schön;
Ich seh' die große Herrlichkeit
Und kann mich satt nicht sehen …

Dann saget unterm Himmelszelt
Mein Herz mir in der Brust:
Es gibt was Bessres in der Welt
Als all ihr Schmerz und Lust.

Ich werf' mich auf mein Lager hin
Und liege lange wach,
Und suche es in meinem Sinn;
Und sehne mich danach.

Die Wiederverzauberung des Himmels liegt wohl – nachdem
alle Gewissheit zertrümmert ist – in diesem Sehnen, von dem
Matthias Claudius spricht. Ein Sehnen, das keinen Augenblick

die Schrecken, die unter dem Himmelszelt möglich sind, die Schrecken, die Menschen anrichten, vergisst – und dennoch mit verzweifeltem Röcheln ein *credo quia absurdum* – Ich glaube, obwohl es absurd ist – hervorstößt.

Vielleicht gehört solches Sehnen, das zwischen Trost und Trostlosigkeit taumelt, auf die Seite des Lebendigen? Vielleicht gehört die kalte Gewissheit der modernen Himmelsforscher, deren Ergebnisse man ja nicht bestreiten kann, auf die Seite des Toten, des Unlebendigen? Die Suche nach dem verlorenen Himmel ähnelt allerdings einem Umherirren in der Wüste, Gewissheiten sind da nicht abzuräumen.

Die Frage nach der Himmelssehnsucht des modernen Menschen bringt auch die Frage auf den Tisch, wer lebendig ist und wer schon mitten im Leben tot ist, dem Leben abgestorben. Das Thema »lebendig oder tot« – das ist das Urthema der Religion und der Philosophie, aber es wird dabei nicht nur von lebenden Körpern und kalten Leichen gesprochen. Man kann – wie Paulus im neutestamentlichen Brief an die Gemeinde in Rom immer wieder sagt – lebendig aussehen und doch tot sein. Und das ist wohl etwas, was alle Menschen wissen oder ahnen. »Nekrose« ist eine medizinische Bezeichnung für im Menschen abgestorbene tote Teile. Man kann eine Nekrose zum Beispiel in der Hüfte haben. Aber es gibt natürlich auch eine seelische Nekrose. Manche Menschen scheinen lebendig, sind aber Zombies, sie leben nicht – ihr Herz ist tot, sie sind mitleidslos, sind nur dem eigenen Wohlergehen verfallen. Im Geld, im Gold liegt eine besonders gefährliche Ansteckungsmöglichkeit. Sigmund Freud hat vielfach darauf hingewiesen, dass in der babylonischen Mythologie Mammon als der »Kot der Hölle« galt – beides: Das Gold und der Dreck haben ihren Ursprung in den unterirdischen Welten. Und wie der Kot den Körper verunreinigt, so bildet Gold, das in die Seele eindringt, dort Nekrosen aus. Das haben schon die Griechen gewusst, die die Geschichte von Midas erzählten, dem die Gabe geschenkt war, alles, was er berührte, zu Gold werden zu lassen. Die Freude daran währte nur kurz, denn ihm wurde auch sein Essen, sobald er es berührte, zu Gold, und so drohte ihm der Hungertod, hätten die Götter sich seiner nicht erbarmt und die Gabe, die zum Fluch wurde, wieder von ihm genommen – er war im Begriff, an seiner Goldnekrose zu sterben.

Der Himmel als das leere Grab?

DEN RÖMERBRIEF DES Apostels Paulus im Neuen Testament kann man – Christ oder Nichtchrist – lesen als ein leidenschaftliches Plädoyer dafür, das Tote wahrzunehmen und nach dem Leben zu greifen: »Aber fleischlich gesinnt sein ist der Tod, und geistlich gesinnt sein ist Leben und Friede.« (Röm. 8,6) Spüren nicht alle Menschen, dass sie immer das Risiko laufen, das Tote in sich übermächtig werden zu lassen und das Lebendige an sich zu verschmähen? In hellsichtigen Augenblicken – in Augenblicken der Gnade, hätte man früher gesagt – ist man sich dieser Todesdrohung mitten im Leben bewusst. »Da ist kein Element und kein Partikel der Welt, das nicht, wie von einer Erkenntnis ihres gegenwärtigen Jammers erfasst, auf Auferstehung hoffte«[30] – so hat der Schweizer Reformator Calvin gesagt. Und diese Auferstehung ist eine, die sich hier und jetzt ereignet, wenn uns das Tote verlässt. Der Himmel kann – so muss man mit Paulus sagen – jederzeit in das Leben einbrechen. Dann wird das unmittelbare Leben, das so oft entbehrt wird, augenblicksweise gegenwärtig. Kennt nicht jeder dieses Gefühl, gerade wieder einmal das Leben zu verfehlen oder zu versäumen? Das Leben des Menschen ist – so hat Jean-Paul Sartre formuliert – eine unnötige Passion: Von der »Knechtschaft der Verweslichkeit« spricht ganz ähnlich Paulus. Karl Barth, der Schweizer Theologe, hat in seinem Kommentar zum Römerbrief, der 1918 veröffentlicht wurde und damals zu einem Durchbruch in der Theologie führte, die kosmische Dimension, die im Gegenüber von Tod und Leben, von Totem und Lebendigem, von Himmel und Erde zu finden ist, beschrieben. In einem Abschnitt aus seinem Römerbriefkommentar, der für uns heute nicht leicht zu lesen ist, aber den zu lesen die Mühe lohnt, heißt es:

Das ewige Widerspiel von Kraft und Stoff, Werden und Vergehen, Organisation und Dekomposition, Lebensdurst und Sterbenotwendigkeit, wie sollte die »Knechtschaft der Verweslichkeit«, in der sich von der Mikrobe bis zum Saurier und bis zum theologischen Schulhaupt alles Geschaffene befindet, alles, was wir als Leben kennen oder ... als solches vorzustellen vermögen, wie sollte das unmittelbares, wirkliches, ewiges Leben sein? Woher nur der traurige Mut, den der Mensch (besonders der westliche Mensch) immer wieder findet, in ruchlosem Optimismus nicht zu sehen die Leerheit, die Abwesenheit des Schöpfungslebens, die doch wahrlich aus der Schönheit (z. B. des menschlichen Leibes) ebenso wie aus der Hässlichkeit, aus der Erhabenheit (z. B. der Berge) ebenso wie aus der Erbärmlichkeit, aus dem Licht (z. B. des Mondes oder eines neuen Buches) ebenso wie aus der Finsternis alles Geschaffenen spricht, sprechen würde, wenn wir nicht so taub wären! Verlieren müssen wir die Ehrfurcht vor dem Pseudo-Leben, das wir zu begreifen vermögen, diese Ehrfurcht, mit der wir dem Geheimnis des Kosmos gerade nicht gerecht werden. Wiederfinden müssen wir jenes »vernünftige Schauen«, das im Kosmos der Unanschaulichkeit Gottes gewahr wird.[31]

Die »Leerheit« des Kosmos gilt es zu begreifen. Karl Barth versteht sie als den Ausdruck dafür, dass das Geschöpf vom Schöpfer abgefallen ist und deshalb sein Kosmos *leer* ist. Genau in dieser Erkenntnis der Verlorenheit und Verlassenheit – »lückenlose Knechtschaft« nennt das Karl Barth – ist aber auch die Erkenntnis der Freiheit:

Das Entsetzen vor der Verweslichkeit ist auch die Hoffnung der Unverweslichkeit, das letzte Halt! Ist auch das erste Vorwärts! ... Ist der Mensch frei, dann ist auch die

Welt frei. Ist der Mensch eins mit sich selber, weil eins mit Gott, dann ist auch im Kosmos kein dies und das, kein innen und außen, kein Werden und Vergehen.[32]

Und Karl Barth zitiert da ganz zu Recht zur Unterstützung seiner These sehr kühn den Gottes- und Himmelstöter Friedrich Nietzsche: »Wahrlich eine Stätte der Genesung soll noch die Erde werden und schon liegt ein neuer Geruch um sie, ein heilbringender und eine neue Hoffnung.«[33]

Karl Barth macht Schluss mit der Suche nach Gott im Himmel und in den endlosen Räumen des Kosmos. Gott ist der ganz Andere, den wir nicht erkennen können. Gott ist – so Karl Barth – die uns unbekannte Ebene, die die uns bekannte senkrecht von oben durchschneidet.[34]

Vielleicht sollten wir der Astronomie dankbar sein, dass sie die himmlischen Haltegriffe weggerissen hat und zu einem neuen Nachdenken über den Kosmos, den Sinn und das Leben gezwungen hat? Man muss der Raumfahrerhybris – »Wir haben da oben keinen Gott gesehen« – nicht folgen. Denn dieser Astronaut ist eine Verkörperung moderner Oberflächlichkeit: So primitiv, wie dieser Astronaut die gläubigen Menschen sieht, ist ja schon lange niemand mehr. Der Himmel ist – so könnte man sagen – das leere Grab, in dem der gekreuzigte Jesus von Nazareth gelegen hatte und vor dem die Jünger stehen und gefragt werden: »Wen sucht ihr?«

Die Suche, das Sehnen, von dem Matthias Claudius spricht – das bleibt und hält uns am Leben, und das ist nicht zu verwechseln mit dem Versuch, der Astronomie doch noch ein Zugeständnis abzuluchsen, es gäbe da eine Lücke, in der der Schöpfer sich versteckt halten könnte.

Allerdings gilt auch die Umkehrung: Der unbegründbare Anspruch der Naturwissenschaft, sie könne die Welt und ihre Entstehung ganz und gar erklären, sie habe damit die Sinnfrage als unsinnig erledigen können – die rechnet nicht mit dem Sehnen des Menschen, das ihr aus den Händen rutscht, das sie nicht greifen kann und auch nicht auslöschen kann. Bisher noch nicht.

Wiederverzauberung heißt nicht: Augen zu und durch – so wie es die Kreationisten machen, die an amerikanischen Schulen auf der biblischen Schöpfungslehre bestehen und die Erkenntnisse der Naturwissenschaft unter den Tisch kehren. Sie versuchen eine banale Rekonstruktion des Himmels, so zum Beispiel in Kentucky: Dort soll ein Disneyland für Bibelfromme entstehen. Die Arche Noah wird im Maßstab eins zu eins nachgebaut, sie wird eine Länge von einhundertzweiundfünfzig Metern haben. Tiere für die Arche sind auch vorgesehen. Natürlich ist auch der Turm von Babylon dabei. Moses wird zu festgesetzten Zeiten das Meer teilen – einen künstlichen Teich. Das in der Nähe gelegene *Creation Museum* haben innerhalb von drei Jahren bereits 1,2 Millionen Menschen besucht. Dort wird die Evolutionstheorie bestritten: Gott schuf die Erde in sechs Tagen. Der amerikanische Fernsehsender CBS wollte 2009 in einer Befragung wissen, welcher archäologische Fund die US-Bürger am meisten interessiert: Dreiundvierzig Prozent nannten die Arche Noah. Die Arche wird entworfen von Mark Looney – er hat schon die Attraktionen für die Filme *King Kong* und *Der weiße Hai* gebaut. Ausdruck einer verqueren Ahnung davon, dass die Menschen die (naturwissenschaftliche) Zumutung der Sinnlosigkeit nicht aushalten. Fundamentalismus dieser Art ist wohl als ein hilfloser Versuch anzusehen, den traditionellen »Himmel« zu rekonstruieren.[35]

Die Möglichkeit der Wiederverzauberung geht nicht ohne und nicht gegen die Naturwissenschaft, nicht ohne die Astronomie. Aber vielleicht im Gespräch mit ihr? So wie Albert Einstein eine kosmische Religiosität reklamiert: »Seine (des Forschers) Religiosität liegt im verzückten Staunen über die Harmonie der Naturgesetzlichkeit, in der sich eine so überlegene Ver-

nunft offenbart, dass alles Sinnvolle menschlichen Denkens und Anordnens dagegen ein ganz nichtiger Abglanz ist.«[36]
Das ist natürlich ein ganz anderer Himmelsblick als der des Karl Barth. Hier, bei Einstein, »offenbart« sich im Kosmos das Außerordentliche, vielleicht kann man sogar sagen: das Transzendente. Es wird jeder Mensch für sich entscheiden müssen, ob der Kosmos ihm den Schrecken oder das Schöne vor Augen stellt – oder beides. Oder wie bei Karl Barth: Nichts.

Den Himmel den Engeln
und den Spatzen überlassen?

WIR SIND HEUTZUTAGE sehr schüchtern in der Rede vom Himmel. »Den Himmel überlassen wir den Engeln und den Spatzen«, hat Heinrich Heine gesagt. Und darin ist der Vorwurf unüberhörbar, dass die Himmelsrede von der Notwendigkeit ablenkt, schon hier und jetzt bessere Verhältnisse zu schaffen. Die Vertröstung auf den Himmel sei – so Heine – ein alter Trick, um die Ansprüche der Armen auf den Sankt-Nimmerleins-Tag zu verschieben. In seinem Gedichtzyklus *Deutschland, ein Wintermärchen* spricht Heine von dem Harfenmädchen, das mit »wahrem Gefühl und falscher Stimme« singt:

Sie sang vom irdischen Jammertal,
von Freuden, die bald zerronnen,
vom Jenseits, wo die Seele schwelgt,
verklärt in ew'gen Wonnen.

Sie sang das alte Entsagungslied,
das Eiapopeia vom Himmel,
womit man einlullt, wenn es greint,
das Volk, den großen Lümmel.

Ich kenne die Weise, ich kenne den Text,
ich kenn auch die Herren Verfasser,
ich weiß, sie tranken heimlich Wein
und predigten öffentlich Wasser.

Ein neues Lied, ein besseres Lied,
o Freunde, will ich euch dichten!
Wir wollen hier auf Erde schon
das Himmelreich errichten.

Und ebendieses Gedicht mündet in die bekannten Zeilen: »Den Himmel überlassen wir den Engeln und den Spatzen.« Ein Zeitgenosse Heines, Ludwig Feuerbach, hat diese Aufforderung in ein philosophisches Gewand gekleidet: Aus Theologen müssen – so meint er – Anthropologen werden, aus Kandidaten des Jenseits Studenten des Diesseits, aus religiösen Kammerdienern der himmlischen und irdischen Monarchie sollen freie und selbstbewusste Bürger der Erde werden. »An die Stelle des Glaubens ist der Unglaube getreten, an die Stelle der Bibel die Vernunft, an die Stelle der Religion und Kirche die Politik, an die Stelle des Himmels die Erde, an die Stelle des Gebets die Arbeit, an die Stelle der Hölle die materielle Not und an die Stelle der Christen der Mensch.«[37]

Ach, Feuerbach!, kann man da nur sagen. Was ist aus diesen Hoffnungen geworden! Die Vernunft, die an die Stelle der Bibel getreten ist, hat nicht verhindert, dass heute eine Milliarde Menschen nicht genug zu essen hat und jedes Jahr fast neun Millionen Menschen *verhungern*. Nachgerechnet heißt das: Alle drei Sekunden stirbt ein Mensch, weil er nichts zu essen hatte. Die Politik, die – Feuerbachs Wünsche sind ja in die Tat umgesetzt – an die Stelle des Glaubens getreten ist, glänzt durch Phantasielosigkeit. Politik ist weltweit korruptionsverdächtig, kriegsbereit, von Machtgier gekennzeichnet. Die Erde, die tatsächlich an die Stelle des Himmels getreten ist, ist ein geplünderter, geschundener, vergifteter Müllplatz geworden. Die Arbeit, die – auch darin hat Feuerbach recht – das Gebet ersetzt hat, hält Millionen in der Lohnsklaverei fest. Und von den fast zweihundert Millionen Kindern, die arbeiten, haben viele nicht die Kraft und die Zeit und die Möglichkeiten zum Gebet. Denn vierundsiebzig Millionen Kinder arbeiten mehr als dreiundvierzig Stunden in der Woche – in gefährlichen Steinbrüchen, dunklen Fabrikhallen, unsichtbaren Hinterhöfen … Und eine der unvergesslichen Greueltaten des 20. Jahrhunderts war die Vernichtung von Millionen Menschen durch Arbeit – ob nun von Hitler oder Stalin veranlasst. Und noch einmal Feuerbach: An die Stelle des Christen soll der Mensch treten. Den kann man, wie Diogenes es mit seiner Lampe tat, immer noch suchen. Er ist in der Minderheit.

Für Feuerbach war Gott ein an den Himmel projiziertes Spiegelbild der menschlichen Natur: Nicht Gott schuf den Menschen nach seinem Bilde, sondern der Mensch schuf Gott nach seinem Bilde. Was Feuerbach als enthusiastischen Befreiungsschlag feiert, ist einige Jahrzehnte später bei Friedrich Nietzsche in *Die fröhliche Wissenschaft* (Drittes Buch, Aphorismus 125) schon zum Schrecken geworden. Bei ihm sucht der Laternengänger nicht mehr den Menschen, sondern Gott:

Habt ihr nicht von jenem tollen Menschen gehört, der am hellen Vormittag eine Laterne anzündete, auf den Markt lief und unaufhörlich schrie: Ich suche Gott! Ich suche Gott! Da dort gerade viele von denen zusammenstanden, welche nicht an Gott glaubten, so erregte er ein großes Gelächter. Ist er denn verlorengegangen? sagte der eine. Hat er sich verlaufen wie ein Kind? sagte der andere. Oder hält er sich versteckt? Fürchtet er sich vor uns? Ist er zu Schiff gegangen? ausgewandert? – so schrien und lachten sie durcheinander.

Der tolle Mensch sprang mitten unter sie und durchbohrte sie mit seinen Blicken.

Wohin ist Gott? rief er, ich will es euch sagen! Wir haben ihn getötet – ihr und ich! Wir sind seine Mörder! Aber wie haben wir das gemacht? Wie vermochten wir das Meer auszutrinken? Wer gab uns den Schwamm, um den ganzen Horizont wegzuwischen? Was taten wir, als wir diese Erde von ihrer Sonne losketteten? Wohin bewegt sie sich nun?

Wohin bewegen wir uns? Fort von allen Sonnen? Stürzen wir nicht fortwährend? Und rückwärts, seitwärts, vorwärts, nach allen Seiten? Gibt es noch ein Oben und ein Unten? Irren wir nicht durch ein unendliches Nichts? Haucht uns nicht der leere Raum an? Ist es nicht kälter geworden? Kommt nicht immerfort die Nacht und mehr Nacht?

Müssen nicht Laternen am Vormittag angezündet werden? Hören wir noch nichts von dem Lärm der Totengräber, welche Gott begraben? Riechen wir noch nichts von der göttlichen Verwesung? – auch Götter verwesen! Gott ist tot! Gott bleibt tot! Und wir haben ihn getötet! Wie trösten wir uns, die Mörder aller Mörder?

Das Heiligste und Mächtigste, was die Welt bisher besaß, es ist unter unsern Messern verblutet – wer wischt dies Blut von uns ab? Mit welchem Wasser könnten wir uns reinigen? Welche Sühnefeiern, welche heiligen Spiele werden wir erfinden müssen? Ist nicht die Größe dieser Tat zu groß für uns? Müssen wir nicht selber zu Göttern werden, um nur ihrer würdig zu erscheinen?

Es gab nie eine größere Tat – und wer nun immer nach uns geboren wird, gehört um dieser Tat willen in eine höhere Geschichte, als alle Geschichte bisher war!

Hier schwieg der tolle Mensch und sah wieder seine Zuhörer an: auch sie schwiegen und blickten befremdet auf ihn. Endlich warf er seine Laterne auf den Boden, dass sie in Stücke sprang und erlosch. Ich komme zu früh, sagte er dann, ich bin noch nicht an der Zeit. Dies ungeheure Ereignis ist noch unterwegs und wandert – es ist noch nicht bis zu den Ohren der Menschen gedrungen. Blitz und Donner brauchen Zeit, das Licht der Gestirne braucht Zeit, Taten brauchen Zeit, auch nachdem sie getan sind, um gesehen und gehört zu werden. Diese Tat ist ihnen immer noch ferner als die fernsten Gestirne – und doch

haben sie dieselbe getan! – Man erzählt noch, dass der
tolle Mensch desselbigen Tages in verschiedenen Kirchen
eingedrungen sei und darin sein Requiem aeternam deo
angestimmt habe. Hinausgeführt und zur Rede gesetzt,
habe er immer nur dies entgegnet: Was sind denn diese
Kirchen noch, wenn sie nicht die Gräber und die Grab-
mäler Gottes sind?

Die Himmelsfremdheit hat sich durchgesetzt, und die Zahl
derjenigen, die dem Himmel noch etwas abgewinnen können,
schmilzt. Menschen mit Himmelshoffnungen sind eher peinlich: Sigmund Freud, noch einmal einige Jahrzehnte später als
Feuerbach und Heine, hat Hoffnungen solcher Art als infantil
abgetan. Der Mensch muss erwachsen werden, muss aus eigener Kraft und mit Hilfe der Wissenschaft die Wirklichkeit
bewältigen und zugleich das unabwendbare Schicksal hinzu-
nehmen lernen:

Und was die großen Schicksalsnotwendigkeiten betrifft,
gegen die es eine Abhilfe nicht gibt, die wird er eben mit
Ergebung ertragen lernen. Was soll ihm die Vorspiegelung
eines Großgrundbesitzes auf dem Mond, von dessen Er-
trag doch noch nie jemand etwas gesehen hat? Als ehr-
licher Kleinbauer auf dieser Erde wird er seine Scholle zu
bearbeiten wissen, so dass sie ihn nährt. Dadurch, dass er
seine Erwartungen vom Jenseits abzieht und alle freige-
wordenen Kräfte auf das irdische Leben konzentriert,
wird er wahrscheinlich erreichen können, dass das Leben
für alle erträglich wird und die Kultur keinen mehr er-
drückt. Dann wird er ohne Bedauern mit einem unserer
Unglaubensgenossen sagen dürfen:
Den Himmel überlassen wir
Den Engeln und den Spatzen.[38]

Großgrundbesitz auf dem Mond: Kann man denn heute einer solchen ätzenden Ironie noch etwas entgegensetzen? Vielleicht doch dieses kosmologische Bild, das Freuds polemischer Vereinfachung eine Antwort auf der gleichen Ebene zu geben versucht: Als Quelle allen Lichtes ist die Sonne schwerer anzusehen als irgendetwas anderes. Aber es ist zugleich ein bemerkenswertes Geheimnis, dass die Sonne die Dinge erkennbar macht, aber selbst nur in schräger Perspektive angeschaut werden kann.[39]

Doch heute liest sich die Vertröstungsthese von Feuerbach, Heine und Freud ohnehin anders. Haben sich nicht gerade die irdischen Utopien als Vertröstungsinstrumente erster Ordnung herausgestellt? Hat nicht der Verweis auf die klassenlose Gesellschaft Vertröstungscharakter gehabt, in dessen Namen Millionen misshandelt, geknechtet und ermordet worden sind? Und ist nicht ohnehin aller Trost auch immer Vertröstung – wie man sie dem Kranken zuteilwerden lässt, dem versprochen wird, dass nach dieser vielleicht schmerzhaften Behandlung alles besser wird?

Alle Utopien vertrösten. Die klassenlose Gesellschaft als eine Variante des Reiches Gottes auf Erden kommt den Lebenden nicht zugute, sie werden sie nicht erleben, aber dafür leiden, damit sie kommt. Die kleinbürgerliche Variante dieses Satzes übrigens heißt: Meine Kinder sollen es einmal besser haben. Unter dem Strich ist die Jenseitsvertröstung, der die Menschen des 20. Jahrhunderts unter Stalin, Hitler und anderen blutigen Diktatoren ausgeliefert waren, drastisch, blutig, enttäuschend.

Es könnte sein – so hat Jürgen Spieß gesagt –, dass das Schweigen über den Himmel damit zusammenhängt, dass wir uns mit dem Leben, wie es hier ist, zufriedengeben und darüber hinaus gar nichts mehr erwarten. Die großen Hoffnungen, die die Menschen beflügelt haben, sind zum Stillstand gekommen. Die Welt scheint immer mehr zum Raum zu werden, in dem sich ein unendliches Getümmel abspielt, aber die Zeit erstarrt. Was Zukunftshoffnungen waren, gerinnt zur Zukunftsplanung oder zur Prävention. Die Angst, dass die vom Menschen in Gang gesetzten Prozesse, die den Blauen Planeten ruinieren, nicht mehr in den Griff zu bekommen sind, klopft an die Tür. Die Machbarkeit auf ihrem Höhepunkt enthüllt zugleich ihr Scheitern. Es drängt sich geradezu auf, die uralten Hoffnungen auf Erlösung, auf radikalen Bruch dagegenzusetzen, die sich wie ein Vulkanausbruch ereignen und sich dem Zugriff des handlungsbesessenen Menschen entziehen.

Dann sah ich einen neuen Himmel und eine neue Erde. Denn der vorige Himmel und die vorige Erde waren vergangen, und auch das Meer war nicht mehr da. Ich sah, wie die Stadt Gottes, das neue Jerusalem, von Gott aus dem Himmel herabkam: festlich geschmückt wie eine Braut an ihrem Hochzeitstag. Eine gewaltige Stimme hörte ich vom Thron her rufen: »Hier wird Gott mitten unter den Menschen sein! Er wird bei ihnen wohnen, und sie werden sein Volk sein. Ja, von nun an wird Gott selbst in ihrer Mitte leben. Er wird alle ihre Tränen trocknen, und der Tod wird keine Macht mehr haben. Leid, Klage und Schmerzen wird es nie wieder geben; denn was einmal war, ist für immer vorbei.«

Solch ekstatische Hoffnung konnten die Christen am Anfang ihrer Geschichte formulieren. Aufgezeichnet ist sie in der Offenbarung des Johannes, im einundzwanzigsten Kapitel, ganz am Schluss der Bibel (hier zitiert nach *Hoffnung für alle*, siehe auch S. 281, Anm. 32). Auch die, die solche Hoffnung nicht teilen, können die Sehnsucht nach einer Welt ohne Tod und Schmerz, in der alle Tränen abgewischt werden, doch wohl empfinden.

Die Frage, die sich aufdrängt, heißt: Wenn der Himmel leer ist, kann dann von so etwas wie Hoffnung überhaupt die Rede sein? Wenn wir den Himmel den Spatzen und den Engeln überlassen: Dann verliert der Glaube an Gerechtigkeit, an Liebe eigentlich seinen Grund. Dann bleibt es dabei, dass die Ungerechtigkeit, die Machtgier das letzte Wort haben und allenfalls zufällig hier und da einmal der Liebe oder der Gerechtigkeit eine Ecke eingeräumt wird.

Und deshalb soll und muss nun von den Engeln die Rede sein.

Ein Himmelsbeweis –
die Gegenwart der Engel

DASS ES ENGEL gibt, wer würde daran zu zweifeln wagen? Antoine de Saint-Exupéry erzählt eine Geschichte, die jedem deutlich macht, dass Zweifel da ganz unangebracht wären.

»Versteck mich doch ins Flugzeug nach Marrakesch«, bittet der Sklave Bark den Postflieger der französischen Regierung Exupéry jeden Abend. Der ist zu diesem Zeitpunkt vorübergehend Chef des kleinen Flugplatzes Cabo Juby in der Westsahara. Und dieser Flugplatz besteht neben der Piste aus einer Baracke, einer Waschschüssel, einer Wasserkanne und einem zu kurzen Bett.

Bark hatte mit seiner kleinen Familie als Viehtreiber in Marrakesch gelebt und Mohammed geheißen – aber hier auf dem Flugplatz hießen einfach alle Sklaven »Bark«. Araber hatten ihn entführt, versklavt, verkauft. Bark sehnte sich nach seiner Heimat. Exupéry versuchte nun, Bark den Mauretaniern abzukaufen, aber da ein Europäer niemals einen Sklaven kaufen würde, verlangten sie einen absurden Preis – zwanzigtausend Francs. Lange Verhandlungen folgen, schließlich konnte Saint-Exupéry den Sklaven mit finanzieller Hilfe von Freunden aus Frankreich doch kaufen. Er sperrte ihn sechs Tage lang in die Baracke, damit er nicht wieder eingefangen und verkauft werden konnte. Dann erklärte er ihm die Reiseprozedur: In Agadir würde er aus dem Flugzeug steigen und bekäme gleich im Flughafen einen Fahrschein für den Bus nach Marrakesch ausgehändigt. Die Flugzeugmonteure am Flughafen würden Geld sammeln und ihm tausend Francs geben, damit er auf dem Weg nach Hause nicht verhungere. Dann, zu Hause, könne er sich ja Arbeit suchen. Sie würden das nicht aus Nächstenliebe tun, sagte Exupéry, »sie taten nur das ihre, einem Menschen seine Menschenwürde wieder zu verschaffen.« Zweihundert Mauretanier kamen, um Barks Abflug zuzusehen – ein bisschen in der Hoffnung auf eine Panne, durch die sie ihn zurückbekommen würden.

»›Leb wohl, Bark!‹ riefen wir ihm zu.

Aber er antwortete kurz: ›Nein!‹

›Wieso nein?‹

›Ich bin nicht Bark. Ich bin Mohammed ben Lhaussin.‹«

Noch einmal hörten die Retter nach seinem Abflug von Bark. Ein Araber namens Abdallah, der mit ihm in Agadir die Zeit bis zur Abfahrt des Busses überbrücken sollte, schickte Nachrichten über Barks/Mohammeds Schicksal.

Die Kraftpost fuhr erst abends, Bark hatte einen ganzen Tag für sich. Er irrte mit Abdallah durch die Stadt, setzte sich – die Tat eines endlich freien Mannes – in ein Kaffeehaus und trank Tee, zu dem er Abdallah einlud. »Er bummelte an den jüdischen Läden vorbei und sah weit hin übers Meer. Er war sich bewusst, dass er hingehen konnte, wohin er wollte. Er war ja frei. Aber die Freiheit schien ihm bitter. Denn durch sie bemerkte er erst, wie er so gar keine Bindungen an die Welt besaß.« An einer Straßenecke sah er eine Gruppe spielender Kinder und blieb stehen. Plötzlich lief er zu den Läden und kam wieder, beide Arme voller Geschenke. Abdallah wurde unruhig und riet ihm: »Dummkopf, behalte doch dein Geld!« Bark verschenkte Spielsachen, Armbänder, goldgestickte Pantöffelchen. Die anderen Kinder in Agadir hörten davon und kamen angelaufen, auch in den umliegenden Dörfern erhoben sich Kinderschwärme und »stiegen heran zu diesem schwärzlichen Gott und klammerten sich an seine Sklavenkleider. Das Erlebnis, das sein Handeln bestimmte, würde ich ganz anders erklären. Er war fei und hatte mithin alles, was ein Mensch braucht, das Recht auf Liebe, das Recht hinzugehen, wohin er wollte, und sein Brot mit seiner Arbeit zu verdienen. Das Geld brauchte er dafür nicht«.

Es fehlten ihm bis dahin die hunderttausend Fäden, die uns

binden und uns mit ihrer Schwerkraft auf der Erde halten. Jetzt aber lagen Tausende Hoffnungen auf Bark.

Barks Abreise steht bevor, und er schreitet durch die Stadt, begleitet von einer großen Kinderschar. Am nächsten Tag wird er in die Armut seiner ländlichen Welt zurückkehren, und er wird die Verantwortung für viele Menschen tragen, die er kaum wird ernähren können. Er glich, so schreibt Antoine de Saint-Exupéry, einem vom Himmel herabgestiegenen Engel, der am Leben der Menschen teilhaben möchte. Weil er aber als Engel nicht die nötige Erdenschwere besitzt, hat er sich Blei in seine Kleidung genäht. Bark geht mühsam, und tausend Kinder ziehen ihn zu Boden, weil sie dringend »goldene Pantöffelchen« bräuchten.[40] Wer also wollte bezweifeln, dass es Engel gibt? Es sind Wesen, denen Geld gleichgültig ist. Es sind die Wesen, die man als Engel meist erst erkennt, wenn sie gegangen sind.

Aber woher kommen sie, was ist ihre Geschichte?[41] Es gibt ganze Bibliotheken über Engel, und die Zahl der bildlichen Darstellungen von Engeln ist Legion. Unser Blick auf die Engel und ihre Geschichte ist ja heute verstellt durch diese süßlich goldgefärbten Nippesengel, die in Geschenkeläden herumliegen, und durch verkitschte Schutzengelgeschichten – da sind die Engel zur Dekoration unserer Wohnzimmer und unseres Lebens heruntergekommen.

Im Mittelalter ging es im Blick auf Engel ganz anders zu: Engel – so meinten damals die Theologen – seien Wesen aus Sanftheit und Feuer, die immerfort das Angesicht Gottes schauen. Sie können den Menschen von dieser Schau Gottes etwas mitteilen, weil sie etwas von dem Abglanz des Ewigen an sich tragen. Und deshalb war damals das Nachdenken über Engel sehr wichtig. Aber man war sich auch darüber klar, dass die Geschichte mit den Engeln nicht harmlos ist: Man wusste genau, dass auch von gefallenen, satanisch gewordenen Engeln zu reden ist. Zur Verkitschung waren Engel überhaupt nicht geeignet.

Damals fragte man: Welche Rolle spielen Engel? Sprechen sie untereinander? Singen sie wirklich? Was singen sie? Wie kommt es zu dieser Rede vom Schutzengel? Wie viele Engel gibt es? Haben sie Flügel? Sind sie Männer oder Frauen? Tragen sie Bärte oder blonde Locken? Und sind Engel oder Menschen die höheren Wesen?

Es sind Fragen, die den mittelalterlichen Menschen sehr beschäftigt haben, die sich heute indessen wohl kaum noch einer stellt. Aber vielleicht ist das ein Fehler? Sind sie, die Engel, vielleicht wichtiger, als wir denken? Engel sind ja die Mittler zwischen Himmel und Erde. Sie sind also genau genommen für das zuständig, was wir heute etwas abgeschmackt und in Plastiksprache gegossen »Kommunikation« nennen. Wir leben ja angeblich im Kommunikationszeitalter. Also im Zeitalter der Engel? Sind die Engel auf heimliche Weise eigentlich die Hauptpersonen unserer Zeit? Und was haben wir aus ihnen gemacht? Haben wir sie so zugerichtet?

Es ist nicht leicht, sich aus dem Gemenge der verniedlichten, zum Verkaufsschlager gewordenen nackten Putti zu lösen. Ein banales Durcheinander, das heute noch undurchdringlicher geworden ist, seit die Engel zu manchem esoterischen Unsinn missbraucht und vernutzt werden (es ist, nebenbei bemerkt, umstritten, ob die DDR-Führung tatsächlich den Begriff Engel durch »geflügelte Jahresendfigur« ersetzen lassen wollte oder ob das eine West-Polemik ist). Kontrastreich und deutlich machen einem die Bilder, die Menschen im Mittelalter gemalt und gemeißelt haben, klar, dass die Schönheit der Engel einen Abglanz der Schönheit Gottes in die Welt tragen sollte. Man kann diesen Glanz der Schönheit ästhetisch wegkonsumieren und damit einebnen. Ebenso wie man die mittelalterlichen Spekulationen über Engel amüsiert und selbstvergnügt zur Kenntnis nehmen oder sie als irrationales Geschwätz abtun kann. Aber damit verstellt man sich schon selbst den Weg zur Welt der Engel.

Für die mittelalterlichen Menschen existierte die Frage nicht, ob man an Engel glauben solle oder könne. An ihrer Existenz zweifelte eigentlich niemand. Sie waren Diener (lat. ministri), die Gott aus seiner Ferne schickte. Sie schauten den unendlichen Glanz Gottes, ohne zu sterben, und sie sahen auch und zugleich das Elend des Menschen und seine Sterblichkeit. Deswegen kann man auf vielen Bildern des Mittelalters erkennen, dass der eine Flügel des Engels zum Himmel zeigt, der andere aber zur Erde. Das Nachdenken über Engel war jedenfalls immer zugleich Menschenkunde und Gotteskunde: Anthropologie und Theologie. Unsere Anthropologie heute findet ihre Vergleichsmöglichkeiten nicht mehr im Engel, sondern im Tier (mit welchem Affen sind wir verwandt?) oder in der Maschine (was kann sie nicht, was wir können?). Vierundneunzig bis neunundneunzig Prozent – die Untersuchungen variieren – der genetischen Substanz von Menschen und Schimpansen sind identisch. Und wahrscheinlich können Maschinen auch schon achtundneunzig Prozent dessen, was Menschen ausmacht. Das Mittelalter war da – wenn es seine Anthropologie, seine Menschenkunde, am Bild des Engels entwickelte – anspruchsvoller.

Engel sind also – oder waren? – Boten: Mittler zwischen Himmel und Erde. Sie haben – im Glauben der Menschen, in der Spekulation – eine göttliche und eine menschliche Natur. Und darin kehrt ja auch etwas von dem Menschenbild wieder, das Leib und Geist, Körper und Seele unterscheidet – oder muss man sagen »unterschied«? Setzt sich gerade ein Menschenbild durch, das sich ganzheitlich nennt und den Menschen dabei doch nur auf ein biochemisches System reduziert? Ganzheitlich biologisch …? Das Verschwinden der Engel bringt vielleicht zum Ausdruck, dass wir das, was den Menschen zum Menschen macht, die Differenz als tiefste Tiefe des Seins, dass diese Differenz vom Verschwinden bedroht ist. Seele? Was soll das sein? Mit reagierenden Nervenzellen kann ich etwas anfangen, sagt der *homo modernissimus*. Deswegen ist es regelrecht gefährlich, dass die Engel zum golden-nacktärschigen Konsum-Putto erstarrt sind, verbannt in die Glasvitrinen von Präsentboutiquen. Versuchen wir, sie wieder wach zu küssen, wie der Prinz das Schneewittchen in seinem Glassarg.

Wir mögen die langen Diskussionen der mittelalterlichen Theologen über die Frage, ob die Engel reden, wie sie reden, ob sie miteinander reden, als lächerlich abtun. Wer Ohren hat zu hören, der kann mitbekommen, dass es bei diesen Diskussionen um die Sprache geht, um Kommunikation, wenn man so will. Um die göttliche, die menschliche, die misshandelte Sprache, kurz, um dieses wichtige Bindungsglied zwischen den Menschen.

Zur Geburt der Engel kam es religionsgeschichtlich wohl im Zusammenhang mit dem Monotheismus: Die Menschen sahen sich von ihren toten Göttern verlassen, und es bedurfte deutlicher einer Vermittlung zwischen dem Absoluten und dem Menschlichen. Vorläufer der Engel fanden sich in den Götterboten, die viele Religionen kennen: der griechische Hermes Trismegistos, der wohl vom ägytischen Gott Thot inspiriert war und einen Zugang zur Vergöttlichung schenken konnte. Er und viele andere Götterboten waren ursprünglich die Träger von Funktionen, die später in den Engeln wiederkehrten. Im Judentum sind die Engel bis heute wohl auch Symbole einer Zähmung. Die alten polytheistischen verworfenen Götter bekamen hier eine neue Gestalt, und persische Wurzeln schlugen sich in der jüdischen Angelologie (Engelskunde) nieder. Im Judentum, in der hebräischen Bibel, spielen die Engel eine große Rolle, und im Christentum leben sie fort. Im Christentum allerdings bekommen sie eine ganz neue Rolle. Weil die Distanz zwischen Himmel und Erde, zwischen Gott und Welt durch den menschgewordenen Gottessohn überwunden wird, werden sie zu Zeugen und Hütern dieser Offenbarung, aber sie sind eben nur noch Zeugen und Hüter: Sie sind Diener und nicht mehr privilegierte Agenten des Absoluten. Der Erzengel Gabriel, der Maria die Botschaft überbringt, dass sie Gott gebären soll, ist der letzte, ist der Engel des Übergangs zwischen der alten und der neuen Rolle der Engel: Danach preisen sie das *eu-angelium,* die gute Botschaft, aber sie sind nicht mehr die Überbringer.

Diese dienende Rolle der Engel ist in den byzantinischen Mosaiken besonders schön erkennbar. Die Engel werden hier zum Hofstaat des Pantokrators, des Weltenherrschers. Wie der Hofstaat um den Kaiser, so stehen die Engel um das Bild Gottes herum (ein wenig verdächtig, ein wenig zu irdisch und zu direkt kann einem diese Darstellung vorkommen.). Die Mosaiken in der *Cappella Palatina* in Palermo, unter byzantinischem Einfluss um 1140 angefertigt, zeigen den segnenden Christus, von acht im Kreis angeordneten Engeln umgeben. Im Osten in prächtigen Gewändern die vier Erzengel, in der Hand die mit einem Kreuz geschmückte Weltkugel: Rafael, Michael, Gabriel und Uriel. Im Westen sind die vier Engel mit einem Pilgerstab geschmückt, der jeweils ein Kreuz trägt. Sie sind eher als die dem Irdischen zugewandten Dienerengel zu verstehen. In diesen acht Engeln manifestiert sich noch einmal die irdische und die himmlische Seite der Engel – und die Acht ist zugleich die Zahl, die die vollkommene universale Herrschaft über den Kosmos symbolisiert.

Wir können heute kaum noch nachvollziehen, wie heftig mittelalterliche Menschen über die Frage gestritten haben, ob die Engel miteinander sprechen. Aber es lohnt sich, einen Augenblick dieser Frage nachzugehen. Dante war der Meinung, dass die Engel nicht miteinander kommunizieren, sondern sie erkannten sich und erkannten sich wieder in Gott, »in jenem glänzenden Spiegel, in dem sie ihre ganze Schönheit widerspiegeln«. Die Menschen dagegen bedürfen der Sprache. Während die Welt der Engel transparent ist, lichterfüllt, ist die Welt der Menschen undurchsichtig »aufgrund der Dichte und Undurchsichtigkeit des sterblichen Leibes«.[42] Der Engel denkt, und sein Gedanke ist allen anderen Engeln unmittelbar anschaulich. Thomas von Aquin versteht die Sprache der Menschen als das Vermögen, »seinen Gedanken einem anderen Menschen zu offenbaren«. Das Denken ist in den Körper eingeschlossen. Darum ist uns der innere Gedanke eines Menschen nicht zugänglich, und niemand außer Gott kann ihn kennen. »Wenn wir uns zeigen wollen, treten wir gleichsam durch das Tor der Sprache hervor, um aufzudecken, was wir innerlich sind«, sagt der große Kirchenlehrer. Die Engel, die keinen Körper haben, schließen ihr Denken darum nicht in einen Körper ein. Aber sie können entscheiden, ob sie sich mitteilen: Die Sprache der Engel hängt also vom Willen der Engel zur Kommunikation ab. Ist der Wille vorhanden, ist die Kommunikation vollkommen, kein Körper verdunkelt sie. Die Sprache der Engel ist – anders gesagt – die Verwirklichung des Traumes von der vollkommenen menschlichen Kommunikation. Während die Mitteilung des Menschen immer daran krankt, dass es ihm nicht gelingt, in vollkommener Weise zu sagen, was er sagen will, ist beim Engel das Sprechen identisch mit dem, was er denkt und »bei sich selbst sagt«. Die Sprache der Engel »erfüllt somit den unmöglichen Traum der menschlichen Sprache, den Traum von der Verwirklichung einer totalen Transparenz für den anderen, an den man sich wendet«.[43]

Die Engel – besonders in der Gestalt der Schutzengel – waren bis zum ausgehenden Mittelalter Gesandte Gottes, himmlische Tröster, die den Menschen in ihren Ängsten zur Seite standen. Die Aufklärung machte ihnen – wie auch den Dämonen – den Garaus. Sie schrumpften auf die Dimension eines folkloristischen Zubehörs.

In einer Welt ohne Engel aber müssen die Menschen selber die Rolle der Engel spielen. Und es sieht so aus, als sei es das Geld, das zum neuen Boten wurde. »Das Geld ist zum neuen Körper der Engel geworden, zu ihrer Botschaft, zu der bleibenden

Spur, die sie in unsere Welt eingegraben haben.«[44] Und zu dem Geld als dem entscheidenden Kommunikationsmedium, als dem zeitgemäßen ersten Engelschor, tritt als zweiter Engelschor der Datenverkehr, das unablässige elektronische Sprechen, Sprechen, Sprechen. Geleitet wird es über den Himmel, über Satelliten, die unser Sprechen in Bruchteilen von Sekunden nach einem kurzen Sprung in den Himmel weltweit verbreiten. Entstanden ist eine endlose Kommunikation, die redet, um zu reden, die kommuniziert, ohne dass es etwas zu kommunizieren gibt. Die neue Welt ist die Welt der Engel ohne Engel, in der unablässig kommuniziert wird, ohne dass Kommunikation gelingt. Eine Gemeinschaft der Unheiligen, der Geschwätzigen. »Und in einer unbeschreiblichen Kakophonie lärmen Unverständnis, Hass und Beleidigung, werden Ausschluss und Ausgrenzung erfunden, werden Wegschließung und Einsamkeit verhängt.«[45]

Die Menschen haben sich den Planeten unterworfen, sie haben alle Sprachen abgespeichert, ihre Datenmengen sprengen alle Vorstellungskraft, aber sie haben dabei die Botschaft der Engel verloren. An die Stelle der Hoffnung sind Prävention und Planung getreten – von der Geburt bis zum Tod. »Sie warten nicht mehr auf die leichte Helligkeit des steigenden Morgens und wissen nichts mehr vom zarten Schleier der Dämmerung. Ihr Biwak ist ein Fast-Food-Restaurant, und ihre Nomadenfahrten haben sie vergessen. Gleich den Touristen sind sie überall zu Hause, und die Welt ist ihr Dorf. Sie marschieren, sie dringen vor, sie kommen und gehen, ohne Ende, bis ans Ende, wo sie fallen und nicht mehr aufstehen. So lernen sie die Angst.«[46]

Der radikal Diesseitige, der Mensch, der den Kosmos als sein wohlverdientes, abbezahltes Eigenheim versteht, in dem er machen kann, was er will, braucht die Engel nicht mehr. Was sollen Boten, wenn es gar kein Hier und Dort mehr gibt? Elektronisch ist der Mensch, nach seiner eigenen Auffassung, allgegenwärtig. Was sollen da Engel? Allgegenwärtig und nahezu allmächtig: elektronische Selbstvergottung. Die Tatsache, dass in esoterischen Kreisen wilde Engelsphantasien aufblühen, ist nur die Kehrseite der Engelsvergessenheit. Diese Engel sind gewissermaßen Hausmeister in der größenwahnsinnigen Immobilie des modernen Menschen. Dienstbare Geister, die der Wellness, dem Funktionieren, der geistigen Bequemlichkeit dienen.

Erinnern müssen wir an die vergessene Geschichte der Engel im Christentum. Der Gedanke war ja, der Glaube, muss man fast zu sagen wagen, dass uns im erniedrigten, im verletzten, im elenden Menschen Gott begegnet. Dass der Himmel gegenwärtig ist in dem Armen aus dem Slum, in dem Flüchtling im Asylantenlager. In den Hungernden, in den Gefolterten. In denen, die ohne Obdach sind, die von Kriegen heimgesucht werden. In denen, denen ihr Land genommen wurde, ihre Kultur, ihre Sprache, ihre Religion. Es ist überhaupt keine Frage, dass sich in diesen Menschen die Wiederkehr der Engel erkennen lässt, wenn man bereit ist, Engel zu sehen und ihnen begegnen möchte. Wie im Himmel, so auf Erden: Wer Augen hat zu sehen, wird keine Schwierigkeiten haben, in dem hungrigen Kind und dem in Lumpen gehüllten Flüchtling Engelhaftes zu entdecken.

Dass Engel zur »Deko« werden konnten, muss gelesen werden als ein Zeichen für die tiefe Ratlosigkeit der Gesellschaft, in der wir leben. Auch als der schmerzliche Ausdruck einer radikalen Erinnerungslosigkeit. Das Abendland ist – vor allem in seiner Kunst – ohne die Engel, die um den Thron Gottes schweben, die Adam und Eva aus dem Paradies vertreiben, die Maria die Geburt ihres Sohnes verkündigen, nicht denkbar. Ist es ein Ausdruck für die Armut der Gegenwart, dass davon nichts als Kitsch geblieben ist?

»Man kann nicht mehr leben von Eisschränken, von Politik, von Bilanzen und Kreuzworträtseln. Man kann es nicht mehr. Man kann nicht leben ohne Poesie, ohne Farbe, ohne Liebe«, sagt Antoine de Saint-Exupéry.[47] Man könnte auch sagen: Man kann nicht leben ohne den Himmel. Vielleicht müsste man sehr modern und ein wenig gestelzt sagen: Man kann auch nicht leben ohne dialogische Kommunikation – also nicht ohne Engel.

»Wir halten den Himmel offen« – mit diesem Slogan wirbt die Lufthansa. Welch ein vollmundiges Versprechen! Schreit da etwa jemand auf? Die Ökonomie eignet sich das Religiöse an, entwertet es und gibt es zum Verbrauch frei – und begräbt jegliche Sehnsucht. Sollte dies wirklich das Letzte sein, was über den Himmel zu sagen ist – dann gnade uns Gott.

Gut und Böse, das vom Himmel fällt

MAN DARF, MAN kann, man muss im Alltag die Erkenntnisse
der Astrophysik vergessen. Der Morgenstern und der Abendstern: Er ist der hellste, der erste und der letzte Stern am Himmel – das ist ein und derselbe Stern, die Venus. Der einzige
»weibliche« Planet unter der Reihe der männlichen Planeten.
In wie vielen Gedichten und Liedern ist er besungen! (Das
gehört übrigens zu den frühesten Erkenntnissen der Himmels-
beobachter, dass Abendstern und Morgenstern ein und derselbe Stern sind.[48]) Der astronomische Besserwisser wird mir nun
sagen: Das ist überhaupt kein Stern. Die Venus ist kein selbst-
leuchtender, sondern nur ein beleuchteter Himmelskörper, ein
Trabant der Sonne, der von ihr in Phasen beleuchtet wird. Und
dennoch kann ich mich dazu nicht überreden lassen, es so zu
sehen. Wir können das, was wir wissen – glücklicherweise? –,
nicht durchsetzen gegen das, was wir erfahren.

Was ist das für eine Welt, in die zwei junge Menschen heute
eintreten, wenn sie heranwachsen? Welche Himmelserfahrungen machen sie? An meine kann ich mich gut erinnern. Ich
kann mich zwar nicht genau erinnern, wann ich den Sternenhimmel zum ersten Mal wahrgenommen habe. Meine früheste
Erinnerung an den Himmel ist eine andere, eine eher dunkle:
Hamburg 1943, nächtliches Hasten an der Hand meiner Mutter oder Großmutter in den nächstgelegenen Luftschutzbun-
ker. Von dort oben fielen die Tannenbäume herunter, wie gesagt
wurde. Ich sah glitzernde Lamettafäden (auch ein Synonym
für den Bombenkrieg). Von dort oben, vom Himmel, fielen die
Bomben, die dann manchmal als »Blindgänger« in der Straße
lagen und uns zwangen, tage- und nächtelang im Keller sitzen
zu bleiben und auszuharren. Und dann, in Altona, erblickte ich
einmal einen Fallschirm, an dem ein Mensch baumelte, er kam
vom Himmel heruntergesegelt. Ich hatte das Gefühl, er müsse

an einem Kirchturm hängen bleiben oder an einer Hauswand zerschmettern. Wenig später flohen wir nach Nordstrand, damals noch eine Insel in der Nordsee, die über einen Damm mit dem Festland verbunden war. Neben meiner Mutter stehend, schauten wir in den nächtlichen Himmel, der sich rot färbte: Hamburg brannte. Und irgendwann, in Halstenbek, versteckten wir uns unter einer Akazie (jedenfalls meine ich, dass das eine Akazie war), weil Tieflieger Salven abschossen. Ob auf uns oder irgendwohin, das weiß ich nicht mehr. Vom Himmel hatten die Menschen damals jedenfalls nichts Gutes zu erwarten. Das war nicht nur mein Himmelsresümee, sondern wohl auch das vieler Kinder, die Flucht, Bombenangriffe, Hunger, den Tod von Angehörigen, eben: den Krieg miterleben mussten.[49] Sie haben den Krieg als Normalität erfahren, haben den Bunker und den Keller, in den man oft Nacht für Nacht fliehen musste, als schützend und gefährdend zugleich erlebt. Alles drängte sich auf der Treppe nach unten und hinter die dicken Mauern. Ein höchst merkwürdiges Gefühl, mit dem ich den Spitzbunker am Dammtor in Hamburg kürzlich betrat: In den wie in einem Schneckenhaus sich nach oben in die Spitze windenden Gängen befindet sich jetzt eine Disco. Aus dem Ort des Schreckens ist heute ein Vergnügungsort geworden, ein Ort, der den Besuchern einen angenehm prickelnden Schauder vermittelt – wenn sie denn überhaupt wissen, wo sie sind. Die Demenz fängt eben in dieser Gesellschaft früh an. Ich erinnere mich an grünlich oszillierende Zeichen auf den Mauern, an hingekauerte Menschen, an Schreie, als der Bunker – von einer Bombe getroffen – zu wackeln begann. Ich meine, dass es ansonsten in diesem fensterlosen monströsen Gebäude dunkel war – und ich meine, diese intensive Verschränkung der Angst der Erwachsenen und dem Gefühl, vor der Gefahr geschützt zu sein, bis heute spüren zu können. Und irgendwann spuckte dieser Bunker uns wieder aus in die abendliche Dunkelheit. Das Flackern von Bränden und der Versuch, schnell nach Hause zu kommen, bestimmte den Augenblick. Ich schaute in die Nacht, sog die frische Luft ein, aber am Himmel sah ich – nach meiner Erinnerung – keine Sterne, sondern Leuchtspuren.

Zur gleichen Zeit, als auf Hamburg und Dresden die Bombenteppiche vom Himmel fielen, blühte in Melanesien der *Cargo*-Kult.

Während des Zweiten Weltkrieges wurde von der US-Armee massenhaft Kriegsmaterial auf die Inseln Melanesiens abgeworfen: Fertigkleidung, Konservennahrung, Zelte, Waffen und andere Waren. Das brachte drastische Änderungen im Lebensstil der Inselbewohner mit sich: Sowohl die Soldaten als auch die Einheimischen, die sie beherbergten, wurden mit Gütern und Nahrungsmitteln regelrecht überschüttet. Nicht selten wurden dafür eigene Wohnstätten und Nahrungsvorräte vernichtet und Landepisten und Flugplätze im Dschungel für die erwarteten Frachtflugzeuge gerodet. Hollandia zum Beispiel (das zwischenzeitlich Jayapura hieß und heute den Namen Port Numbay trägt) wurde zu einer großen Marinebasis ausgebaut, wo 1944 rund vierhunderttausend US-amerikanische Soldaten stationiert waren.

Die Nachwirkungen dieser Invasion auf die indigene Bevölkerung spiegelte sich im Bau zahlreicher »Cargo-Häuser« wider. Aber nach dem Ende des Krieges endete *Cargo*. Es fiel nichts mehr vom Himmel. Und nun entstand der *Cargo*-Kult: Um weiter vom Himmel mit Waren beregnet zu werden, imitierten die Melanesier die Soldaten: Sie schnitzten Kopfhörer aus Holz und trugen sie, als würden sie im Flughafentower sitzen. Sie stellten sich auf die Landebahnen und imitierten die wellenartigen Landungssignale. Sie entzündeten Signalfeuer und -fackeln an den Landebahnen und Leuchttürmen. Die Menschen nahmen wohl an, dass die Ausländer über eine besondere Verbindung zu den Ahnen verfügen, denen sie den Besitz solcher Reichtümer zutrauen. »In einer Art der sympathetischen Magie bauten sie zum Beispiel lebensgroße Flugzeugmodelle

aus Stroh oder schufen Anlagen, die den militärischen Landebahnen nachempfunden waren, in der Hoffnung, neue Flug-
zeuge anzuziehen.«[50]
Die Konfrontation mit den »vom traditionellen Leben so
unterschiedlichen europäischen Gütern führte oft zu einem
Zusammenbruch des ganzen Wertesystems der indigenen Völker und zu einer Neuformung der sozialen Strukturen, in der
Hoffnung, das Paradies und die Erlösung im Diesseits zu erreichen«.[51]

Verschwindet der Himmel,
verschwinden alle Grenzen

WIR SIND DABEI, dem Planeten die Haut abzuziehen.[52] Damit haben die Griechen und Römer begonnen, die mit ihrem hemmungslosen Verbrauch von Holz als Brennstoff und Baumaterial das südliche Europa der Erosion preisgaben. In den dreißiger Jahren des vergangenen Jahrhunderts erschienen in den USA Umweltflüchtlinge, die den »Dust Bowl« hatten verlassen müssen: eine Region im Mittleren Westen, wo die verheerenden Folgen einer exzessiven industriellen Nutzung von Ackerland zutage traten. Die Dust Bowl war die Folge großflächiger Monokulturen, die zum Zusammenbruch des Ökosystems führten. »Erde ist der natürliche Rohstoff, den wir am geringsten würdigen und schätzen, und der doch unverzichtbar ist.«[53]

Der Rückversicherer *Munich Re* versichert Ernteschäden. Heute liegt das Prämienvolumen bei 700 Millionen Euro weltweit. Der Konzern hat eine Fläche versichert, die viermal so groß ist wie Deutschland.[54] »Unser täglich Brot gib uns heute« – diese Bitte ist in den Bereich des Versicherungsgeschäftes verschoben:

In der Zukunft können Versicherer und Landwirte auch auf Unterstützung aus dem Weltall zählen. So hat etwa die Firma RapidEye ein Satellitensystem entwickelt, mit dem sich Ernteschäden aus großer Höhe exakt bestimmen lassen. Die Munich Re arbeitet mit dem Unternehmen ... zusammen. Landwirte könnten davon in Zukunft ebenfalls profitieren. Denn mit Hilfe der Satellitenbilder lässt sich genau feststellen, wie der Wachstumszustand der Pflanzen auf den Feldern ist und wo es etwa an Nährstoffen fehlt. Das hilft zumindest, um den Einsatz von

Dünger und Pflanzenschutzmitteln auf ein Minimum zu reduzieren.[55]

Unter dem Himmel breitet sich ein globalisierter Lebensstil aus, der alle Menschen immer und überall zu Kunden macht. Zu Kunden der gleichen Waren auf unterschiedlichem Niveau. Die einen mit der *Louis-Vuitton*-Handtasche, die anderen mit dem *Tchibo*-Billigbag. Essen, Kleidung, Konsumgewohnheiten, Freizeitmuster, Lebensstile gleichen sich an. Dass ein solches Ambiente eine unübersehbare Nähe zur Hölle hat, kann man ahnen – sie wird in dieser Geschichte sichtbar und spürbar.

Die US-Filmschauspieler Brad Pitt und Angelina Jolie weilten im Dezember 2010 in Berlin. Sie stellte ihren Film vor, er übernahm es, die adoptierten und die eigenen Kinder zu bespaßen: Pax, sieben Jahre alt, Shilo, vier, die Zwillinge Knox und Vivienne, zwei (Maddox, neun, und Zahara, fünf, waren nicht dabei). Es schneite und war kalt – also kein Zoobesuch; keine »Outdoor-Aktivitäten«, schrieb die Berliner Zeitung am 15. 12. 2010. Der Van brachte die VIP-Familie durch das verschneite Berlin zu *Jack's Fun World*. Viertausend Quadratmeter mit Gokart, Kindereisenbahn usw. Öffnet aber erst in einer Stunde. Also weiter zu den Borsigwerken. Aber die Spaßwelt dort war schon seit längerem geschlossen. Der Chef von *Jack's Fun World* bedauerte, dass er nicht unterrichtet war: Im letzten Jahr hatte man eigens nur für die Starfamilie geöffnet, sechs Stunden spielten »alle barfuß«. Die Anlage war seinerzeit abgeschlossen worden, jeder Mitarbeiter hatte Kamera und Fotohandy abgeben müssen. Man stelle sich das Leben dieser Kinder vor in dieser menschenleeren Vergnügungsfabrik, in der die Kinder dem mechanisierten Spaß ausgeliefert sind. Dantes Hölle – hier für den Nachwuchs. Ein konsumistisches Leben, das auf verschiedenen Niveaus stattfinden kann. Manchmal hilft da nur Sarkasmus – wie ihn Philipp Tingler formuliert: »Außerdem hilft ständiges Einkaufen, der Globalisierung ein menschliches Antlitz zu geben. Wenn ich mir heute eine neue hautstraffende Creme anschaffe, dann kann ich die Feuchtigkeitslotion von gestern an die Obdachlosen mit trockenen Ellbogen verschenken.«[56]

Hieronymus Bosch hat um das Jahr 1500 ein Triptychon, ein dreiflügeliges Bild, gemalt, das unter dem Namen *Garten der Lüste* bekannt ist. Links zeigt das Bild Adam und Eva im Paradies, der mittlere Teil beschreibt den *Garten der Lüste*, aber rechts ist die Hölle zu sehen. Diese Hölle – so sagt John Berger – ist eine merkwürdige Prophetie des geistigen Klimas, in dem wir leben, das sich mit der Globalisierung und der neuen ökonomischen Ordnung seit dem Ende des letzten Jahrhunderts über unsere Welt legt. Nicht die grotesken und quälenden Details in dem Bild des Hieronymus Bosch sind es, sondern die Gesamtanlage des Bildes macht es zu einem prophetischen Bild. Diese Hölle hat keinen Horizont, zwischen den Handlungen gibt es keine Kontinuität, keine Pausen, keine Wege, keine Muster, keine Vergangenheit und keine Zukunft. Was bleibt, das sind die Bruchstücke der auseinanderfallenden Gegenwart, die aussehen, als würden sie in Melancholie verfallen – als würde sich ein Strom von Tränen in die Welt ergießen. Überall springen einem Überraschungen und Übersteigerungen entgegen, aber sie führen zu nichts. Nichts fließt, alles stockt. Als verharre der Raum im Delirium. Man befindet sich in einem erstarrten Raum, der kein Vorher und kein Nachher hat, keine Vergangenheit und keine Zukunft.[57]

Berger vergleicht diesen Raum mit dem, was heute ein durchschnittlicher Werbespot oder die typischen *CNN*-Nachrichten oder irgendein Kommentar in den Massenmedien bietet: Unzusammenhängendes. Ein Gewirr der unterschiedlichsten Erregungszustände, der Blick auf den Bildschirm springt uns als eine Raserei an, wie sie in der Hölle des Hieronymus Bosch vorphantasiert ist.[58] Boschs Höllenbild gibt tatsächlich – wie in ein Blitzlicht getaucht – unsere gegenwärtige Lage zu erkennen. Wir bekommen eine Ahnung davon, was es bedeutet, wenn der Himmel verschwindet: Eine grenzenlose Hölle droht an die Stelle zu treten, und man könnte manchmal den Eindruck haben, dass wir in ihr schon angekommen sind.

Die Zapatisten, mexikanische Rebellen unserer Tage, behaupten: Der vierte Weltkrieg hat längst begonnen. Er besteht in der Unterwerfung der gesamten Welt unter den Markt. Die Waffen in diesem Kampf bestehen aus Finanzmitteln. Abstrakte Machtzentralen, die sich bekämpfen, beginnen den Globus zu beherrschen – und sie unterliegen keiner anderen Logik als der der Investition. Neun Zehntel der Menschen, die auf diesem Planeten leben, sind – so sagen sie – in diesen vierten Weltkrieg hineingezwungen. Allein hundert Millionen Kinder leben weltweit auf der Straße, fast zweihundert Millionen sind Teil des globalen, entwurzelten Arbeitsheers: Grenzenlosigkeit als Prinzip und als Terror.

Aktienmärkte haben zwischen 1980 und 2008 um den Faktor dreihundertachtzig zugenommen. Der Aktienbestand stieg lediglich um das Elffache. Die Umschlagshäufigkeit lag um das Fünfunddreißigfache höher; die Haltedauer von Aktien sank von zehn Jahren auf rund drei Monate. Das deutet darauf hin, dass Aktien zunehmend nicht der Investitionsfinanzierung und langfristigen Vermögensanlage dienen, sondern vielmehr zu Spekulationszwecken gekauft und verkauft werden. Der ehemalige Direktor der Bundesbank, Ernst Welteke, beschreibt eine Gegenwartshölle – die es so wohl nur geben kann, weil der Himmel abhandengekommen ist. Diese Gegenwartshölle munitioniert sich immer gern mit Naturanalogien. Vor dem US-Ausschuss zur Aufarbeitung der Finanzkrise erklärte der CEO (Chief Executive Officer), die Finanzkrise habe die Weltmärkte wie eine »Serie von Wirbelstürmen« erwischt. Der Vorsitzende des Ausschusses antwortete ihm: »Was Gott tut, ist entschuldigt. Das hier haben aber Männer und Frauen getan.«

Es waren Banker mit ihrer Gier nach Boni, es waren neoliberale Ideologen, die mit ihrer Deregulierung den Aufsehern den Boden entzogen haben, Zentralbanker, die mit expansiver Geldpolitik den Treibstoff für die Immobilienblase bereitstellten, usw.

Dazu tritt eine immer größer werdende Ungleichheit in Einkommen und Vermögen zwischen einzelnen Staaten, aber auch innerhalb der einzelnen Staaten. Das Gesamtvermögen der hundert reichsten Menschen der Welt beläuft sich auf fast das Doppelte des gemeinsamen Vermögens der zweieinhalb Milliarden ärmsten Menschen der Welt. Die sechshundertfünfzig einkommensstärksten Personen in Deutschland (durchschnittliches Einkommen fünfzehn Millionen Euro) steigerten ihr Einkommen zwischen 1992 und 2001 um ein Drittel, die kleine Gruppe der fünfundsechzig Superreichen sogar um fünfzig Prozent.[59]

Die Welt heute ist – wie Hieronymus Bosch es vorhergesehen hat – eine Welt ohne Horizont und ohne Grenzen. Zwischen der einen und der nächsten Handlung steht nichts, was beide verbindet und imstande wäre, Kontinuität herzustellen. Unsere himmelslose Kultur ist grenzenlos und zugleich die »klaustrophobischste, die je existiert hat; es ist die Kultur der Globalisierung, die wie Boschs Hölle keinen noch so flüchtigen Blick auf ein *Anderswo* oder *Anderswie* zulässt. Das Vorhandene schließt sich zum Gefängnis. Und angesichts solcher Beschränkung schnurrt die menschliche Intelligenz zu schierer Gier zusammen«, stellt John Berger fest.[60] Der Raum, der irdische wie der universelle, hat keine Grenzen mehr. Es gibt deshalb auch keine Zusammenhänge und keinen Sinn.

Der mexikanische Rebellenführer Marcos ist es, der angesichts dieser Höllenhaftigkeit von dem spricht, was man die Sehnsucht nach dem Himmel nennen könnte: »Es ist notwendig, eine neue Welt zu errichten, eine Welt, die viele Welten zulässt, die allen Welten Raum gibt.«[61]

Wir brauchen – darin kann man Marcos ohne Zweifel zustimmen – eine neue Welt, in der nicht die Vereinheitlichung, sondern die Vielfalt Raum hat. Wenig deutet im Augenblick darauf
hin, dass eine solche neue Welt kommen wird. Man kann sie
erhoffen, aber der erste Schritt zu ihr würde wohl darin bestehen, dass die Menschen von ihrem Wahn des allmächtigen
Machens Abstand nehmen. Den neuen Himmel, den wir brauchen, können wir nicht wiederherstellen, sondern ihn erwarten, ihn erhoffen, ihn als Geschenk entgegennehmen. Konkret
hieße das zum Beispiel: der Vielfalt, die es noch in der Pflan-
zen- und Tierwelt, in Sprachen, Kulturen und Religionen gibt,
eine Überlebenschance einzuräumen. Den Agenturen der Vereinheitlichung und Vernichtung von Lebensvielfalt ein Bein zu
stellen, sie ins Stolpern zu bringen.
Die Wiederentdeckung der Sehnsucht nach dem Himmel – sie
finge damit an, dass wir das in unsere Köpfe gepresste Bild von
der Welt als Einkaufsmeile auswerfen. Uns von dem Zwang
zum Kauf und Verkauf trennen.
Wir werden nur überleben, wenn wir den Himmel zurück-
gewinnen, wenn es uns gelingt, wieder einen Horizont zu
entdecken. Und dieser Horizont kann nicht nur einfach eine
Renaissance des Alten sein. Vielleicht ist das die spannendste
Überlebensfrage der Menschen heute: ob der Himmel wieder-
geboren werden kann – und damit die Grenze, der Sinn, die
Moral. Globalisierung ist das Programm der Entgrenzung. Das
Programm der Vereinheitlichung. Das Programm der Umwandlung aller Menschen in Käufer oder Verkäufer. Käufer
von Waren, Verbraucher von Gesundheitsleistungen, von ab-
gepackten Bildungsgütern usw.
Wie kann das gehen? Wir müssen dazu wohl die Hoffnung
wiederfinden und uns mit aller Kraft gegen die Behauptung
stellen, diese Entwicklung, in die wir hineingerissen sind, sei
alternativlos.
Wie sehen die Schritte in Richtung Hoffnung aus? John Berger

entwirft ein Szenario: In der Annäherung, im Aufeinander-Zugehen entstehen Momente, in denen es möglich ist, die Diskontinuität aufzuheben, weil neue Formen der Zusammenarbeit entstehen, die nicht im Sog der Globalisierung aufgehen können. Daraus kann die Kraft zum Widerstand gegen das Alleinherrschaft beanspruchende Paradigma der Ökonomisierung der Welt erwachsen. »Wenn man die Hölle von innen her anprangert, hört sie auf, Hölle zu sein.«[62]

Beispiele dafür, dass wir uns inmitten des vierten Weltkrieges befinden, gibt es zum Überdruss viele. Man braucht eigentlich nur eine der verbliebenen Zeitungen mit kritischer Berichterstattung aufzuschlagen. Die Mapuche in Chile sind eines dieser zahllosen Beispiele. Der damalige spanische König hatte den Ureinwohnern alles Land südlich des *Bío-Bío*-Flusses zugesichert, der etwa fünfhundert Kilometer südlich von Santiago de Chile fließt. Das Abkommen hatte lange Bestand, bis im 19. Jahrhundert die chilenische Armee den Fluss überschritt und die Mapuche niederwarf. Die überlebenden Mapuche wurden in Reservate gebracht. Nur sechs Prozent ihres Territoriums wurden ihnen gelassen. Unter Augusto Pinochet wurden Gewässer und Waldbestände, die den Mapuche verblieben waren, privatisiert. Das Militärregime füllte sich die Taschen, eine Schicht superreicher Chilenen entstand in der Pinochet-Zeit – und das Land der Mapuche spielte dabei eine wichtige Rolle. Wo einst mächtige Araukarien standen, breitet sich heute nackter Boden aus. Die Araukarie ist Chiles Nationalbaum, der durch seine langen Nadeln charakterisiert ist. Er ist nun überall den Eukalyptus- und Kieferplantagen gewichen, die in der Zellulose-Industrie verarbeitet werden. Jahr für Jahr fressen sich riesige Fällmaschinen durch die Monokulturen – und es bleibt dann nichts mehr als nackter Boden und ein paar Äste. »Die ganze Region südlich des *Bío-Bío*-Flusses fiel in die Hände der Konzerne. Eukalyptus und Kiefern haben unsere einstigen Wälder verdrängt«, klagt José Aylwin, ein Aktivist der Mapuche. *Mapu* bedeutet »Land« oder »Erde«, *che* bedeu-tet »Menschen«. Die Mapuche bezeichnen sich selbst als Men-schen der Erde.[63]

»Wir, die in Betonwürfeln auf die Welt kommen, Obst in den Supermärkten pflücken und im Fernsehen das Echo der Welt belauern ... wir sind die einzigen, die unserer eigenen Vernich-tung zusehen, als ginge es um einen simplen Stimmungswech-sel ... Wir sind zu Nachbarn in einer planetaren Wohnungs-eigentümerversammlung geworden. Man kann sich kaum eine wahrhaftigere Hölle vorstellen.«[64] Das *Unsichtbare französi-sche Komitee* (eine Gruppe kritischer junger Leute), das diesen Text publiziert hat, schreibt:

Man kann eine morbide Erregung beobachten, mit der die fast täglich neuen Beweise für die Klimaerwärmung in den Medien platziert werden. Ökologische Themen sorgen für Wahlerfolge, Autokonzerne geben sich umwelt-bewusst, Stromgiganten werben mit ihrem Beitrag zur Klimarettung. »Ökologie« – das wird immer mehr zum Namen für einen grünen Kapitalismus, der vom Heil des Planeten redet und Geschäfte meint: Die Umwelt wird das Drehmoment der politischen Ökonomie des 21. Jahr-hunderts sein. Auf jeden Schub neuer Katastrophen und Katastrophenmeldungen folgt eine Salve »industrieller Lösungen«. Ökologie wird zum Geschäft, mit der Ret-tung des Planeten kann man Wahlen gewinnen und Geld verdienen. Ein gigantischer globaler Zaubertrick, bei dem diesmal aber der Zauberer selbst draufgehen könnte. Ökologie ist schick, aber die Tatsache, dass die Rettung des Planeten nicht mit dem Beharren auf satten Wachstumsraten einhergehen kann, ist erfolgreich ver-drängt. Das Motto lautet: Wir können ökologisch denken und trotzdem den Lebensstandard steigern, ja: Ökologie ist überhaupt das Geschäft der Zukunft.[65]

Tatsächlich wäre es an der Zeit, die technische Verschwendung und den exzessiven Konsum zu begrenzen, um den Planeten und auch die Menschen auf ihm vor der Verwüstung zu retten. Stattdessen erhebt sich ein grüngefärbter Leviathan und verspricht uns eine Öko-Zukunft, in der wir auf nichts verzichten müssen. In Deutschland setzen sich Parteien, Banker, Manager und Bürger eine grüne Pappnase auf – und gleichzeitig steigt der Verbrauch. Dreißig Prozent des Hausmülls in Deutschland sind Nahrungsmittel. Elektronische Geräte haben eine immer kürzere Lebensdauer. Die Deutschen kauften im Jahr 2010 schon zwanzig Prozent mehr SUVs als 2009. »Die Menge der gekauften Kleidung hat sich in der westlichen Welt in einem Jahrzehnt verdoppelt. Möbel, die früher mehr als ein Leben hielten, werden ikearisiert und so zu kurzlebigen Dekorationsstückchen.«[66] Die einzige Alternative: Die Menschen würden begreifen, dass sie glücklicher wären, wenn sie miteinander arbeiten würden, wenn sie sich verabschieden würden vom konsumistischen Lebensstil und beginnen würden, füreinander zu sorgen. Dann würden aus den Einkaufsschluchten, die unsere »Citys« geworden sind, wieder von Menschen belebte Plätze werden, dann würden die Hochaltrigen nicht in Versorgungskisten abgeschoben, wir müssten uns nicht mehr von industriell hergestellter Nahrung ernähren und könnten Zeit als etwas erleben, das nicht nur eine knappe Ressource ist: Es könnte die Stunde der Befreiung sein. Vielleicht bricht sie an, bevor die Erde zu einem toten Gegenstand oder zu einer vergifteten Mülldeponie wird, auf der Menschen nicht mehr leben, sondern allenfalls überleben können. Der Zerstörung des Himmels folgt konsequent die Zerstörung der Erde – womit die alte Geschichte der Entsprechung zwischen Himmel und Erde eine letzte düstere Wendung nimmt.

Die radikalen Lösungen aber, die darauf angelegt sind, den gegenwärtigen Wahnsinn weiter zu betreiben, liegen schon auf dem Tisch: Der Erfinder der Wasserstoffbombe, Edward

Teller, machte den Vorschlag, Millionen Tonnen Metallstaub in der Stratosphäre zu zerstreuen, um die Klimaerwärmung zu stoppen. Die NASA spielt mit dem Gedanken, einen riesigen Spiegel jenseits der Mondumlaufbahn zu errichten, der uns vor tödlichen Strahlen der Sonne schützen soll. Versprochen wird, dass wir von São Paulo bis Stockholm mit Bioethanol fahren können. Eine Vision, die den Agrarkonzernen den Mund wässrig machen wird, denn das wäre ein gutes Geschäft: die weltweite Umwandlung des Ackerlandes in Soja- und Zuckerrübenfelder.

Wie sind wir dahin gekommen, wo wir jetzt sind, wir Himmelslosen? Der alten Vielfalt der Sprachen, Kulturen, der Tier- und Pflanzenwelt, der Landschaften und Religionen entsprach die Vielzahl der Engel, der himmlischen Sphären, der Götter und der Heiligen. Heute verschwindet die Vielfalt oben wie unten. Von Tausenden Sprachen und Dialekten bleiben immer weniger, eigentlich reichen mittelfristig das Englische und das Chinesische. Der bunte Teppich der Sprachen wird abgelöst von sprachlichen Monokulturen, die so anmuten wie die Sojawüsten, die sich im Amazonasurwald ausbreiten. Unter dem leeren Himmel erstrecken sich endlos asphaltierte Landschaften, die der industriellen Produktion von Nahrung gewidmet sind: Der leere Himmel spiegelt sich in der leeren Erdoberfläche. Das Verschwinden der irdischen Vielfalt korrespondiert mit der Auslöschung der himmlischen Vielfalt. So wie die Götter, die Kulte und Religionen Stück für Stück ausgerottet werden, so verschwindet in schrecklicher Entsprechung die genetische Vielfalt. Die von dem russischen Botaniker Nikolai Wawilow entdeckten Genzentren – das sind die letzten Bio-Ecken auf dieser Welt, versteckt, am Rande, bedroht, in denen sich die alte Vielfalt bewahrt hat. Sie sind Gegenstand der Gier von Pharma- und Saatgutkonzernen. Himmelsreste könnte man sagen. »Heute findet sich die Menschheit mit der Monokultur ab. Sie schickt sich an, die Zivilisation in Massen zu produzieren wie Zuckerrüben, und bald werden diese auch ihre einzige Nahrung sein« – das hat der französische Ethnologie Claude Lévi-Strauss prophezeit.[67]

Das Verschwinden des Himmels aus unserem Alltag ist eine Konsequenz der ausschließlich naturwissenschaftlichen Betrachtung der Welt. Die ist so beherrschend geworden, dass alles andere Denken, ja vielleicht alles Denken überhaupt, unter die Räder dieser Weltanschauung gerät. Diese Weltanschauung hat wie alle Weltanschauungen die Tendenz, sich absolut zu setzen. Sie lässt nichts anderes neben sich gelten. Wir sind der neuen und endgültigen Herrschaft der naturwissenschaftlichen Gesetze so ausgeliefert, dass wir gezwungen werden sollen, uns als biologische Maschinen anzusehen, ohne freien Willen, gehorchend den Gesetzen der Natur. Die zeitgenössische Naturwissenschaft lässt alle Religion, Philosophie und Poesie zu Asche werden, denn diese haben nichts mehr zu bieten. Diese neuen Gesetze sind mit den Sinnen, die wir haben, nicht zu erfahren. Unsere Sinne täuschen uns – das haben wir am Beispiel der Physik beobachtet und beobachten es auch am Beispiel der Biologie.

Wir sind heute einer Monokultur des Denkens unterworfen, wie Galilei der Monokultur des die Welt beherrschenden Katholizismus ausgeliefert war. Die Inquisition konnte ihn zum Widerruf zwingen und war sich des Beifalls der Mehrheit sicher. Die Mehrheit dachte: Der ist verrückt geworden. Heute haben sich die Verhältnisse umgekehrt. Wer der Religion oder der Philosophie noch etwas zutraut, rennt gegen die Wand der neuen Weltmacht, der neuen Gesetzlichkeit, die jeden dazu zwingen kann, dieser Macht zuzustimmen. Keine Folterinstrumente für die Gegner, aber Lächerlichkeit. Angesichts dieser neuen monolithischen Weltherrschaft und Weltreligion kommen diejenigen, die zu widersprechen wagen, immer mehr in die Lage, ihren Widerspruch in den Bart murmeln zu müssen: *Eppure si sente!* Galileos anekdotisches Gemurmel würde heute wohl lauten: *Und ich traue doch meinen Sinnen.* Anders gesagt: Ich rüttle an den Gitterstäben des naturwissenschaftlichen Zeitgefängnisses. Dieses Gefängnis ist real, keine Denk-Möglichkeit, sondern seine Gitterstäbe bestehen aus dem allein seligmachenden Glauben an die Gesetze der Naturwissenschaft und ihre Behauptung, sie sei allein seligmachend. Ich soll nichts mehr sehen dürfen außer diesen Gesetzen.

Hören wir auf John Berger, einen der wenigen Weisen, die wir zum Zeitgenossen haben:

Wenn ich den ersten Vers des Vaterunsers spreche: »Vater unser, der du bist im Himmel«, stelle ich mir den Himmel als unsichtbar, unbetretbar, aber vertraut und nahe vor. Er hat nichts Barockes, ist kein umherwirbelnder unendlicher Raum und keine überwältigende perspektivische Verkürzung. Wäre einem die Gnade gewährt, den Himmel zu finden, dann wäre nichts weiter nötig, als etwas so Kleines und Naheliegendes wie einen Kiesel oder einen Salzstreuer vom Tisch in die Hand zu nehmen ...
»Dein Reich komme ...« – der Unterschied zwischen Himmel und Erde ist unendlich, aber die Entfernung zwischen ihnen ist gering. Simone Weil schrieb zu diesem Satz des Gebets: »Dann bricht unser Begehren durch die Zeit hindurch, um dahinter die Ewigkeit zu finden. Das geschieht, wenn es uns gelingt, jedes vollbrachte, wie immer beschaffene Ereignis zu einem Gegenstand des Begehrens zu machen.«[68]

Finstrer Himmel, Schneegestöber –
der Himmel bleibt fragwürdig

Zwei Weisen, mit dem Leben und dem Sterben umzugehen, beschreibt Leo Tolstoi in der Geschichte vom Herrn und vom Knecht. Wassili – der Herr – ist von Geld- und Besitzgier zerfressen. Nikita, der gutmütige, fünfzig Jahre alte Knecht, ist zwar fleißig, aber er vertrinkt immer wieder alles, was er hat. Marfa, seine Frau, lebt längst mit einem Bauern aus dem Nachbardorf zusammen, aber Nikita gibt alles, was er verdient, an Marfa ab und überlebt in einer Ecke des Hauses; er bricht eines Tages in einem Wutanfall ihre Truhe auf, nimmt alle Kleider heraus und zerhackt sie in kleine Stücke. Das sind die beiden Protagonisten der Geschichte – der unruhig-gierige Wassili und der gutmütige, wenig charakterfeste Nikita.

Wassili will nun unbedingt mit dem Schlitten in die Schneenacht hinausfahren, um ein Waldstück zu kaufen, das ihm vielleicht entgeht, wenn er nicht noch heute ankommt; Nikita begleitet ihn.

Ein junger Bauernsohn gibt den beiden noch ein Stück das Geleit, damit sie den Weg finden. Und zitiert zum Abschied den Vers:

Finstrer Himmel, Schneegestöber,
Und es tobt und braust der Wind.
Bald klingt es, als heulten Tiere,
Bald, als wimmerte ein Kind.

Die beiden verirren sich, das Schneetreiben wird dichter, ein Wolf heult in der Nähe. Beide haben den Tod vor Augen. »Werden wir auch nicht erfrieren?«, fragt Wassili.
»Was lässt sich schon machen? Erfrieren wir, müssen wir es auch hinnehmen«, antwortet Nikita.

Der Herr legt sich mit zwei Pelzen bekleidet in den Schlitten, Nikita liegt im Schnee (»für zwei ist es zu eng«). Er kümmert sich um das Pferd, legt ihm Stroh unter. Wassilis Gedanken kreisen um das einzige Ziel, das er hat, den ganzen Sinn, die ganze Freude und den ganzen Stolz seines Lebens: seinen Wohlstand und wie er ihn mehren kann.

In der Nacht bricht er auf, nimmt heimlich das Pferd, aber es geht nur im Kreis. Der reiche Mann sieht bei seiner Rückkehr Nikita, der fast erfroren ist. Und nun wird in einem rätselhaften Augenblick alles anders. Er schaufelt Nikita frei, legt sich auf ihn, um ihn zu wärmen. Er wird ganz ängstlich und schwach, aber diese Schwäche stimmt ihn nicht traurig, sondern bereitet ihm eine ganz eigenartige, bisher noch nie empfundene Freude. Er weiß, dass Nikita stirbt, und begreift, dass er nie gewusst hat, was wirklich wichtig ist. Doch Nikita überlebt die Nacht, wird von Bauern ausgegraben.

Zwei Monate lag Nikita im Krankenhaus. Es wurden ihm drei Zehen amputiert, alle übrigen Gliedmaßen verheilten, so dass er weitere zwanzig Jahre arbeiten konnte. Er ist schließlich gestorben, wie er es sich immer gewünscht hat: zu Hause, die Heiligenbilder im Blick und eine brennende Kerze in den Händen. In der Sterbestunde hat er seine Frau um Verzeihung gebeten, für alles, was er ihr angetan, und ihr seinerseits das Verhältnis mit dem Böttcher vergeben; schließlich schloss er für immer die Augen, beruhigt, dass er durch seinen Tod die Familie von der Bürde eines guten Essers befreite und nun jenes andere Leben beginnen würde, das für ihn, je länger er lebte, umso anziehender geworden war. Ob es in jener Welt gerechter zugeht, würde er bald erfahren.

Die Frage nach dem Himmel bleibt vorerst ohne Antwort.

[Ende]

Bruchstücke des Himmels

Sind wir alle zu Himmelsverächtern geworden, die meinen, den Himmel, genauer: die Sehnsucht nach dem Himmel, nicht mehr zu brauchen? Ja, man könnte denken: Viele vermissen ihn nicht einmal mehr. Dass wir nicht ohne Ängste leben, das wissen wir nur zu genau. Doch können wir auch ohne Sehnsucht existieren? Ohne Hoffnung auf ein gelingendes Leben?

Wir haben im vorhergehenden Kapitel begonnen, Bruchstücke des Himmels zu sammeln. Ist das ein möglicher Weg? Retten wir den Himmel, indem wir ihn auf die Erde holen? Muss man dann nicht lieber gleich sagen: Weg ist weg? Das war etwas für unsere unmündigen Vorfahren.

Aber damit unterschätzt man die, die vor uns gelebt und geglaubt und gedacht haben. Dass der Himmel einfach ein oberes Stockwerk des Kosmos ist, in den man einziehen kann oder nicht: So hölzern ist der Himmel bei den Nachdenklichen nie vorgestellt gewesen. Das ist schon bei dem uns fern gewordenen Jesus von Nazareth unübersehbar. Im Lukasevangelium antwortet er auf die Frage »Wann kommt das Himmelreich?« mit dem Satz: »Das ist schon jetzt mitten unter Euch.« Und will damit wohl sagen, dass der Himmel in die irdischen Verhältnisse einbrechen kann, wenn Liebe den Hass überwindet und damit ein neuer Raum und eine neue Zeit fühlbar werden. Meister Eckhart heißt Meister, weil er ein Meister der deutschen Mystik war, er ist 1260 in einem Dorf bei Gotha geboren. Er hat diesen Gedanken fortgeführt, dass der Himmel jederzeit da sein kann, *in uns* da sein kann. Er hat vor allem deutlich ausgesprochen, dass man den Himmel überhaupt nicht *haben* kann. In der Bergpredigt – ein Erzdokument christlichen Denkens – stehen die sogenannten Seligpreisungen, und eine davon lautet: »Selig sind die geistlich Armen, denn ihnen gehört der Himmel.« Meister Eckhart hat dazu eine Predigt gehalten, in der er fragt: »Wer ist denn arm?« Seine Antwort: Ein armer Mensch ist, wer nichts will, nichts weiß, nichts hat. Man könnte auch sagen: Wer den Himmel nicht will, wer vom Himmel nichts weiß, wer den Himmel nicht hat. Spricht Eckhart da nicht von uns und unseren Zeitgenossen?

»Solange ihr noch Begehren habt nach der Ewigkeit und nach Gott, solange seid ihr noch gar nicht geistlich arm.« Die Gottsucher nennt er Esel. Will sagen: Nur wer auf den Himmel verzichtet, bekommt ihn vielleicht geschenkt. Wo die obersten Engel und die Fliege und die Seele gleich sind, wo man Gottes »ledig« wird, wo er verschwindet; wo man keinen festen Boden mehr unter den Füßen hat, schon gar keinen Himmel mehr über sich weiß, da kann die Seligpreisung wirklich werden. Wo ist der Himmel? Er ist dort, wo jemand sagen kann: Ich will nichts, ich weiß nichts, ich habe nichts. Wer das erfährt – so sagt Eckhart –, dem ist der Himmel zugesprochen. Das ist das vergessene Erbe einer radikalen Frömmigkeit, die darauf wartet, wiederentdeckt zu werden. Was Eckhart da sagt, ist natürlich ein Paradox. Nur wer die Erkenntnis beiseitelegt – so kann man übersetzen –, wer sich von der Arroganz, der Illusion des Habens, der Besserwisserei löst, hat die Möglichkeit, den Himmel wiederzuentdecken. »Sobald der Mensch sich von den zeitlichen Dingen abwendet und sich seinem Inneren zuwendet, gewahrt er ein himmlisches Licht, das vom Himmel kommt.« In diesem meisterlichen Satz hat Eckhart noch einmal deutlich gemacht: Der Himmel ist keine Immobilie, sondern ist eine Möglichkeit, die in uns durchbrechen kann, aber sie ist nicht »erarbeitet«, sondern ist ein Licht, das »kommt«. Will sagen: Der Himmel steht uns nicht zur Verfügung, ist kein Arbeitsergebnis, sondern – Geschenk. Nicht wir finden den

Himmel, sondern der Himmel kann in glücklichen Fällen uns finden. In anderen Religionen, im Buddhismus zum Beispiel, wird das anders ausgedrückt, aber ist doch wohl sehr ähnlich gedacht: Von »Erleuchtung« ist da die Rede. Und auch dort ist deutlich: Die Erleuchtung ist nicht Leistungsergebnis, sondern Geschenk – früher hätte man vielleicht sogar Gnade gesagt. Was ist denn Erleuchtung im Buddhismus? Es ist eine Art »Aufwachen«. Und wenn man Aufwachen sagt, dann weiß man, es ist die Rede von etwas, was mit mir *geschieht,* nicht etwas, was ich *mache.* (Bodhi ist ein uraltes Sanskritwort, es heißt erwachen – und Buddha = Bodhi ist der Erwachte.)

In Windhoek, der Hauptstadt Namibias, gibt es einen Platz mitten in der Stadt, auf dem einunddreißig Bruchstücke eines Eisenmeteoriten auf kleinen Stahlstangen aufgestellt sind. Der Gibeon-Meteorit ist vor etwa vier Milliarden Jahren entstanden und vor rund dreizehn- bis dreißigtausend Jahren im heutigen Namibia vom Himmel gefallen. Himmelstrümmer sind das, an denen die Fußgänger vorübergehen, die die Touristen fotografieren und um die sich Straßenhändler versammeln.

Wir meinen, in den Ausführungen dieses letzten Kapitels solche Himmelstrümmer gefunden zu haben, die wir nun am Schluss zusammenfügen. Wir wissen genau, dass wir nicht alle Bruchstücke in der Hand haben. Wohlwollende Leser werden sie betrachten, anfassen und vielleicht in Gebrauch nehmen. Sie können sie auch als kleine Steinchen in ein Kaleidoskop stecken und die Welt in bunten statt in den uns umgebenden graugrellen Farben betrachten.

Es wäre eine unserer Zeit angemessene Himmelsreise: von Trümmerstück zu Trümmerstück. Ganz anders als die vollmundige Reise Dantes kann unsere wohl nur eine durch die Trümmerlandschaft zerstörter Philosophien, Weltanschauungen und Religionen sein.

Welche Bruchstücke sind auf dieser Himmelsreise zu finden?

Erstes Bruchstück: *Die Grenze*
Es gilt, Grenzen zu bedenken und zu akzeptieren. Grenzen des Konsums, Grenzen des Lebens, Grenzen des Ichs. Unser globalisierter Lebensstil, der vom Wachstumszwang beherrscht ist, verwischt den Horizont zwischen Himmel und Erde. Ohne Grenzen kann es kein Glück, keine Ruhe, keine Gelassenheit geben.

Zweites Bruchstück: *Die Einfachheit*
Die Himmelserfahrung ist heute zugedeckt von der Vielzahl der Optionen, die das Leben bietet, von der Auswahl zwischen tausend möglichen Erlebnissen, von der unübersehbaren Fülle, mit der die Informationsgesellschaft lockt. Die Rückkehr der Himmelserfahrung kann wohl nur dann gelingen, wenn wir uns aus der erstickenden Menge des Überflüssigen befreien und uns aus dem brüllenden Zuviel zurückziehen, das uns daran hindert, die Einfachheit des Schönen wahrzunehmen.

Drittes Bruchstück: *Die Vielfalt*
Die Mannigfaltigkeit der Sprachen, der Tiere, der Pflanzen – kurz: der Schöpfung – wurde in früheren Zeiten als Abbild himmlischer Vielfalt empfunden. Diese Vielfalt ist vom Verschwinden bedroht. An ihre Stelle tritt immer mehr eine irdische Monokultur – in der Sprache, in der Produktion von Nahrung, im Denken (wo das naturwissenschaftliche Paradigma Alleinvertretungsansprüche stellt). Das himmlische Licht, von dem Eckhart spricht, kann nur aus der Vielfalt heraus leuchten.

Viertes Bruchstück: *Die Erinnerung*
Die Erinnerung wird uns abgewöhnt. Bildungseinrichtungen sind ebenso erinnerungsfeindlich und informationstrunken wie politische Entscheidungsträger. Die Demenz wird zum

Grundzug der Gesellschaft, in der wir leben. Die Geschichte, aus der wir kommen, verschwindet – die Gedankenlosigkeit triumphiert. Der Himmel aber öffnet sich nur, wenn wir der Ursprünge, aus denen wir kommen, gewahr sind. Du sollst dich nicht erinnern – wer sich in diesen Imperativ fügt, wird zum willigen Mitläufer im Prozess der um sich greifenden himmelsfernen Abstumpfung.

Fünftes Bruchstück: *Der Glaube*

Etwas zu glauben – das ist zum Makel geworden, das den Glaubenden zum Angehörigen einer Minderheit macht. Glaubende sind peinlich. Das ist – so denken wohl viele – etwas für die Zeugen Jehovas, die Taliban und bayerische Hinterwäldler. Für Fundamentalisten eben, die aus der modernen Welt flüchten. Im gleichen Ausmaß, wie sich junge Frauen goldene Kreuze dekorativ um den Hals hängen, steigt die Zahl der Kirchenaustritte – und man ist sich einig, dass nichts über die banale Wirklichkeit, in der wir leben, hinausweist. Glaubende erscheinen als Dritte Welt im Kontext unseres modernen Lebens. Sie repräsentieren, was längst zum Aussterben bestimmt ist. Im Beton der naturwissenschaftlichen Monokultur ist Glaube wie ein Grasbüschel, das durch den Asphalt bricht.

Sechstes Bruchstück: *Die Hoffnung*

Mit der Hoffnung können die Zeitgenossen vielleicht am wenigsten anfangen. Zukunft ist ihnen eine Angelegenheit, die in den Bereich der Prävention und der Planung gehört. Hoffnung auf etwas, was über unsere Diesseitigkeit und Endlichkeit hinausweist, hält man besser unter der Decke. Aber der Himmel kann nur über uns und in uns zurückkehren, wenn der Hoffnung Raum gegeben wird. Sie konterkariert verbissene Zukunftsplanung, sie liegt quer zur zwanghaften Früherkennung, mit der wir ein überraschendes »Morgen« vermeiden möchten. Hoffnung lässt die Präventionskulissen, die uns den Blick auf das Kommende versperren, einstürzen und befreit den Blick für den Himmel.

Siebtes Bruchstück: *Die Liebe*

Dass jeder Mensch, der mir gegenübertritt, je kleiner, je schwächer, je unbedeutender, desto mehr ein Himmelsgeschöpf, ja ein Ebenbild Gottes ist, gehört zu den skandalösen Behauptungen des Christentums. Die Liebe begreift, dass sie nie mit der Stärke, mit den Siegern eine Koalition eingehen darf, sondern nur mit den Schwachen. Dann erst wird erkennbar, was wichtig ist. Der Himmel ist nicht der Ort des Triumphes, sondern die Zuflucht der Gescheiterten, der Opfer, der Hungernden, der Verzweifelten. Ihretwegen kann, muss und darf vom Himmel geredet werden.

Die Sehnsucht, die Suche nach dem Himmel, nach dem verlorenen Ort – das wollen wir hier noch einmal betonen – spielt sich nicht in der blauen Atmosphäre ab, die die Astronomen für sich reklamieren. Vielleicht ist da eine Unterscheidung, die der Philosoph Martin Heidegger getroffen hat, hilfreich: Er hat das rechnende Denken und das besinnliche Nachdenken einander gegenübergestellt. Das rechnende Denken kalkuliert fortgesetzt mit aussichtsreicheren und zugleich billigeren Möglichkeiten, es hetzt von einer Chance zur anderen. Das rechnende Denken – so Heidegger – hält nie still, es kommt nicht zur Besinnung. Es denkt nicht dem Sinn nach, sondern dem Erfolg. Deswegen bleibt dem rechnenden Denken der Himmel notwendig verschlossen. Das ruhige Wohnen des Menschen zwischen Himmel und Erde ist durch das rechnende Denken beseitigt. Die Menschen schwirren heimatlos wie Irrlichter durch die Welt. Heidegger spricht davon, dass damit der Verlust der Bodenständigkeit droht und deshalb der Blick in den Himmel unmöglich wird. »Wir sind Pflanzen, die – wir mögen's uns gern gestehen oder nicht – mit den Wurzeln aus der Erde steigen müssen, um im Äther blühen und Früchte tragen zu können« – so sagt es Johann Peter Hebel.[1] Bodenständigkeit – das klingt uns angestaubt, wenig kosmopolitisch und gar nicht global. Aber das Wort mag uns in Erinnerung rufen, dass die Korrespondenz zwischen Himmel und Erde doppelt gestört ist: Es fehlt uns nicht nur der Himmel – auch der Boden unter den Füßen.

Vielleicht ist darin letztlich die Himmelsgleichgültigkeit des modernen globalisierten Individuums verborgen, das in elektronischen Netzen wie die Fliege im Spinnennetz zappelt. Diesen himmelsunfähigen Menschen beschreibt Heidegger schon 1955. Und den erleben wir heute in einer ekstatisch gesteigerten Version. Nach Heidegger leben wir in einer Welt, in der die Natur zu einer einzigen riesenhaften Tankstelle, zur Energiequelle für die moderne Technik wird. In dieser Welt sind die Menschen an den »Hör- und Fernsehfunk gebannt«, sie werden stündlich von den modernen Nachrichteninstrumenten gereizt. Das alles ist dem Menschen näher als das eigene Ackerfeld und der Himmel über dem Land, näher auch als der Stundengang von Tag und Nacht. Inmitten des Tosens einer solchen Entwicklung ist die Himmelsoffenheit wie auch die Bodenständigkeit des Menschen im Innersten bedroht. Wo die Bodenständigkeit bedroht ist, da – so meint Heidegger – verschwindet die Möglichkeit, die Weite des Himmels und des Geistes zu erfahren. Stattdessen setzt sich totale Gedankenlosigkeit durch, die mit dem Sieg des rechnenden Denkens einhergeht. Demgegenüber gilt es, das Nachdenken wachzuhalten. Um die »Bodenständigkeit« nicht falsch zu verstehen – sie hat nichts mit karierten Gardinen und Folklore zu tun. Jeder Nomade ist bodenständiger als der Eigenheimbesitzer, der seine Betonzelle auf einem neutralisierten Untergrund absetzen lässt, wo er nicht haust, nicht wohnt, sondern untergebracht ist.

Der Himmel ist ein Geheimnis. Und darin steckt das Wort »Heim«, die Heimat. Zum Geheimnis gehört die Verborgenheit. Wer ein Geheimnis lüftet, der zerstört es. Der Sinn der Geheimnisse besteht nicht darin, dass wir sie verstehen, sondern dass wir sie bewohnen. Inmitten einer unheimlichen Welt im Geheimnis daheim zu sein, das nannte die Menschheit in alter Tradition des Betens und Klagens: Himmel.[2] Wenn dieses Himmelsgeheimnis endgültig gelüftet und abgeschafft ist, dann sind wir – obdachlos.

Orientieren wir uns schließlich an einer alten Weisheit: »Wenn ihr nicht umkehrt und werdet wie die Kinder«, heißt es im 18. Kapitel des Matthäusevangeliums, »werdet ihr nicht ins Himmelreich kommen.« Der Himmel, so könnte man sagen, steht nur den Kindern offen – oder denen, die so sind wie die Kinder. Denn die verstehen noch etwas von Geheimnissen. Vielleicht wissen sie, wo der Himmel ist.

[Epilog]

Der Riese

D er Riese ist sieben Jahre lang fort, zu Besuch beim Menschenfresser von Cornwall. In dieser Zeit spielen die Kinder in seinem Garten.

Es war ein großer, wunderschöner Garten mit weichem grünem Gras. Hier und da standen prächtige Blumen sternengleich auf der Wiese, außerdem zwölf Pfirsichbäume, die im Frühjahr zarte Blüten in rosa und perlweiß hervorbrachten und im Herbst reiche Frucht trugen. Die Vögel saßen in den Bäumen und sangen so lieblich, dass die Kinder im Spiel innehielten, um ihnen zuzuhören. »Wie glücklich sind wir doch hier!«, riefen sie einander zu.

So erzählt Oscar Wilde, der diese Geschichte vom Garten des Riesen 1888 geschrieben hat. Als die sieben Jahre um waren, hatte der Riese alles gesagt, was er zu sagen hatte, denn seine Gesprächsbereitschaft war begrenzt. Und so kehrte er in sein Schloss zurück, und dort traf er die Kinder in seinem Garten an und wurde furchtbar zornig. »Mein Garten ist immer noch mein eigener Garten«, schrie der Riese, warf die Kinder aus dem Garten und errichtete eine hohe Mauer um den Garten. Die armen Kinder hatten nun keinen Ort mehr, wo sie spielen konnten.

Als der Frühling kam, waren überall kleine Blüten zu sehen, und die Vögel zwitscherten: Nur im Garten des selbstsüchtigen Riesen blieb es Winter. Die Vögel wollten dort nicht singen, und die Bäume vergaßen zu blühen, weil keine Kinder mehr da waren. Schnee und Frost blieben und riefen: »Der Frühling hat diesen Garten vergessen, wir werden das ganze Jahr über hier bleiben.« Den Nordwind, der in Felle gehüllt durch den Garten brüllte, hatten sie eingeladen, ihnen Gesellschaft zu leisten, und der rief: »Wir sollten den Hagel bitten, uns zu besuchen.« Der kam, ganz in Grau gekleidet, und sein Atem war so kalt wie Eis.

Der Riese verstand nicht, warum der Frühling nicht kam, und schaute in seinen kalten weißen Garten. Aber der Frühling kam nicht, der Sommer auch nicht.

Eines Tages aber waren die Kinder durch ein Loch in der Mauer in den Garten gekrochen. Und als der Riese in den Garten trat, saßen in jedem Baum Kinder, und die Bäume hatten sich mit Blüten geschmückt, die Vögel zwitscherten vor Vergnügen.

Nur in einer Ecke des Gartens stand ein Junge, der so klein war, dass er nicht auf den Baum klettern konnte, obwohl der Baum ihm die Zweige sogar entgegenstreckte. Der Riese setzte das Kind auf den Baum, der kleine Junge streckte die Arme aus, schlang sie dem Riesen um den Hals und küsste ihn. Dann ließ der Riese die Mauer niederreißen und sprach: »Von nun an, Kinder, ist dies euer Garten.«

Aber der kleine Junge verschwand bald. Da wurde der Riese sehr traurig. Jahre vergingen, und der Riese wurde alt und schwach. Er konnte nicht mehr in den Garten gehen, aber er sah die Kinder von seinem Lehnstuhl aus: »Ich habe zwar viele herrliche Blumen, aber die Kinder sind die schönsten von allen.«

An einem Wintermorgen nun erwachte der Riese und sah in seinem Garten, der von Schnee bedeckt war, einen Baum voll weißer Blüten, die Zweige waren golden, und silberne Früchte hingen daran. Und unter diesem Baum stand der kleine Junge. Der Riese hastete in den Garten, und als er bei dem Kind angekommen war, sah er, dass die Hände und Füße des Kindes die Wundmale von Nägeln trugen.

»Wer hat es gewagt, dich zu verletzen? Sag es mir, damit ich mein Schwert ziehe und ihn erschlagen kann!«

»Nein«, antwortete das Kind, »denn dies sind die Wunden der Liebe.«

»Wer bist du?«, fragte der Riese.

Daraufhin lächelte das Kind den Riesen an und sagte zu ihm: »Du hast mich einst in deinem Garten spielen lassen, heute sollst du mit mir in meinen Garten kommen – in das Paradies.« Als die Kinder an diesem Nachmittag in den Garten gelaufen kamen, fanden sie den Riesen tot auf – er lag unter dem Baum und war über und über mit weißen Blüten bedeckt.

Oscar Wilde, der diese Geschichte geschrieben hat, ist der festen Überzeugung: Ohne Liebe geht der Kosmos zugrunde. Ein Satz, der jeder naturwissenschaftlich verengten Sicht den Atem rauben muss. Ein kühner Satz, der gegen die astronomische Weisheit der Welt steht. Der Kosmos ist uns Riesen ein kalter, toter Garten geworden. Und die Suche nach Lebewesen auf anderen Gestirnen ist vielleicht von der Hoffnung getrieben, etwas von der schützenden, lebendigen Wärme, die der Kosmos einmal gehabt hat, zurückzugewinnen. Selbst wenn es diese Lebewesen geben sollte, sie werden den Winter auf dem Planeten Erde, die Abwesenheit der Liebe, nicht verdecken können: Vielleicht bemerken die Menschen, noch kurz bevor sie den Planeten zugrunde gerichtet haben, dass sie wie der selbstsüchtige Riese sind.

Der Kosmos wird durch die Lieblosigkeit des Riesen in seinem Rhythmus so gestört, dass die Jahreszeiten durcheinandergeraten und der Frühling ausbleibt. Mit der Lieblosigkeit hält die Kälte Einzug. Und es sind die Kinder, die zu Boten der Liebe werden. Sie sind imstande, das Herz des kalten Riesen zu erwärmen. Und das allein macht es möglich, dass der Frühling mit seiner Wärme, den Blüten und dem Vogelgezwitscher zurückkehrt.

[Dank]

Dass der Himmel beim Schreiben dieses Buches nicht über mir eingestürzt ist, verdanke ich Menschen, die mir auf unterschiedliche Weise zur Seite standen:

Da sind zuerst Ingke Brodersen und Rüdiger Dammann zu nennen, die mich auf die Idee gebracht haben, mich an diesem Thema zu versuchen. Ob mir der Versuch gelungen ist, das müssen nun die Leserinnen und Leser beurteilen. Für mich stelle ich aber fest, dass dieses Thema zwar viel zu groß ist, dass aber das Schreiben an diesem Buch mich in ungeahnter Weise belebt hat, auch erschöpft; dass es mir neue Blicke eröffnet hat und mir zugleich meine Grenzen hat deutlich werden lassen.

Viele haben mir in Gesprächen geholfen, Gedanken genauer zu formulieren, haben Materialien besorgt, den Text gelesen, mir zugehört und aus sehr unterschiedlichen Perspektiven Anregungen formuliert. Dazu gehören Anne Zulauf, Jonas Metzger, Hans-Dietrich Metzger, Michaela Fink, Verena Rothe, Heidi von Grünewaldt und Richard Wagner, Marianne Gronemeyer, Andreas Heller – und natürlich auch David Gronemeyer.

Ein besonderer Dank gilt Jürgen Bolz vom Pattloch Verlag, der sich viel Zeit genommen hat, diesen Text mit mir durchzusprechen, und hilfreich Richtungsänderungen vorgeschlagen hat.

Liano, im November 2011
Reimer Gronemeyer

[Anmerkungen]

Anfang

1 Vgl. dazu Evelyn Edson / Emilie Savage-Smith: Medieval Views of the Cosmos. Picturing the Universe in the Christian and Islamic Middle Ages, Oxford 2004, S. 9 ff.

2 Bernhard Heindl: »Unter dem Gewölbe von Donnern leben wir«. Ms. 2011.

3 »Urknall im Büro«. Interview mit Sean Carroll, in: Der Spiegel Wissen 4 / 2010, S. 115.

Hoffnung und Angst

1 Adalbert Stifter im Sechsten Winterbrief von Kirchschlag, zit. bei Hans Blumenberg: Die Genesis der kopernikanischen Welt. Band 1. Die Zweideutigkeit des Himmels. Eröffnung der Möglichkeit eines Kopernikus. Frankfurt am Main 1975, S. 134.

2 Zitiert bei Blumenberg a. a. O. S. 132 f.

3 Zitiert bei Alexander von Humboldt: Kosmos, Werke Band VII / 2, S. 24 f.

4 Arthur Schopenhauer: Die Welt als Wille und Vorstellung, Band II, Kap. 1, Zürich 1988, S. 13.

5 Mircea Eliade: Geschichte der religiösen Ideen, Band 1, Freiburg im Breisgau 1993, S. 230.

6 Eliade a. a. O. S. 234.

7 Blumenberg a. a. O. S. 16.

8 Blumenberg a. a. O. S. 16 f.

9 Dieter Hildebrandt: Die Sonne. Biographie unseres Sterns, München 2010, S. 27.

10 Hildebrandt a. a. O. S. 41 f.

11 Hildebrandt a. a. O. S. 180 f.

12 Zitiert bei Hildebrandt a. a. O. S. 19.

13 Harry Mulisch: Die Entdeckung des Himmels, Reinbek 1996, S. 10.

14 Vgl. dazu Ivan Illich: In den Flüssen nördlich der Zukunft. Letztes Gespräch über Religion und Gesellschaft mit David Cayley, München 2006, S. 158–164.

15 In: Nature vom 20. Oktober 2010.

16 Vgl. dazu Gerd B. Achenbach: Das kleine Buch der inneren Ruhe, Freiburg im Breisgau 2010, S. 11.

17 Stephen W. Hawking: »Die illustrierte kurze Geschichte der Zeit. Aktualisierte und erweiterte Ausgabe«, Deutsche Übersetzung von Hainer Kober. Copyright © 1988, 1997 by Rowohlt Verlag GmbH, Reinbek bei Hamburg, S. 9 f.

18 Hawking a. a. O. S. 13 ff.

19 Hawking a. a. O. S. 14.

20 Peter L. Berger: Sehnsucht nach Sinn. Glauben in einer Zeit der Leichtgläubigkeit, Frankfurt am Main 1994; vgl. www.infosekta.ch/media/pdf/R_Religion_Mettner-Religion-Markt_.pdf (Zugriff am 22. 9. 2011).

21 Zitiert bei Achenbach a. a. O. S. 11.

22 Zitiert in: Frankfurter Rundschau vom 30. Juli 2010.

23 Elias Canetti: Die Provinz des Menschen, Frankfurt am Main 1976, S. 249.

24 Antoine de Saint-Exupéry: Wind, Sand und Sterne, Düsseldorf 1976, S. 70; daraus auch die beiden folgenden Zitate: Saint-Exupéry S. 72.

25 Saint-Exupéry a. a. O. S. 70 ff.

26 Saint-Exupéry a. a. O. S. 119.

27 Sir Arthur Conan Doyle: Eine Studie in Scharlachrot, Stuttgart 1990, S. 23. Zitiert bei Rémi Brague: Die Weisheit der Welt. Kosmos und Welterfahrung im westlichen Denken, München 2006, S. 10.

28 Augsburger Allgemeine vom 20. August 2010.

29 Vgl. den Artikel »Kontingenz« in: Joachim Ritter u. a. (Hrsg.): Historisches Wörterbuch der Philosophie, Basel 1971 ff.

30 Zitiert bei Humboldt a.a.O. S. 25.

31 Illich a.a.O. S. 158 ff.

32 Evangelium des Matthäus 6,19-21 und 24-33; zitiert nach: Hoffnung für alle, Copyright © 1983, 1996, 2002 by Biblica Inc.™ Verwendet mit freundlicher Genehmigung des Verlags. Alle weiteren Rechte weltweit vorbehalten.

33 Vgl. Ivan Illich: H_2O und die Wasser des Vergessens, Reinbek 1987.

34 Vgl. Marianne Gronemeyer: Die Macht der Bedürfnisse. Überfluss und Knappheit, Darmstadt 2002.

35 Vgl. dazu vor allem Bernulf Kanitscheider: Kosmologie. Geschichte und Systematik in philosophischer Perspektive, Stuttgart 1984, S. 20 ff.

36 Kanitscheider a.a.O. S. 23.

37 Verbotene Stadt – Der Himmel baut mit. Der Spiegel vom 13. August 2008. (www.spiegel.de/reise/aktuell/0,1518,563052, 00.html).

38 Vgl. dazu Oliver Beigbeder: Lexikon der Symbole. Schlüsselbegriffe zur Bildwelt der romanischen Kunst, Würzburg 1998, S. 175 ff.

39 Beigbeder a.a.O. S. 177.

40 Interview mit Bernulf Kanitscheider in der Süddeutschen Zeitung vom 17. 10. 2008 (SZ Wissen).

41 Kanitscheider a.a.O.

42 Jules Barbey d'Aurevilly 1869 in einer Rezension zu Gustave Flaubert: Die Erziehung des Herzens, Zürich 1979, S. 577.

43 Italo Calvino: Die unsichtbaren Städte, München / Wien 1984, S. 192.

44 Gérard de Champeaux / Dom Sébastien Sterckx: Einführung in die Welt der Symbole, 2. Auflage Würzburg 1993.

45 Franz Kamphaus: Die Sternstunde der Menschwerdung, Freiburg 2008, S. 38–41.

46 Dies und das folgende Zitat aus: Interview mit Eugen Drewermann in: Schrot und Korn 7 / 2005.

Befreiung und Verlust

1 Spiegel Wissen 4 / 2010, S. 104 ff.

2 Spiegel online 18. Juni 2011.

3 Zit. bei Mathias Schreiber in: Der Spiegel 15, 2007, S. 132.

4 Der Spiegel Nr. 41, 1996.

5 Aristoteles: Von der Seele, Zürich 1996, S. 3.

6 Zitiert in: Ulrich Grober: Die Entdeckung der Nachhaltigkeit, München 2010, S. 24.

7 Grober a. a. O. S. 29.

8 www.wissenschaft-online.de/artikel/636420 (17. 10. 2010).

9 Vgl. dazu Giordano Bruno: Über das Unendliche, das Universum und die Welten, Stuttgart 1994; Jochen Kirchhoff: Giordano Bruno, Rowohlt, Reinbek 2003.

10 Zit. bei Kirchhoff a. a. O. S. 21.

11 Giordano Bruno: Über das Unendliche, das Universum und die Welten, Stuttgart 1994, S. 5 f.

12 Zit. bei Kirchhoff a. a. O. S. 8.

13 Zit. in: Frankfurter Rundschau vom 17. November 2010, S. 22.

14 Stephen Hawking: Das Universum in der Nussschale, Hamburg 2001, S. 173, 172 und 175, 178.

15 Egon Friedell, zit. bei Kirchhoff a. a. O. S. 140 f.

16 Zit. bei Kirchhoff a. a. O. S. 23.

17 Plutarch: De facie in orbe lunae, c. 6, zit. bei Blumenberg a. a. O. S. 24.

18 Engelhard Weigl: Instrumente der Neuzeit. Die Entdeckung der modernen Wirklichkeit, Stuttgart 1990, S. 40.

19 Jürgen Hamel: Geschichte der Astronomie, 2. Auflage Stuttgart 2002, S. 132.

20 Zit. in: Georg Klaus: Nicolaus Copernikus: Über die Kreisbewegungen der Weltkörper, herausgegeben und eingeleitet von Georg Klaus, Berlin 1959, S. 75.

21 Goethes sämtliche Werke: Zur Farbenlehre II. Band, Cotta'sche Bibliothek der Weltliteratur 35. Band, Stuttgart 1885, S. 67.

22 Oswald Spengler: Der Untergang des Abendlandes, Band I, München 1920, S. 232 und 457.

23 So Hopmann 1939, zit. bei Klaus a. a. O. S. LVII.

24 Weigl a. a. O. S. 25 ff.

25 Weigl a. a. O. S. 26.

26 Alexander von Humboldt: Kosmos, Werke Band VII/2, herausgegeben und kommentiert von Hanno Beck, 2. Auflage Darmstadt 2008, S. 290.

27 Johannes Kepler: Gesammelte Werke, Band 1, München 1938, S. 9. Vgl. auch: Johannes Kepler: Warnung an die Gegner der Astrologie. Tertius Interveniens. Mit Einführung, Erläuterungen und Glossar herausgegeben von Fritz Krafft, München 1971, S. 5.

28 Humboldt a. a. O. S. 296 f.

29 Thomas Bührke: Sternstunden der Astronomie. Von Kopernikus bis Oppenheimer, München 2001, S. 56.

30 Kepler: Warnung an die Gegner der Astrologie a. a. O. S. 129.

31 Kepler a. a. O. S. 130.

32 Vgl. Jürgen Hamel: Die Vorstellung von der Kugelgestalt der Erde im europäischen Mittelalter bis zum Ende des 13. Jahrhunderts – dargestellt nach den Quellen, Münster 1996.

33 Reinold Ophüls-Kashima in: Der Freitag vom 17. 3. 2011.

34 Personality and Individual Differences Bd. 40, S. 1349, 2006, zitiert in: Süddeutsche Zeitung vom 27. April 2006.

35 Vgl. dazu Ivan Illich: Im Weinberg des Textes. Als das Schriftbild der Moderne entstand, Frankfurt am Main 1991, S. 21.

36 Artikel »Himmel« in: Die Religion in Geschichte und Gegenwart, Band 3, 3. Auflage Tübingen 1959, Sp. 328–333.

37 Leo Frobenius, zit. in: Die Religion in Geschichte und Gegenwart a. a. O., Sp. 329.

38 Artikel »ouranós« in: Theologisches Wörterbuch zum Neuen Testament, Band V. S. 496–526.

39 Hans Grassmann argumentiert, dass die Schöpfungsgeschichte, die in der Genesis dargelegt ist, eine erstaunlich korrekte

Wiedergabe des physikalischen Ablaufs der Entstehung des Kosmos sei. Nur seien eben andere Worte und Kategorien benutzt. Hans Grassmann: Das Top Quark, Picasso und Mercedes-Benz. Oder: Was ist Physik?, Berlin 1997.

40 Vgl. John Berger: Gegen die Abwertung der Welt, München 2001, S. 31–38 (über die Grotte Chauvet).

41 Bernulf Kanitscheider: Kosmologie. Geschichte und Systematik in philosophischer Perspektive, Stuttgart 1984, S. 26.

42 Kanitscheider a. a. O. S. 26.

43 Mircea Eliade: Geschichte der religiösen Ideen Band 1, Freiburg im Breisgau 1978, S. 114.

44 Hans Blumenberg: Begriffe in Geschichten, Frankfurt am Main 1998, S. 14

45 Kurt Marti: Tagebuch mit Bäumen, Darmstadt 1984, S. 97.

46 »Gebt der Nacht eine Chance«, in: Badische Zeitung vom 21. August 2010.

47 Seneca: Moralische Briefe an Lucilius, in: Seneca: Vom glücklichen Leben, Frankfurt am Main 1992, S. 168 f.

48 Badische Zeitung a. a. O.

49 Badische Zeitung a. a. O.

50 Meldung in: greenpeace magazin Nr. 32011.

51 Interview in der Süddeutschen Zeitung vom 23. November 2010, S. 28.

52 Zitiert in einem Artikel von Naomi Klein in der Frankfurter Rundschau vom 24.–27. 12. 2009, S. 25.

53 Benjamin Hederich: Gründliches mythologisches Lexikon, Darmstadt 1996 (urspr. 1770), Artikel »Vuranos«.

54 Vgl. dazu Remo Bodei: Die Zukunft eröffnen. In: Lettre 91, Winter 2010, S. 10–12.

55 Bodei a. a. O. S. 11.

56 Bodei a. a. O. S. 12.

57 Bodei a. a. O. Vgl. auch Peter Sloterdijk: Du musst dein Leben ändern. Über Anthropotechnik, Frankfurt am Main 2009.

58 Wikipedia s.v. cloud computing.

59 Tiqqun: Theorie vom Bloom, Paris 2000, S. 106.

60 Dies und die Zitate auf den Seiten 166 und 168: Leo Tolstoi: Meine Beichte, München 2008, S. 121 f., 123, 134.

61 Zit. von Karl Kraus: Der alte Tepp, Die Fackel, Nr. 250, 1908.

62 Pete Early: Hot House, zit. in: Der Freitag vom 30. Juni 2011, S. 9.

63 Die Glocken der Gerechtigkeit, Wien o.J. S. 49 ff.

Abschied und Sehnsucht

1 Peter Sloterdijk: Kritik der zynischen Vernunft. Erster Band, Frankfurt am Main 1983, S. 313.

2 Erich Fromm: Haben oder Sein, Stuttgart 1976, S. 79.

3 Zit. in Leo Tolstoi: Meine Beichte, München 2008, S. 53–56.

4 Janusz Korczak: Wie man ein Kind lieben soll. In: Das Kind in der Familie, Gütersloh 2002, S. 12 f. (zuerst 1919 erschienen).

5 Hier und im Folgenden Korczak a.a.O. S. 54 und 55.

6 Janne Teller: Nichts. Was im Leben wichtig ist, München 2010.

7 Barbara Wiedemann: Enthüllt. Erstmals sind die Quellen aufgedeckt, nach denen Paul Celan seine Todesfuge schrieb. In: Die Welt vom 9. Oktober 2010, S. 25.

8 Ivan Illich: Mnemosyne: The Mold of Memory, in: derselbe: In the Mirror of the Past, London 1992, S. 182–201.

9 Vgl. den Bericht in http://film/fluter.de/400/kino/9060/ (letzter Zugriff am 18.3.2011).

10 So fragt Hans-Peter Dürr: Sag nie, dass etwas unmöglich ist! In: Geseko v. Lüpke: Zukunft entsteht aus Krise, München 2009, S. 62–79.

11 Stephen Hawking/Leonard Mlodinow: Der große Entwurf. Eine neue Erklärung des Universums, Reinbek 2010.

12 Hawking/Mlodinow a.a.O. S. 15.

13 Hawking/Mlodinow a.a.O. S. 11.

14 Hawking/Mlodinow a.a.O. S. 12.

15 Hawking/Mlodinow a.a.O. S. 28.

16 www.welt.de/print/diewelt/wissen/article13 376 325/Kompakt.html.

17 Hawking/Mlodinow a. a. O. S. 175.

18 Hawking/Mlodinow a. a. O. S. 35.

19 Hawking/Mlodinow a. a. O. S. 69.

20 Hawking/Mlodinow a. a. O. S. 82.

21 Hawking/Mlodinow a. a. O. S. 129.

22 Hawking/Mlodinow a. a. O. S. 140.

23 Hans-Peter Dürr: Visionen und Kreativität – wie Erkenntnisse der Quantenphysik unser Weltbild und unseren Möglichkeitssinn verändern. In: Hans-Joachim Gögl, Josef Kittinger (Hg.): Tage der Utopie, Hohenems 2006, S. 24.

24 Dürr a. a. O. S. 27.

25 G. R. von Wielligh: Die Sterne sind glühende Kohlen und Asche, 3. Auflage, Windhoek 2010.

26 Christoph Türcke, Philosophie des Traums, München 2008.

27 Schrumpfkopfmacher, Roter Faden zur Ausstellung, Museum für Völkerkunde Frankfurt am Main, 1977, S. 177 ff.

28 Michaela Fink/Georgia A. Rakelmann (Hg.): Von der Kraft des Eigenen. Texte zur Subsistenz, in: palaver 14, Gießen 2009, S. 9 ff.

29 Michaela Fink: Von Tanz und Subsistenz, in Fink/Rakelmann a. a. O. S. 10.

30 Zit. in: Karl Barth: Der Römerbrief, München 1922, S. 292. Der Römerbrief, von Luther neu gelesen, übersetzt und verstanden, hat letztlich die Reformation ausgelöst.

31 Ebd. S. 292.

32 Ebd. S. 293.

33 Ebd. S. 294.

34 Ebd. S. 6.

35 Bericht in der Frankfurter Rundschau vom 29. 12. 2010, S. 38 f.

36 Zit. Hans Schavernoch: Die Harmonie der Sphären, Freiburg/München 1981, S. 188.

37 Zit. bei Jürgen Spieß: Den Himmel überlassen wir den Engeln und den Spatzen, in: transparent spezial 1/2000, S. I–IV.

38 Sigmund Freud: Die Zukunft einer Illusion, Studienausgabe, Band IX, Frankfurt am Main, S. 183.

39 Catherine Pickstock: After Writing, Oxford 1998, S. 11.

40 Antoine de Saint-Exupéry: Wind, Sand und Sterne, Düsseldorf 1976, S. 104–117.

41 Zum Folgenden vgl. vor allem Yves Cattin / Philippe Faure: Die Engel und ihr Bild im Mittelalter, Regensburg 2000.

42 Dante in: De vulgari eloquentia (Über die Volkssprache), zitiert in Yves Cattin / Philippe Faure a. a. O. S. 118.

43 Cattin / Faure a. a. O. S. 138 f.

44 Cattin / Faure a. a. O. S. 280.

45 Ebd. S. 282.

46 Ebd. S. 282 f.

47 Zitiert bei Matthias Mettner: Religion und Markt a. a. O. www.infosekta.ch.

48 Hans Blumenberg: Begriffe in Geschichten, S. 70 f.

49 Vgl. dazu Hartmut Radebold: Abwesende Väter und Kriegskindheit. Alte Verletzungen bewältigen, Stuttgart 2010.

50 Wikipedia s. v. Cargo-Kult.

51 Wikipedia s. v. Cargo-Kult.

52 David Montgomery: Dreck. Warum unsere Zivilisation den Boden unter den Füßen verliert, München 2010.

53 Montgomery a. a. O. S. 193 f.

54 Silvia Liebrich, Boden wieder gut machen. In: Süddeutsche Zeitung vom 14. Dezember 2010, S. 26.

55 Liebrich a. a. O.

56 Philipp Tingler, Leute von Welt. Kurze Prosa, Zürich 2006.

57 John Berger: Gegen die Abwertung der Welt, München 2003, S. 160.

58 Berger a. a. O. S. 159 ff.

59 Ernst Welteke: Rede anlässlich des Neujahrsempfangs des SPD-Ortsvereins Brüssel, 26. Januar 2011.

60 Berger a.a.O. S. 164.

61 Berger a.a.O. S. 164.

62 Berger a.a.O. S. 165.

63 Bericht von Tom Mustroph: Mehr als hundert Jahre Einsamkeit, in: Der Freitag vom 10. März 2011, S. 10.

64 Unsichtbares Komitee: Der kommende Aufstand, http://media.de.indymedia.org/media/2010/07//286489.pdf (letzter Zugriff am 19.9.2010. S. 148).

65 Unsichtbares Komitee a.a.O. S. 48.

66 Harald Welzer in: Der Freitag vom 19. Mai 2011.

67 Claude Lévi-Strauss: Traurige Tropen, Frankfurt am Main 1978.

68 Berger a.a.O. S. 11.

Ende

1 Martin Heidegger: Gelassenheit, 14. Auflage 2008, der auf Seite 26 auch Hebel zitiert.

2 Paul M. Zulehner: Ein Obdach der Seele, Düsseldorf 1994, S. 28.